민중의 이름으로

가짜 민주주의, 세계를 망쳐놓다

민중의 이름으로

가짜 민주주의, 세계를 망쳐놓다

이보 모슬리 | 김정현 옮김

녹색평론사

'주권자 국민'이 빠른 속도로 꼭두각시가 되어가고 있다.

—허버트 스펜서

내리막으로 굴러떨어지는 돌처럼
우리는 지금의 이 자리에 이르렀다.

—이시카와 다쿠보쿠(石川啄木)

뿌리 깊은 망상을 무너뜨리고자 한다면, 그것이 이치에 맞지 않
다는 것을 보여주는 것만으로는 충분하지 않다. 그런 오해가 어디
에서부터 비롯되었는지도 밝혀야 한다.

루이스 나미어

그리고 나서 나는 알아차렸다!

—데이비드 머서,〈일요일의 차(茶)를 위하여〉

    사람들은 인간본성이 폭정에 대항하여 끊임없이 봉기를 일으킬
것이라고 생각한다. 그러나 인간이 본성적으로 자유를 사랑하고
폭력을 증오하더라도, 대부분의 인간은 어떤 유형이 되었든 전제
정치 아래에서 살아간다. 이것은 쉽게 납득할 수 있는 일이다. 온
건한 정부를 구성하기 위해서는 각 세력들을 통제하고, 진정시켜
서, 행동할 수 있도록 조화롭게 통합시켜야 하고, 또 나머지 세력
들을 견제할 수 있도록 하나의 세력에 말하자면 무게를 실어주어
야 하는데, 이런 일은 좀처럼 우연히 일어나지도 않고, 신중함을
통해 만들어지기도 쉽지 않은 위대한 입법행위이다. 그와 대조적
으로, 독재정부는 순식간에 생겨난다. 그것은 처음부터 끝까지 똑
같으며, 이것이 성립되기 위해서 필요한 것이라곤 열정뿐인데, 정
열이야 누구나 가질 수 있는 것 아닌가.

— 몽테스키외

책머리에

양의 탈을 썼다고 해서 늑대가 양은 아니다. 스스로 '민주적'이라
고 주장하더라도 선거로 선출된 대표자는 민주주의자가 아니다.
민주주의의 뜻은 단순하다. 즉 '민중이 통치한다'는 것이다. 그러
므로 민중이 통치하고 있지 않다면 그 나라는 민주주의가 아니다.
민중의 입장에서 보자. 만약 우리가 우리를 대신해서 창문 닦는 일
을 하도록 누군가를 고용한다면, 분명히 창문을 우리 스스로 닦는
것은 아니다.

1800년까지는 누구나 이 단순하고 명백한 진실을 알고 있었다.
선거대의제는 민주주의의 정반대의 것으로 여겨졌다. 그리스에서
전래된 용어로 이름을 붙인다면 그것의 올바른 명칭은 '선거과두
정'이 된다. 그 뜻은 '우리가 우리를 통치하는 일을 하도록 선발한
소수의 사람들에 의한 통치'이다. 그런데 1800년 미국 대통령선거
를 전후로 해서 처음으로 선거에 나온 후보자들이 더 많은 표를 얻
기 위해서 스스로 '민주주의자'임을 내세운다는 발상이 생겨났다.
그리고 이때부터는 이 잘못된 인식을 어떻게 누구나 받아들이게
할 것인가가 관건이 되었다. 취업에 열심이었던 혁명가들, 신흥 중
간계층, 지식인과 학자들이 서로 다른 다양한 이해관계에 따라서
이 주장을 받아들였고, 1920년경에 이르면 그것은 사회 일반에 수
용되기에 이른다. 즉 선거대의제를 민주주의로 인정하게 된 것이

다. 이 책의 2장과 3장에서 이 일이 어떤 과정을 통해서 일어났는지에 대해서 다룬다.

이 책을 쓴 목적은 대의제가 민주주의라는 착각을 이제는 버릴 때가 되었다는 것을 논증하고, 조금이라도 진정한 민주주의를 가져오기 위한 것이다. 선거대의제는 이론상 이것을 시행하기만 하면 어떤 나라든 좋은 정부를 갖게 된다는 극히 단순한 공식이다. 그렇지만 실제에 있어서는 선거대의제를 도입하면 어떤 나라든 거대한 관료체제를 갖게 되었고, 민중은 초부유층 집단에게 커다란 부채를 지고, 마침내 자신의 재산이 다국적기업들의 손에 넘어갔다는 사실을 깨닫게 된다. 그러나 여기에 전혀 불가사의하거나 역사적으로 이상한 측면은 없다. 대의제는 양방향 비즈니스이기 때문이다. 선거로 뽑힌 대표자들은 민중과 권력자 사이에서 교섭을 벌이는 일을 하며, 따라서 그들에게는 권력자가 군주이든, 군사정부든, 토지귀족이든, 혹은 정당이든 아니면 단순한 돈줄이든 아무런 상관이 없다. 대표자들 역시 인간에 불과하고 자기 밥그릇을 지키기 위해서 필요한 일을 하는 것뿐이다. 이것이 5장과 6장의 내용이다.

선거대의제 그 자체가 나쁘다는 말은 아니다. 대의제 아래에서 유권자들은 집권세력에 대해서 일정하게 주기적으로 일종의 동의를 해주도록 요청을 받게 되고, 그 결과 절대주의체제가 출현할 가능성이 줄어든다. 한편 대의제는 그 규모가 너무나 엄청나서 전모를 이해하는 것조차 불가능한 속임수도 가능하게 만들었다. 실제로 영국에서 대표자들이 명목상의 '최고 권력'이 되었을 때(1688년)

거의 가장 먼저 착수했던 일은 영국의 은행가들이 그때까지 해오던 수상쩍은 관행들을 합법화하는 것이었다(이것은 4장의 주제이다). 그리고 대표자들은 (사사로이, 또는 '민중'의 이름으로) 바로 그 은행가들로부터 돈을 빌려서 사업을 벌였다. 그 사업들이란 전쟁, 자산매입, 혹은 바로 자신들에게 재산을 빼앗긴 민중들을 다시 돈벌이가 되는 일에 동원하는 것이었다(여기서 나오는 이익은 물론 대표자들에게 돌아간다).

이 책의 1~6장에서는 우리 문명의 부정적인 모습들이 단편적으로 제시되어 있다. 말하자면 가까운 장래에 검시관이 필요해질 일이 없기를 바라는 마음으로 미리 제출하는 건강진단서인 셈이다. 마지막 7장은 민주주의가 실제로 가능하며, 그것도 잘 기능할 수 있다는 사실을 보여주기 위한 것이다. 과거에는 우리의 헌법들에 진실로 민주적인 관행들이 포함돼 있었고, 지금까지도 특정 지역들에서는 여전히 진정으로 민주적인 제도들이 실제로 운영되고 있다. 민주주의는 그 다양한 형태 그대로 오늘의 서구 시스템 속에 도입될 수 있다. 그리고 그렇게 된다면 권력자들의 터무니없는 행태들에 제약을 가하는 한편으로 부자와 빈자 사이에 조금이라도 형평성을 복원함으로써 모두가 혜택을 누릴 수 있을 것이다.

이 책을 쓰면서 수많은 이들의 도움을 받았기 때문에 모두에게 일일이 인사를 하기는 어려울 것 같다. 또 어떤 분들은 이름을 밝히고 싶어 하지 않았다. 그렇지만 내가 작업을 지속할 수 있도록 도와준 가족에게는 감사를 표하고 싶다. 특히 이 책을 출판할 수 있었던 것은 키스 서덜랜드 덕분이다. 고마움을 전한다.

목차

제1장

오늘날의 '민주주의'는 정말로 민주주의인가

서방세계의 선거대의제 체제를 가리켜 '민주주의'라고 부르는 것만큼 잘못된 일은 없다. 이 부적절한 명칭(혹은 환상)은 1800년경부터 사회 일반에 정착되기 시작했는데, 실은 그 전까지 선거대의제는 민주주의와 정반대의 것을 뜻한다고 인식되고 있었다. 원래 민주주의란 시민들이 다음의 세 가지 방식으로 통치행위에 참여하는 것을 뜻했다. 즉 특정 안건에 대해서 혹은 공직자 임명에 대해서 직접 투표하여 결정하는 것, 스스로 비상근 공무원으로서 복무하는 것, 그리고 추첨으로 선발된 기관(의회 등)의 구성원(예를 들면 배심원)으로서 정치에 참여하는 것이다. 이러한 정치참여의 실천들은 모두 선거대의제와는 상반되는 것이다.

선거를 통해서 구성된 정부는, 민주정이 아니라 '과두정'이라고 인식되었다. 과두정은 '민중에 의한 통치'가 아니라 '소수에 의한 통치'를 뜻한다. 그 차이는 명백하면서도 기초적이다. 우리가 우리 스스로를 통치하고자 한다면, 그 일이 부담스러운 일일지언정 우리 자신이 통치에 직접 참여해야 한다. 그러나 만약 우리를 대신할 사람을 선발하여 그들로 하여금 통치하게 한다면 그것은 스스로 통치하는 것이 아니며, 곧 민주주의가 아니다.

아래에 인용한 발언들은 1800년에 이르기까지 과거 수세기 동안 민주주의가 어떻게 인식되어왔는지를 보여주고 있다. 인용된 인물들은 모두 자기 자신이 민주주의를 선호하는가 아닌가 하는 것과는 무관하게, 선거를 민주주의적 과정의 중요한 요소라고 생각하지 않았다.

헤로도토스(기원전 5세기)

민주주의는 가장 공평하다. 즉 법 앞에 평등하다. 공직자는 추첨으로 임명되고, 권력에는 책임이 지워지고, 제기된 모든 질문은 공개토론에 붙여진다(《역사》, 3권 80장 6절).

플라톤(기원전 428-348)

그리고 가난한 자들이 승리하여, 일부의 사람들은 처형되고 또 일부는 추방되고 나머지 모든 사람에게 통치권력이 동등하게 분배될 때 민주주의가 성립된다(《국가》, 8권).

아리스토텔레스(기원전 384-322)

추첨으로 공직을 임명하는 것을 민주주의라고 생각했다. 선거로 선출되는 것은 과두정치였다(《정치학》4권, 1294a).

키케로(기원전 104-43)

통치권이 한 사람에게 있을 때 우리는 그것을 군주제라고 부른다. 선택된 특정한 사람들에게 통치권이 주어졌을 때 우리는 그것을 귀족정이라고 부른다. 통치권이 민중의 손에 있을 때 우리는 그것을 민주주의라고 부른다(《국가론》1권, 41권, 42권).

엘리엇(1490-1546)

도시와 자치령은 모든 시민의 합의에 의해서 통치되었다. 머리를 여러 개 갖고 있는 괴물이라고 해도 좋을 것이다. 이 방식은 믿을 만하지도, 안정적이지도 않았다. 그리하여 그 자신이 보유한 미덕과 지혜로써 공공선에 가장 크게 기여한 최량의 시민을 추방하거나 죽이는 일도 흔히 일어났다. 이런 통치방식을 그리스어로 '데모크라티아(Democratia)', 라틴어로 '포풀라리스 포텐티아(Popularis Potentia)', 영어로 '평민에 의한 통치(rule of the commonalty)'라고 불렀다(《위정자론》).

알투시우스(1557-1638)

민주주의는 그 본성상 자유와 평등한 존중을 요구한다. '평등한 존중'이란 다음과 같은 것에 존재한다. 즉 시민들은 번갈아가며 통치하고 복종한다. 모두가 똑같은 권리를 갖고 있다. 사적 삶과 공적 삶이 교차하며 존재하기 때문에, 특정 안건에 대해서 모두가 함께 결정하고 개인은 언제나 그 결정에 따른다(《정치학》, 39, 61).

홉스(1588-1679)

통치에는 세 가지 유형이 있다. 군주제는 단 한 사람이 통치권을 갖는 경우이고, 데모크라시는 민회에 통치권이 있는 경우이며, 귀족정은 (임명되었든 선출되었든 상관없이) 나머지 사람들과 구별되는 일부 특정한 사람들로 구성된 기관이 통치권을 갖는 경우이다(《리바이어던》).

몽테스키외(1689-1755)

공화국에서 민중이 주권을 갖고 있으면 그것은 민주주의다. … 대표자를 추첨으로 뽑는 것은 민주주의의 방식이다. 대표자를 선거로 뽑는 것은 귀족정의 방식이다(《법의 정신》, 2권 2장).

루소(1712-1778)

"추첨에 의한 선발방식은 본성이 민주적이다"라고 몽테스키외는 말한다. 나도 동의한다.… 그러나 나는 이미 진정한 민주주의는 이상(理想)에 불과하다고 말했다. 선거와 추첨을 결합한다고 할 때, 군사직처럼 전문적인 능력이 필요한 자리는 선거를 통해 임명해야 한다. 한편 추첨은 사법관 같은 경우에 적합하다. 즉 양식이 있고 정의롭고 정직하다면 충분히 직무를 수행할 수 있는 경우 말이다. 그리고 잘 구성된 국가라면 이러한 자질은 모든 시민에게 있다(《사회계약론》).

시에예스(1748-1836)

민주주의에서 시민들은 스스로 법을 제정하고 공무원을 직접 임명한다. 우리의 계획에서는 시민들은 대체로 대리자를 직접 선발한다. 따라서 입법행위는 민주적이지 않다. 그것은 대표제가 된다.

버크(1729-1797)

['민주주의'를 묘사하면서] 모든 공무 혹은 공무 전반을 민중이 직접 스스로 처리했고, 법은 민중 자신에 의해 제정되었고, 그리고 어떤 식으로든 공무원이 직무에 소홀한 점이 있었을 때에는 당사자에게(만) 그 책임을 물었다(○○경(卿)에게 쓴 편지).

매디슨(1751-1836)

민주주의에서 민중은 함께 모여서 직접 통치한다. 공화국에서 민중은 대표자들과 대리인들을 소집하여 통치를 위탁한다.

플라톤 시대에서 프랑스혁명 시대에 이르기까지, 역사가·정치가·철학자들은 통치행위가 비밀리에 행해질 때에는 선거가 과두정을 만들어내고, 통치가 투명하게 행해질 때에는 선거가 공화정을 만들어낸다고 이해하고 있었다.[1] (그러나) 어떻게 해서 대중이 선거를 '민주적'인 것으로 여기게 되었는가 하는 사정에 대해서는 알려진 바가 극히 적고, 또 대부분의 역사가와 학자들에 의해서 이 주제는 심히 호도되어 있기도 하기 때문에 좀 자세하게 이야기를 해보려고 한다.

---

1) 흥미로운 예외는 아퀴나스이다. 그는 "민중이 자신들을 통치할 사람을 선택할 수 있는 권리를 갖는 것"과 민주주의를 동일한 것으로 보고, 그 근거로 〈신명기 1〉에 명시된 신법(神法)을 들고 있다. 이것은 그리스-로마나 게르만 전통이 아니라 성서에 근거를 둔 정치적 전통(왕권, 신의 재가, 참정권 등)의 예인데, 이것을 주제로 한 문헌은 많지 않다(《신학대전》, I~II, 질문 105번, 답 1번).

그 변화는 18세기에 시작되었다.[2] 당시 유럽의 정치구조는 전혀 민주적이지 않았다. 군주들은 법과 관습에 의한 제약이나 혹은 민중봉기가 일어나지 않을까 하는 우려에서 다소간 자제력을 발휘하기는 했지만 대체로 권력을 마음껏 행사했다. 한편 그들은 교회나 의회 같은 사회제도에 의해서도 제재를 받았는데, 이러한 기관의 구성원(예를 들어 잉글랜드의 하원) 중 일부가 당시 선거를 통해 선출되고 있었다. 바로 그런 이유로 법학자들은 당시의 전반적인 비민주적 통치구조 속에서 그나마 이렇게 선출된 의회를 가리켜 '민주적 요소'라고 말하기 시작했던 것이다(물론 투표권은 재산을 소유한 남성에게만 있었다). 예를 들어서, 애덤 스미스는 1762년에 행한 법학 강연에서 "고대에서와 같은 식의 진정한 민주주의"는 당시의 유럽에 존재하지 않는다, 그러나 군주제체제 내의 선거대의제는 "민주적 요소"라고 말했다. 블랙스톤은 1765년에 낸 논평에 이렇게 썼다. "우리는 우리의 통치구조 내에 있는 민주적인 부분이 작동하는 것을 기사나 시민, 공민 선출에서 목격할 수 있다."

바로 이런 것들이 발단이 되어 대의제를 '민주적인' 과정으로 여기게 된 오늘날의 전통이 시작되었다. 더 나아가, '민주적 요소' 그 자체로도 충분히 민주주의가 성립할 수 있다고 최초로 글로써 주

---

2) 근대 초기에 '민주주의'라는 용어가 어떤 식으로 사용되었는지에 대해서 조사한 문헌에는 다음과 같은 것들이 있다. Charles A. Beard, *The Republic* (1943), pp. 27ff., in R. R. Palmer, *The Age of the Democratic Revolution*(1959), pp. 13~19, "Notes on the Use of the Word 'Democracy' 1789~1799", *Political Science Quarterly*, June 1953, Pierre Rosanvallon, "L'histoire du mot démocratie à l'époque moderne" in *Situations de la démocratie* (1993).

장한 영예는 아르장송 후작에게 돌아간다(1764년). 그는 심지어 고
대의 '거짓' 민주주의보다, 대표자들에 의한 이 일종의 '민주주의'가
더욱 진실된 것이고 나은 것이라고 주장했다.

거짓 민주주의는 이내 무정부 상태에 빠진다. 그것은 다수에
의한 반란자들의 정부이며, 따라서 무도하고 법과 이성을 경멸
한다. 이런 정부의 행위는 폭력적이고 의결은 난항을 겪는데, 여
기서 그것의 전제적 속성이 드러난다. 진정한 민주주의에서는
민중은 대리인을 통해서 행동을 하며, 이들 대리인들은 선거를
통해서 권한을 부여받는다. 민중에 의해 선출된 대리인들의 임
무와 그들에게 지워지는 권한이 공권력을 구성한다. 대리인들의
의무는 최대 다수 시민들의 이익을 규정하고, 시민들을 유해함
으로부터 보호하면서 그들에게 이로움을 가져다주는 것이다. [3]

아르장송 후작의 주장은 동시대인들에게 무시를 당했던 것 같
다. 그런 주장을 하는 다른 문헌은 나타나지 않기 때문이다. 그러
나 불길하고 역사적이었던 순간, 즉 1794년 2월 5일에 혁명가 로
베스피에르의 연설 속에서 다시 그것이 채택되었다. 로베스피에르
는 근대에 최초로 일어난 대규모 '민주적' 테러를 정당화하기 위해
서 후작의 주장과, 또 그것과 얼마간 공명하는 몽테스키외의 발언
을 결합시켰던 것이다.

---

3) *Considérations Sur le Gouvernement Ancien et Présent de la France*, 1장.

민주주의는 민중이 계속해서 모여서 직접 공무를 지휘하는 상태가 아니다. 10만 명으로 낱낱이 쪼개진 민중이 하나의 전체로서의 사회의 운명을 모순되고 성급하고 고립된 방책들을 통해 결정하는 상태는 더더욱 아니다. 그런 정부는 존재했던 적도 없고, 설혹 있었다고 하더라도 그런 정부는 민중을 또다시 폭정으로 내모는 것밖에 할 수 있는 것이 없다….

민주주의는 민중이 주권자로서 스스로 제정한 법의 안내를 받아서 자신이 잘할 수 있는 일은 스스로 하고, 직접 할 수 없는 일은 대리인들에 맡기는 것이다.[4] …그러나 우리 가운데에 민주주의를 설립하고 강화하려면 압제에 맞서 자유를 쟁취하고자 하는 이 전쟁을 끝내야 한다. …바로 그것이 현 비상사태 정권의 목표이다.[5]

이상은 국민공회 연설에서 발화된 내용이다. 로베스피에르는 직접 혁명을 관리하면서, 방데에서의 집단학살을 조직하고 프랑스 전역에서 이루어지고 있던 대량살육을 주도하고 있었다. 이렇듯 우리는 '대의민주주의'의 시초에서부터 앞으로 익숙해질 하나의 현

---

4) 몽테스키외의 《법의 정신》 2권 2장을 거의 원문 그대로 인용했다. 다만 '대행자 (minister)'를 '대리인(delegate)'으로 바꾸었고, 민주주의에서 대행자들은—로베스피에르가 그랬던 것처럼 사악하고 교묘하게 권력을 쥐는 것이 아니고—민중에 의해 지명되어야 한다는 몽테스키외의 '근본적 행동원리'는 누락시켰다.

5) R. R. Palmer, *Political Science Quarterly* (1953. 6.)에서 재인용.

상을 목격하게 된다. 즉 민중을 대표한다고 주장하는 '지도자'가 자신의 그 주장을 가장 극단적으로 남용하는 것을 보고 있다.[6]

영국·미국·프랑스 혁명가들은 새로운 정부형태를 구상하면서 의회를 추첨으로 구성하는 방식—'고대'의 진짜 민주주의의 두 번째 특징—은 고려조차 하지 않았다. 그들이 가장 선호하는 철학자들—루소, 해링턴, 몽테스키외—이 모두 추첨제를 민주주의의 핵심으로 여겼다는 사실에도 불구하고 말이다.[7] 그 이유에 대해서는 몇 가지 추측이 제시되고 있다. 첫째는 장거리 여행과 통신의 어려움을 생각할 때 추첨을 실행하는 것은 불가능하다고 생각하지 않았겠는가 하는 것이다.[8] 둘째는 시민들 중 다수는 교육을 받지 못하고 이해가 부족하므로 (추첨은) 바람직하지 않다고 여겼을 거라는 것이다.[9] 셋째 그토록 힘들게 싸워서 손에 넣은 권력인 만큼, 혁명가들은 그것을 남의 손에 넘겨줄 생각이 없었을 것이라는 추측

---

6) 민주주의와 집단학살 사이의 관계에 대해서는 다음을 참고하라. *The Dark Side of Democracy* (Mann), *The Meaning of Genocide* (Levene).

7) 다음을 보라. Bernard Manin, *The Principles of Representative Government* (1997). 한편 추첨제는 프랑스에서 배심원 선발(1790년)과 징병제도(1818년)에 도입되었다.

8) "오늘날의 공화국에서 모든 사람은 자유롭고, 가난한 사람들은 모두 어떤 필요한 직종에 고용되어 있다. 그러므로 그들은 함께 모여서 공무나 재판에 관련된 논의를 해야 하는 것을 대단히 불편하게 느낀다"(Adam Smith, *Lectures on Jurisprudence* (Liberty Fund Edition), p. 226).

9) 입헌 회의에서 로저 셔먼이 한 말이다. "민중은 정치에 최소한으로 참여해야 한다. 그들에게는 정보가 부족하고, 따라서 끊임없이 오도되기 쉽기 때문이다."

22

이다.[10]

　미국의 경우를 보자면, '건국의 아버지'들은 민주주의라는 단어를 이렇게 새로 만들어진 의미로 사용하지 않았다. 그들은 옛날 식으로, 즉 시민의회와 추첨에 의한 선발을 민주주의라고 보았다. (그리고) 그들은 민주주의에 열렬히 반대했다. 그들이 남긴 발언들이 그 사실을 분명하게 보여준다.

　　민주주의는 언제나 소요와 논쟁의 도가니였다. … 그리고 통상 난폭하게 종식되면서 오래가지도 못했다(매디슨, 1787).

　　민중이 스스로 숙의하고 결정했던 고대 민주주의는 좋은 정부의 특징을 단 하나도 가지고 있지 않다. 그것의 본성은 전제정치였다(해밀턴, 1787).

　　민주주의는 낭비적이고 기진맥진하게 만들며 끝내 자멸한다. 자살하지 않는 민주주의는 역사에 존재했던 적이 없다(존 애덤스, 1814).

---

10) 영국내전 이후의 크롬웰 의회가 좋은 예이다. 승리한 편을 지지했다는 것을 입증하지 못하는 사람에게는 투표권이 허용되지 않았다. 다음을 보라. Little and Smith, *Parliaments and Politics during the Cromwellian Protectorate*, p. 51; Gardiner, *Constitutional Documents*, pp. 363~364.

민주주의는 소도시(타운)의 규모를 넘어서면 실행할 수 없다 (제퍼슨, 1816).

벤저민 프랭클린(1706-1790)은 다음과 같이 말했다고 알려져 있다(사실이 아닐 수도 있지만 그럴듯하다). "민주주의는 늑대 두 마리와 양 한 마리가 저녁에 뭘 먹을 것인지를 두고 투표를 하는 것이다."

건국의 아버지들이 원했던 체제는 공화제였는데, 그것은 철면피하게도 '소수에 의한 통치'에 기반한 공화정이었다. 제퍼슨은 재산과 태생에 기초했던 과거의 '인위적 귀족' 대신에, 가장 유능하고 고결한 '천성적 귀족'에게 권력이 위임돼야 한다고 썼다. 그리고 선거는 그러한 '천성적 귀족'들을 선발할 권리를 민중에게 부여할 것이었다. 매디슨은 이렇게 썼다. 민의(民意)는 "진정한 국익을 가장 잘 식별해낼 지혜를 가진 선택된 시민들로 구성된 기구라는 매개체를 통과해"감으로써 "정제되고 확장"될 것이다.

민중이 새로운 '천성적 귀족'을 선발한다는 구상은, 그러나 우선 정당의 발전으로 방해를 받았다. 선거에 나온 후보자가 '천성적 귀족'인지 아닌지, 또 그가 어떤 입장을 갖고 있는지 우리가 어떻게 알 수 있는가? 가까운 이웃이 아니라면 불가능한 일이다. 그리하여 '천성적 귀족'이 누구인지를 알려줄 뿐만 아니라 각 후보자가 갖고 있는 견해도 대략적으로 나타내줄 표식으로서 정당이 출현했다. 그리고 여기서부터 오늘날 우리가 익숙해져 있는 정치시스템까지의 거리는 극히 짧았다. 정당은 말 잘 듣고 충직한 종들을 (후보자로) 선택한다. 그들은 정당의 '배후 조종자들'의 요구에 맞춰서 자신의 견해, 원칙, 행동을 바꾸는 사람들이다. 즉 이 시스템을 채택한다면 권력자들은 처음부터 이기고 들어갈 수 있었다. 미국의 헌법 제정자들은 그 사실을 알고 있었다. 후일에 그들이 사사로이 회한을 표출한 것도 바로 이런 맥락에서였다.

민주주의에 대해서 말할 것 같으면, 건국의 아버지들은 '민주주의자'라고 불리는 것을 모욕으로 여겼다. 워싱턴은 1798년에 자신의 친지 제임스 맥헨리에게 이렇게 편지를 써서 보냈다(사용하고 있는 언어를 보면 노예 소유주의 말이다). "민주주의자들이 갖고 있는 원칙들을 바꾸느니 검둥이를 문질러 씻어서 하얗게 만드는 일이 쉬울 것입니다. 그런데 민주주의자들은 이 나라 정부를 전복하기 위해서 온갖 시도를 다할 것입니다."

보통의 미국사람들 중에서 스스로 '민주주의자'라고 여기는 사람들이 등장하게 된 계기는 1800년 대통령선거였다.

민중의 표는 던져졌다. 그런데 선거인단과 하원은 누가 대통령에 취임해야 할지를 놓고 교착상태에 빠졌다. 정치적 라이벌 관계에 있던 주(州)(버지니아, 펜실베이니아 대 메사추세츠)의 의용군들은 워싱턴까지 돌진해 가서 정권을 낚아챌 기세였다. 공화당 후보였던 제퍼슨이 일반투표에서 가장 많은 표를 받았고(아이러니컬하게도 여기에는 노예 소유주들이 그들의 노예들을 대신한 투표(노예 한 명의 표는 5분의 3표로 인정받았다)도 포함되어 있었다), 따라서 제퍼슨 지지자들은 수적으로 많은 표를 얻은 쪽이 대통령이 되어야 한다고 주장했다.[11] 결국 제퍼슨은 대통령이 되었고 내전은 일어나지 않았다.

그런데 이 소란을 겪으면서, 미국 국민들 사이에 '민주주의'에 대한 강력한 수요가 있다는 사실이 분명해졌다. 다만, 이때의 '민주주의'는 정치시스템을 가리키는 것이 아니라 '민중'이 자신의 운명을 스스로 통제해야 마땅하다는 감각이었다. 미국인 중에서 가장 교육을 많이 받은 사람들만이 민주주의는 역사적 맥락이 있고, 선거대의제와는 정반대의 것이라는 사실을 알고 있었다. 그러나 신흥 '민주주의자'들 다수는 '민주주의'에 대한 민중의 요구를 충족시킬 수단으로서 선거에 기대를 걸었다. 그들은 대표자들이 '재능 있는 천성적 귀족'이기보다는 민의를 대리하는 사람이어야 한다고 생각했다.

제퍼슨 자신은 물론 '천성적 귀족'을 선호하는 입장이었지만 공개적으로는 침묵을 지켰고, '민주주의'의 이름으로 자신이 권력의 자리에 오르는 데 반대하지 않았다. 그는 자신의 승리를 '1800년 혁명'이라고 부르면서 이렇게 썼다. "미국(사람들)은 하나의 원칙을 가진 공무원들을 해산시키고 다른 원칙을 가진 사람들을 공직에 선출함으로써 그들의 의지를 선포했다." 그리고 이후 20년간 제퍼슨의 정당은 조금씩 단편적으로 지역 정당조직들을 통해서 당명을 '공화당'에서 '민주공화당'으로 바꾸어나갔고, 새로운 '민주주

---

11) 제퍼슨은 '민주주의자'라는 말을 수용할 수 없었겠지만 대통령 취임 연설에서는 다수결 원칙을 찬양했다. "다수의 결정에 대한 절대적인 묵종은 공화국의 가장 중요한 원리[이다]"(Charles A. Beard, *The Republic*, p. 53).

의'[12] 원리가 공식화되었다. 작가 일라이어스 스미스는 1809년에 이렇게 선언했다. "동지들이여, 민주주의에 대해서 '절대로' 부끄러워하지 말자!"

한편, 일부 관찰자들은 이 변화를 '천성적 귀족들에 의한 통치'에서 민주주의로의 전환이라고 생각하지 않았다. 즉 그들은 이것을 좋은 귀족정에서 나쁜 귀족정으로의 이행으로 보았다. 달리 말하면, 아리스토텔레스가 이야기했던 전형적인 귀족정에서 과두정으로의 전환이었다.[13] 존 태즈웰은 1804년에 이렇게 썼다. "이 정부가 얼마나 신속하게 귀족정으로 정착되어가는지 보라! 게다가 귀족정 중에서도 가장 나쁜, 음모로 뒷받침되는 귀족정으로 말이다."[14] 태즈웰(과 많은 사람들)은 사업적 이해관계를 추구하는 데 의회가 이용되는 것을 비판한 것이었다.

그것은 예기되었던 일이었다. 매디슨은 이미 1787년 《연방주의자》에서 그 문제를 제기했었는데, 의회의 주요 업무는 여러 이해관계를 통제하는 것이 되어야 한다고 했다(그러나 그는 빈민, 즉 아리

---

12) 그러나 제퍼슨은 선거대의제와 민주주의의 차이를 알고 있었고, 따라서 자신의 정당을 '공화당'이라고 고집스럽게 불렀다. 그는 앞에서 인용한 1816년의 발언에서처럼 '민주주의'라는 용어를 옛날식으로 썼다.

13) 아리스토텔레스는 일인 통치든, 소수에 의한 집권이든, 민중에 의한 통치든 정부형태가 무엇인가와는 상관없이 좋은 정부도 나쁜 정부도 될 수 있다고 생각했다. 그것을 결정하는 것은 나라가 자의적으로 통치되는가 아니면 모든 사람의 이익을 위해서 통치되는가 하는 것이다. 귀족정은 '소수에 의한 좋은 통치'이고, 과두정은 '소수에 의한 나쁜 통치'이다.

14) *Tazewell Papers*, 1804. 4. 21., Va. State Library, quoted in Fischer, *The Revolution of American Conservatism*, Harper&Rowe(1969), p. 32.

스토텔레스의 '데모스'를 구성하는 사람들의 이해관계에 대해서는 언급하지 않았다).

　문명국 국민들 사이에서 지주들의 이해관계, 제조업자들의 이해관계, 상업계의 이해관계, 금융계의 이해관계와 그 밖의 더 자잘한 많은 이해관계가 함께 필연적으로 생겨나게 되며, 사람들은 서로 다른 정서와 견해를 갖고 있는 계층들로 분화된다. 이러한 다양하고 서로 간섭이 심한 이해관계들을 통제하는 것이 근대 입법부의 주된 업무이며, 필요한 일상의 국정활동에 정당의 이념과 당쟁이 관여하게 된다.[15]

사업적 이해관계는 정당들이 연합하는 근거가 되었고, 정당들은 곧 정치세계를 장악하게 되었다. 미국혁명을 위해 싸웠던 많은 사람들이 이러한 현실을 역겹게 여겼다. 워싱턴은 대통령직을 마치는 고별연설에서 이 문제에 대해 중점적으로 이야기했다.

　그들[정당]은 파벌을 만들어내고 거기에 인위적으로 놀라운 힘을 부여한다. 그리고 국민의 뜻이 놓여야 할 자리에 일개 정당의 의지를 가져다 놓는다. 그러나 정당의 의지라는 것은 국민공동체에서 오직 작은 비율에 불과한 소수의 교묘한 장사꾼들의 이

---

15) *The Federalist*, No. 10. Charles Beard, *An Economic Interpretation of the Constitution of the United States* (1913)에서 재인용.

해관계를 대변하는 경우가 많다. 그리고 서로 다른 정당들이 번 갈아가며 권력을 잡으면서 당쟁으로 인하여 행정업무는 서로 모 순된 사업들을 진행하며 혼선을 빚게 된다. 행정부는 의원들이 완전히 이해를 하고 상호 이익을 고려해서 수정이 된 일관성 있 고 건전한 계획을 반영하는 기관이어야 하는데 말이다. 한편, 정 당들은 결합하거나 연합하여 때로는 공익을 성취할 수도 있다. 그러나 시간과 사건이 경과함에 따라 그것들은 교활하고 야심 있고 방종한 인간들이 민중의 권력을 전복시키고 정부의 실권을 찬탈하는 것을 가능하게 하는 강력한 엔진이 될 가능성이 높다. 그리고 그 엔진은 교활하고 야심있고 방종한 인간들이 민중의 권력을 전복시키고 정부의 실권을 찬탈하는 것을 가능하게 할 것이다.[16]

워싱턴은 후세에도 길이 남을, 간결하지만 함축적인 문장으로 대중영합주의에 지나지 않는 투표제도에 자신은 반대한다는 의사 를 분명하게 표현했다.

저 정당이라는 것은 빗자루를 갖다 놓고서도 이것이 바로 자 유의 진정한 후계자이고 민주주의자라고 하면서 투표에서 압승 하게 할 수 있다.[17]

---

16) 워싱턴의 대통령직 고별연설, 17~18째 문단.
17) 워싱턴이 조너선 트럼불에게 보낸 편지(1999년 7월 21일).

정당들이 권세를 얻고 영향력을 갖는다는 사실은, 즉 이제부터는 대표자들이 보통사람들의 삶과는 동떨어져서 비밀스러운 권력 구조에 의해 선발된다는 것을 의미했다. 공직에 취임하려는 후보들은 표를 얻기 위한 유세를 시작하기도 전부터 이미 강력한 상업적 이해관계들에 의지하게 된다. '유능한 천성적 귀족'이라는 관념은 상어들이 득실대는 바다에서 표류하는 작은 배가 되었다.

　'다양하고 서로 간섭하는 이해관계'들을 '통제하기' 위해서 모인 정당들이지만, 이들이 서로 거래를 하고 전리품을 나눠 가지지 않을 것이라고 기대하기는 어렵다. 특혜(나머지 모든 사람의 희생을 대가로 사업에 혜택을 주는)를 받는 것에도 합의할 것이라는 사실은 말할 것도 없다. 기회를 포착하고 그것을 잘 이용하는 것이 사업의 본성이다.[18] 결국 의회는 사업적 이익과 사업의 발전을 논의하는 장이 되어버렸고, 지금까지 그런 채로 있다. 사업의 이익이 '곧' 나라의 이익이라는 것이 오늘날 미국 권력층의 윤리와 신념이다.

　'민주적 대의제'에서 정당정치가 무엇을 의미하는가 하는 것은 상당히 명백하다. 대표자들은 더이상 민중을 대리하지 않는다. 이들은 자신들의 '자리'를 보장해주는 권력자들을 위해서 민중과 교섭하는 사람들이다. 유권자는 물론 정당 후보에게 투표해야 할 '의

---

18) "이러한 집단(이익을 좇아 사는 사람들)이 제안하는 상업에 관련된 법률, 규정은 모두 항상 대단히 경계해야 한다. 그리고 면밀하게 의심을 품고 오랜 시간에 걸쳐서 조심스럽게 검토한 뒤가 아니라면 절대로 채택하지 말아야 한다. 그들의 이해관계는 사회 일반의 이해와 절대로 일치하지 않는다. 이들은 대체로 시민들을 속이거나 심지어 억압할 때에 이익을 보고, 그래서 실제로 수많은 경우에 대중을 속이고 또 억압해왔다"(애덤 스미스, 《국부론》, 제1권 제11장).

무'는 없다. 원한다면 무소속 후보에게 표를 줄 수 있다. 그러나, 특별한 예외가 있기는 하지만, 후보자들이 정당 인식표를 달고 있지 않는 한 누구에게 표를 던져야 할지 유권자들이 제대로 아는 것은 불가능하다.

오늘날 대부분의 유권자들은 여러 정당 가운데 선택을 하는 것이 민주주의의 본질이라고 생각하고 있다. 이러한 착각은 지난 200년 동안 긍정적인 측면도 가졌다. 그 덕분에 귀족정과 군주정에서 비교적 순조롭게 벗어날 수 있었기 때문이다. 그러나, 그런 오해는 완전히 새로운 권력조직과 신흥 엘리트들을 만들어냈으며, 이것은 민주주의와 동떨어진 것이다.

다음 장(章)에서는 유럽에서 대의정체(政體)가 여러 정부형태들 중에서 최선—적어도 가장 덜 나쁜—의 선택으로서 수용되는 과정과, 그것이 (적어도 시작 단계에서는) 중산층에 의한 효율적인 통치방식이 될 수 있었던 사정, 그리고 마침내 어떻게 대의제가 '민주주의'라고 불리게 되었는지에 대해서 이야기할 것이다.

제 2 장

'대의민주주의'라는 환상을 구축하기

제1장에서는 1800년경 이전까지는 사람들이 선거대의제를 '민주적'인 것으로 여기지 않았다는 사실, 오히려 민주주의의 정반대를 가리키는 '소수에 의한 통치' 혹은 과두정치로서 인식되어왔다는 것을 살펴보았다. 그렇게 사람들이 생각했던 이유는 단순하고 명백하다. 민주주의는 '민중에 의한 통치'를 뜻하는데, 대표자들을 선출한다는 것은 나를 대신해서 통치행위를 할 사람을 뽑는 것이기 때문이다. 이번 장(章)에서는 영국 및 유럽에서 19세기부터 20세기 초반까지 '대의민주주의'라는 환상이 어떻게 확립되었는지를 살펴본다.

　권한·권력은 환상에 의지할 수밖에 없다는 것은 새로운 통찰이 아니다. 유럽에서는 적어도 1,000년 동안―말하자면 단신왕 피핀의 대관식으로부터 루이 16세의 참수에 이르기까지―왕위는 그 소유자에게 마법적이고 심지어 신성한 자질들을 부여한다는 환상에 기초하여 권위적 통치가 이루어졌기 때문이다. 그러나 1800년에 이르면 이 환상은 닳아 없어져 거의 남아 있지 않았다. 갈수록 많은 권력과 부가 부유한 신흥 중산계급의 손으로 들어갔는데, 이들 중 다수는 좀 덜 시대에 뒤떨어진 방식을 채택해야 정부를 더잘 운영할 수 있다고 믿었다. '이성·진리·정의'의 원칙에 따른다면, 어쩌면 바로 그들 자신에 의해서 말이다![1]

그러나 이성·진리·정의는 정부라는 기구와 권위 없이는 실현될 수 없다. 따라서 대의민주주의라는 신화는, 중산층 자신들이 통치하는 것을 공인받고, 자신들이 사회를 경영하는 것에 도덕적 권위를 부여하기 위한 현실적인 필요에서 나왔던 것이다. 대표자를 선출하는 것이 '민주적'이라는 착각은 중산계급의 통치를 옹호하는 자들에 의해서 조장되었는데, 당시는 '민중'의 극히 일부에 한해서 투표가 허용되던 때이다. 그리고 이런 나라들이 하나씩 하나씩 자신들의 시스템을 '민주적'이라고 자처하기에 이르렀다.

영국에서는 대의민주주의에 대한 믿음이 큰 저항 없이 수용되었다. 애덤 스미스의 제자 존 밀러는 1803년에 선거대의제는 '현대판 민주주의'라고 분명하게 썼다.[2] 앞으로 살펴보게 되겠지만, 자유주의 중산계급 통치에 대한 가장 저명한 이론가 존 스튜어트 밀은 심지어 논리를 왜곡해가면서 이 신념을 정당화하기 위해서 노력했다. 한편, 더 극단에 있는 급진파들로 말할 것 같으면, 이들은 어떤 유형으로도 민중의 정치참여를 요구하지 않았다. 아마도 그들은 민주주의란 '모두에게 투표권을'을 뜻하는 것으로 이해했던 것일 수 있다. 아니면 그들이 요구했던 것은 사회주의였던 것이다.[3]

---

1) 프랑수아 기조의 표현이다. 다음의 책에 상술되어 있다. *The History of the Origins of Representative Government in Europe.*

2) *An Historical View of the English Government*, Section 3(Liberty Fund, 2006), pp. 325~326.

3) 급진적 운동가들이 민중(그들이 대표하는 것으로 되어 있는)에게 권력을 넘겨주고 싶어 하는 성향을 나타내었던 적은 없다. 다른 전문가 대표들처럼 그들도 권력을 독차지하고 싶어 한다.

오직 소수의 반대 목소리만이 '대의민주주의'는 논리적 모순이라며 항의했다. [4]

우리가 1장에서 보았듯이, 대의제가 민주적일 수 있다는 독트린은 미국에서 1800년경에 목소리가 큰 소수 과격분자들에게서 처음 나왔다. 그리고 이 독트린은 1820년대에 앤드루 잭슨이 선거권을 모든 백인 남성에게로 확대—잭슨은 이 과정을 '민주화'라고 불렀다—하려고 시도함에 따라서 더욱 확고하게 자리를 잡았다. 그로부터 80년 동안 미국인들은 차츰 자신들의 시스템과 나라를 '민주적'인 것으로 여기게 되었다. 역사가 찰스 비어드에 따르면 이 과정은 제1차 세계대전 시기에 이르면 완결된다. [5]

유럽인들은 19세기 초반부터 미국을 민주주의의 시험장으로 여기는 경향이 있었다. 존 스튜어트 밀은 이렇게 말했다.

> 유럽을 양분하고 있는 두 거대 정당에 의해, 미국은 민주주의를 옹호하는 논거로도 반대하는 논거로도 이용되었다. 민주주의자들은 미국의 사례를 들어서 유럽이 민주주의가 되어야 한다고 주장했고, 귀족정치를 옹호하는 사람들은 미국을 예로 들면서 귀족정을 고수하고 민주적 정신을 이겨내야 한다는 것을 논증하

---

4) 예를 들면 다음과 같다. George Cornewall Lewis in *Remarks on the Use and Abuse of Some Political Terms* (1832) ; John Austin in *A Plea for the Constitution* (1859) ; Henry Sumner Maine in *Popular Government* (1885). 루이스는 1863년 돌연사했는데, 리버티당을 이끌어갈 것으로 촉망받았던 인물이다.

5) *The Republic* (1943), pp. 32~33.

려고 했다.[6]

　프랑스에서만 예외적으로 대의정부가 '민주적'이라는 관념이 중산계급 내에서 상당한 저항을 받았는데, 그래서 프랑스에서 그것이 수용되기에 이르는 과정은 특히 흥미롭다. 우리가 1장에서 본 것과 같이, 로베스피에르는 '대의민주주의'를 남보다 앞서서 주창했다. 그는 민주주의란 민중이 권력과 주권을 대표자들에게 넘겨주는 것을 뜻한다고 꽤 분명하게 말했다. 그리고 그 주장은 공포시대—로베스피에르의 주도로 가장 잔혹한 시기로 돌입하고 있던—의 맥락 속에서 공정한 재판절차 없이 누가 살인을 할 권리를 갖는가 하는 문제로 귀결되었다. 일련의 앞선 집단학살들(1792년 9월)은 민중의회의 재가로 집행되었던 것이었다. 달리 말하면, 고대의 민주적 방법에 의해서 학살이 이루어졌다.[7] 로베스피에르는 1794년 2월 5일의 연설에서, 살인을 행할 권리는 오직 정치적 대표자들에게 있다고 단언했다. "이 혁명은 '민중의 적(敵)'들에게 죽음만을 빚지고 있다."[8]

---

6) 토크빌의 《미국의 민주주의》(1835)에 대한 존 스튜어트 밀의 첫 번째 서평.

7) 여기에 대해서는 오래전부터의 이견이 있었는데, 대체로 이념적인 이유에서이다. '민중'이 자연발생적 대학살을 할 수 있는가? 다음을 보라. Acton, *Lectures on the French Revolution*, Liberty Fund edition, p. 211ff.

8) 이런 방식으로, 로베스피에르의 '대의민주주의'는 대표들의 입법 권리뿐만 아니라 그들의 행정력을 통해 민중의 이름으로 법을 무력화할 수 있는 권리까지 정립했다. 이론상으로는 행정과 사법이 분리되면 권력 남용의 위험이 적다. 그러나 미국(조지 W. 부시)은 암살을 명령할 수 있는 권리를 대통령에게 부여하였다.

30년 뒤, 나폴레옹이 추방된(1815년) 이후에도 로베스피에르의 공포시대는 여전히 사람들의 기억 속에 살아있었다. 다수의 시민들이 가까운 사람을 잃거나 그 자신도 아슬아슬하게 살아남았기 때문이다. 그리하여 '민주주의'라는 말은 두 차례의 살육과 결부되어 인식되었다. 즉 '고대 민주주의'는 민회(民會)에 의해 조직되는 집단학살을 가리켰고, '신(新)민주주의'는 (정치)대표자들에 의해 조직된 살인을 뜻하게 되었다.[9] 게다가 문제를 더욱 복잡하게 만들었던 것은, 진보주의자 가운데 가장 영향력이 컸던 사상가 루소가 민주주의를 거부하고, 대의제에 대해서는 냉소밖에 보이지 않았다는 사실이었다. 그는 이렇게 말했다. "민중은 자신을 대의(대표)하도록 허용하는 순간부터 자유롭지 않게 된다. 민중은 더이상 존재하지 않게 된다."[10]

나폴레옹 추방 이후, 거듭된 정치적 혼란으로 기진맥진한 프랑스사회는 과거로 눈을 돌려 안정된 정부를 가져올 수 있을 만한 제

---

9) 프랑스혁명기 동안 '보통선거권'이 시도되었던 유일한 때에 공교롭게 로베스피에르가 권력을 장악했기 때문에 그러한 관념은 더욱 강화되었다. 다음을 보라. P. Gueniffey, *Le Nombre et La Raison*(1993). ('보통선거권'은 성인 남성에게 주어졌고 노예나 본적(本籍)이 없는 사람은 배제됐다. 선거는 간접적 방식으로 시행되었고, 대표자는 유산자 중에서 선출되었다.)

10) 루소는 《사회계약론》(3권 15장)에서 민주주의에 대해 이렇게 말한다. "하느님의 백성들이 존재한다면 그들의 정부는 민주적일 것이다. 인간에게 그토록 완벽한 정부는 어울리지 않는다." 루소가 과연 진심으로 찬성한 정부형태가 무엇인가 하는 질문이 제기되곤 했다. 그 답은 아마도 모든 시민이 직접 참여하여 공익을 위해 제정한 법에 의한 통치와, 그 법을 따르는 행정부인 것 같다.

도를 찾았다. 그 결과 루이 18세[11]가 왕으로 소환되었고, 영국 입헌 군주제의 원리에 근접한 원칙들에 입각하여 대의정부가 건설되었다. 투표권은 재산에 기초해서 주어졌고, 입법의원들이 선출되었고, 행정관은 국왕이 입법부와 의논을 한 뒤에 지명했다. 이런 방식으로 또다시 대표자들이 법을 제정하게 되었다. 그리고 입법기관과 행정권력은 다시 분리되었다.

이 방식의 커다란 장점은, 권력이 하나의 집단에 모조리 귀속되지 않는다는 점이다. 그러나 권력은 여전히 단 하나의 계급에게 있었다. 투표권은 재산을 보유한 남성으로 한정되었다. 행정관은 입법기관의 승인하에 선발되었고, 따라서 역시 중간계급의 이해관계를 대변했다. 요컨대 명백히 중간계급에 의한 통치였다. 그렇지만 적어도 아무도 그러한 사실을 부정하려고 하지 않았고, 여기에 '민주주의'라는 이름을 붙이려고 시도하지도 않았다.

이런 상황에서 차츰 민주주의라는 용어는 집단학살을 연상시키지 않게 되었고, 정치에서 영향력과 권력을 손에 넣으려는 아래(빈자)로부터의 압력을 뜻하는 것으로 의미가 바뀌었다.[12] 민주주의는 종종 강물이 범람하여 둑이 무너지는 이미지에 빗대어지곤 했다.

---

11) 참수된 루이 16세의 동생(루이 16세의 아들이며 왕위를 계승한 루이 17세는 어릴 때 옥중에서 살해되었다).

12) 이 절은 다음을 참고했다. R. R. Palmer, "Notes on the Use of the Word 'Democracy' 1789~1799" in *Political Science Quarterly* (1953), and Pierre Rosanvallon, "The History of the Word 'Democracy' in France", *Journal of Democracy* (1995).

예를 들어, 세르 백작은 1822년 의회연설에서 "간신히 (물을) 가둬 두고 있는 허약한 제방을 무너뜨리려고 위협하는" 민주주의의 "급류"에 대해서 이야기했다.[13] 이제 '민주주의'는 사람들의 감정을 자극하는 말이 되었다. 부자들의 입장에서 민주주의는 악귀, 괴물이었고, 극빈자들에게 민주주의란 결집하라는 신호였다.

나중에 프랑스 수상이 된 기조는 자신을 유명하게 만들어준 연속강연에서 대의정부와 민주주의의 차이를 강조했다.[14] 그는 이렇게 썼다. "진리·이성·정의의 원칙―한마디로 신성한 법―에서 출발하는 경우에만 유일하게 정당한 권력을 갖게 된다." "대의정부는…하나의 구심점을 구성하여 그들로 하여금 공공의 이성과 공중도덕을 실현하게 하고, 권력의 지위에 오르도록 하는 방법이다." 그는 민주주의에 대해서는 "다수의 손에 독재와 특권을 쥐어주는 것"이라고 하면서 묵살했다.

수상이 된 기조와 그의 관료들은 "마치 똑똑한 중산계급이 나라를 다스리는 것은 하늘의 뜻이라는 듯이"[15] 행동했다. 이러한 신념은 몇 가지 '자명한' 사실에 기초하고 있었다―첫째, '대표자'와 '관료'는 중산계급의 직업이다. 둘째, 책임 있는 통치를 위해서 필요한 자질들(교육, 조직능력, 직업적 성실성)은 중산계급의 미덕이다. 셋째, 다른 두 계급은 이미 역사 속에서 망신을 당했다. 즉 상류계

---

13) Quoted in Rosanvallon, op. cit.

14) 1821년과 1822년에 행해진 이 강의들은 나중에 《대의정부의 기원의 역사》라는 제목으로 영어로 번역 출간되었다. 특히 2부, 열 번째 강의를 보라.

15) Lord Acton, *The History of Freedom and Other Essays* (1992), p. 92.

급은 봉건제와 절대군주제 시기에 폭력적인 압제를 한 전력이 있고, 하층계급은 혁명기에 난폭함을 노출하여 (통치할) 자격을 잃었다. 루아예 콜라르는 이렇게 썼다. "중간계급 위쪽 사람들은 권세욕의 화신이고, 아래쪽 계급은 무지하고 의존적이기 때문에 문제의 기능(통치)을 수행할 능력이 없다."[16]

중간계급 자유주의자들은 빈자들에게 투표권을 주고 싶지 않았다. 그들의 명분은 가난한 사람들은 무지하고 지독한 환경에 처해 있어서 극단주의자들의 먹잇감이 되기 십상이라는 것이었다. 절대군주제 옹호자들에 의해서도, "민주주의의 숭배자들"에 의해서도, "음모와 격정의 도구"[17]로 이용된다고 했다.[18]

이와 같이 프랑스에서 대의정부는 민주주의에 반대하면서 구축되었다. 대의제는 곧 민주주의라는 것이 이미 일반론이 되어 있었던 영국이나 미국과 프랑스는 보조가 맞지 않았던 것이다. 그러나 그것도 오래가지 않았다. 영국과 미국에서 '대의민주주의'의 환상을 조장했던 바로 그런 공포가 프랑스에서도 암약하고 있었기 때문이다. 혁명, 독재정권, 왕정복고의 그 모든 정치적 격변에도 불구하고, 일반 대중(하층계급)은 여전히 정치에서 배제되어 있었다.[19] 결국 프랑스를 영국이나 미국과 같은 지점에 오게 하기 위해

---

16) Royer Collard, quoted in *Cambridge Modern History* (1934), X, p. 52.

17) Barante, quoted in *Cambridge Modern History* (1934), X, p. 51.

18) Guizot's phrase in *Democracy in France* (1848).

19) 어떤 측면에서 민중은 구체제에서보다 중간계급의 통치 아래에서 더욱 억압을 받았다. 예를 들어, 노동자들의 결사를 금지하는 르샤플리에법은 1791년에 통과되

서는 준(準)천재의 작업이 필요했는데, 그것은 바로 알렉시스 드 토크빌의 《미국의 민주주의》(두 편으로 나뉘어 1835년, 1840년에 출간)였다.

토크빌도 처음에는 '민주주의'라는 말을 동시대 프랑스인들이 생각했던 것과 같은 식으로 사용했다.

> 민주주의! 여러분은 이것이 홍수 물이라는 사실을 모르겠는가?…이미 그 물은 우리의 들판과 도시에 흘러넘치고 있다. 과거 견고했던 성들의 무너진 흉벽을 넘어뜨리고 옥좌 바로 아래에까지 밀려왔다. …그러니 어떻게 하면 미래를 흔들림 없이 정신 차리고 맞이할까. 무력한 제방을 쌓을 궁리를 하는 대신에 신성한 방주를 건설하자. 이 기슭 없는 대양을 인류가 건너게 만들어줄 방주를 말이다.[20]

그가 크게 우려했던 것은 이 '아래로부터의 홍수'가 전제군주를 만들어내지 않을까 하는 것이었다. (프랑스)혁명 시기에 되풀이해 그랬던 것처럼 말이다.

> 민주주의의 행진을 멈추게 하자고 주장하는 것은 어리석다. (그러나) 신이 허락한다면, 민주주의의 방향을 잡아서 그것이 우

어 1884년까지 유지되었다.

20) Nolla edition, p. 12.

리를 일인 독재로 몰고 가는 것을 막을 기회는 아직 있다. 일인 독재는 인간정신이 상상해낼 수 있는 정부형태 중에서 가장 증오할 만한 것이다.[21]

제대로 관리되지 않는다면 민주주의는 군주제를 먹어치운 것처럼 상류계급도 집어삼킬 것이다.

봉건제를 무너뜨리고 왕들을 정복했던 민주주의가 부르주아와 부자들 앞에서는 후퇴할 것이라고 생각하는가? 자신은 너무나 강해진 반면 적들은 너무나 약하게 된 지금, 민주주의가 멈출 것 같은가?[22]

토크빌은 민주정치가 미국에서 어떻게 작동하는지, 어떻게 하면 민주정치가 안전하게 그리고 만족스럽게 자신의 고국 프랑스에서도 운영될 수 있을지에 대해서 알고자 미국으로 떠났다.[23] 그는 "가능하다면, 어떻게 하면 '민주적'[24]이 되면서도 폭정과 타락은 피할 수 있는지 가리켜 보이고" 싶었다. 토크빌은 이렇게 썼다. "독자들

---

21) Nolla edition, p. 13. 토크빌의 생전에는 '민주주의'가 실제로 폭정으로 이어졌다(나폴레옹 3세).

22) Nolla edition, p. 14.

23) "나는 이 책에서 프랑스를 거의 언급하고 있지 않지만 책을 쓰면서 나의 조국(프랑스)을 염두에 두고 있지 않았던 적은 한시도 없다"(1843년 10월 19일자 서한).

24) 토크빌 강조. Quoted in Nolla edition, p. 32.

이 지금부터 읽게 될 이 책은 처음부터 끝까지 일종의 종교적 두려움 속에서 쓰여졌다."

　민주주의를 교육하고, 가능하다면 민주주의의 신념들을 소생시키고, 민주주의의 관습들을 정화하기…이것이 오늘날 사회를 이끄는 자들에게 부과된 최우선의 임무이다.[25]

　토크빌은 미국에서 목격한 정치적 안정성에 감명을 받았다. 그의 생애 동안 프랑스는 혁명, 전쟁과 사회적 격변에 시달려왔기 때문이다. 1789년, 1830년, 1848년의 혁명은 물론이고, 나폴레옹전쟁, 왕정복고, 두 차례의 강요된 퇴위, 짧게 끝나버린 대통령시스템, 쿠데타(1851년) 그리고 루이 나폴레옹 치하에서 단명했던 제국이 있었다. 이런 혼란과 대조적으로 미국은 상대적으로 사회적 변동이 없었다. 토크빌은 나중에 이렇게 썼다. "유럽의 모든 나라가 전쟁의 참화를 입거나 내분에 의해 찢기고 있는 동안" "문명세계에서 유일하게 미국인들만 평화를 유지했다."[26] 미국에서 구현된 방식으로서의 '민주주의'를 고국 프랑스에서 복원시키겠다는 토크빌의 결심은 바로 이 지점에서 나왔던 것이다.
　토크빌의 저작은 조국과 해외에서 모두 열광적이고 즉각적인 성공을 거두었다. 프랑스인들은 토크빌의 책을 읽고 대의제는 민주

---

25) Nolla edition, p. 16.
26) 《미국의 민주주의》 12번째 개정판 서문.

주의의 외관을 하고서 중간계급에 의해 관리될 수 있다는 사실을 확신할 수 있었다.

고등교육을 받았고 비상하게 탁월한 재능을 지니고 있었으며, 강박적으로 정직한 인간이었던 토크빌은 자신이 알고 있는 역사를 자신의 주장(대의제가 민주적이라는)과 조화시키기 위해 애를 쓰면서 민주주의를 갖가지 방식으로 재차 정의해야 했다. 그리하여 종국에는 토크빌 자신도 갈피를 잡지 못할 정도가 된다. 그는 민주주의를 "아래로부터의 홍수", "중간계급 정부", "자기통치"라고 규정하다가, 마침내 "사회적 조건의 평등"[27]에 안착하게 된다.

토크빌이 말하는 '사회적 조건의 평등'은 부의 평등도, 심지어 기회의 평등도 아니다. 오히려 그것은 100년 넘게 유럽 사회들을 규정했던 계급제─특권과 존경의─에 대한 완전한 보이콧이다. 토크빌에 의하면 미국 시민들은 재산이나 권세에서 아무리 차이가 나도, 서로를 사회적 동격으로 여기고 대한다.[28] 낮은 계급이 높은 계급에 노골적으로 복종하는 것은 물론이거니와 복장이나 말씨, 몸가짐으로 계급을 식별하는 일에 익숙했던 19세기의 유럽인들에게 이것이 얼마나 신선하게 비추어졌을지 지금 우리가 상상하기는 어려운 일이다.

토크빌은 이렇게 썼다. "사회적 조건의 평등은 … 민주주의의 기

---

27) Pierson(1959), Lively(1962), Zetterbaum(1967), Schleifer(2000), Craiutu(2003)는 모두 토크빌이 '민주주의'라는 것으로 무엇을 뜻했는지에 대해서 한 장(章)씩 할애해서 상술하고 있다.
28) 《미국의 민주주의》 서장.

본적인 사실이다. …그것은 정치관습이나 법을 훌쩍 넘어서 영향을 미친다. …그것은 의견과 감상을 만들어내고, 관습을 제안하며 그것이 만들어내지 못하는 모든 것을 조정한다." 이 '평등'이 단지 태도에서의 평등일 뿐이라는 사실은 토크빌에게 문제가 되지 않는 것 같다. 노예제, 유력한 비밀집단 세력, 금권주의 입법, 부의 거대한 불평등과 같은 명백히 평등하지 않은 (미국의) 현실을 무시하면서, 그는 미국식 '민주주의'가 모든 사람에게 주권을 주었다고 주장했다.

정치세계에 평등이 널리 확산되게 할 방법은 두 가지밖에 없다. 권리를 개별 시민 모두에게 부여하거나 아니면 아무에게도 부여해선 안된다. 영국계 미국인과 같은 사회적 지위에 오른 사람들로서는 '모두에게 주권을'과 일인 절대주권 사이의 중간노선을 상상하는 일은 매우 어렵다.[29]

그러나 "모두에게 주권을"이라고 말했을 때, 토크빌은 정말로 모두가 (정치에) 참여하는 것을 뜻하지는 않았다.

가장 합리적인 정부는 '모두'가 역할을 맡으려고 하는 정부가 아니다. 가장 정통하고 가장 도덕적인 사회계층이 이끄는 정부

---

29) 1부의 3장. Pierre Manent, *Tocqueville and the Nature of Democracy* (1996), pp. 2ff.

이다.[30]

법이 "하나의 조직체의 민중에 의해" 제정되든, "보통선거로 선택된 대표들에 의해" 제정되든, 민중은 주권을 갖는다.[31] 토크빌이 민주주의를 주권재민주의로 신격화하는 방식은 신비주의적이며 거의 초월주의적이다.

신이 우주를 지배하는 것처럼 민중은 미국의 정치세계를 지배한다. 민중이 모든 일의 시작과 끝이다. 모든 것이 민중으로부터 나오고 모두가 그것에 흡수된다.[32]

그런데 토크빌이 분명하게 민주주의와 결부시키지 않았던 단 하나의 의미가 있었으니 그것은 과거에 민주주의가 뜻하던 것, 즉 (정치)참여였다. 그는 고대의 민주주의는 엉터리라고 일축하면서, 그것은 자신이 얘기하는 것과 완전히 다른 것이라고 말한다.

나는 그 (고대의) 겉치레만의 민주주의들은 우리의 민주주의와는 매우 다른 요소들로 구성되어 있으며, 우리의 민주주의와

---

30) Letter to Kergolay(1831), quoted in Nolla edition, p. 317.

31) Nolla edition, p. 97.

32) 1권 4장. Nolla edition, p. 97. 이 문장은 기이하게도 어떤 판(版)에서는 누락되어 있다.

이름 말고는 공통점이 하나도 없다고 단언한다. [33]

　토크빌의 이러한 민주주의의 구분은 혼란스럽기도 하지만 정당화하기도 어렵다. 왜냐하면 그 자신이 미국 민주주의의 기원을 뉴잉글랜드 타운에서 찾고 있기 때문이다. 그런데 타운의 통치는 '옛날의' 민주주의와 같은 방식이었다. 즉 법은 모든 사람이 참여하여제정했고, 행정관은 제비뽑기와 순번에 의해 선발되었고, 선거는제한적으로 전문적 행정직무를 맡을 도시행정위원을 뽑는 경우에만 사용되었다. 토크빌이 옛날 '겉치레만의' 민주주의라고 일축하는 것은 무리하고 불안해 보인다. 마치 그가 고대 민주주의를 라이벌로 여기고 제거하려고 작정한 것 같다. [34]
　토크빌의 《미국의 민주주의》에 대한 반응은 대체로 열광적이었다. 가령 존 스튜어트 밀은 이렇게 썼다.

　그것은 곧바로 우리 시대의 가장 훌륭한 업적의 반열에 올랐다. …토크빌의 책은 내 생각에 인류의 현재 위치를 제대로 보고있다. …민주주의와 귀족정 중에서 선택하는 것은 우리에게 주어진 일이 아니다. 필요와 섭리가 이미 결정을 내려주었다. 그러나 잘 통제된 민주주의인가 아니면 잘못 통제된 민주주의를 갖

---

33) 3권 15장.
34) 토크빌은 전통적 민주주의뿐만 아니라 직접·참여 민주주의가 여전히 살아있는
스위스 민주주의도 폄훼했다.

게 되는가 하는 것은 우리가 선택해야 할 문제이다. 그리고 바로
여기에 인류 미래가 달려 있다.[35]

기조의 경우에는 조금 비판적이었다. 기조는 토크빌이 은연중
드러내고 있는 부르주아에 대한 멸시적 태도와 또 노동자계급으로
부터 어떤 위대함이 나올 수 있다는 그의 믿음에 대해 언급하면서,
편지에 이렇게 썼다. "당신은 마치 완패당한 귀족이, '나를 정복한
사람이니까 옳을 수밖에 없다'고 믿는 것처럼 민주주의를 평가하
고 있습니다."[36]

1848년 포퓰리스트 사회주의혁명들이 일어난 뒤 중간계급은 새
삼스러운 긴박감을 가지고 대의민주주의의 신화를 전파했다. 비록
일시적이긴 했지만 공산주의자들과 사회주의자들이 자신들이 충
분한 대중적 지지를 받아 그들의 인력으로 기존의 엘리트들을 대
체할 수 있다는 사실을 보여주었기 때문이다. 1848년의 혁명들을
잔혹하게 진압한 뒤, 프랑스정부를 비롯해서 유럽의 구체제는 일
반 노동자에게까지 선거권을 확대하는 것을 승인했다. 그리고 이
확대를 '민주주의'라고 대대적으로 선전했다.[37]

---

35) *London Review* (October 1835).

36) Quoted by Craiutu in *Liberalism under Siege: The Political Thought of the French Doctrinaires* (2003), p. 92.

37) 액턴은 1878년에 이렇게 썼다. "프랑스 및 독일에서 기조와 메테르니히의 시
대로부터 보통선거권의 시대로 오는 데에는 불과 30년밖에 걸리지 않았다"("Sir
Erskine May's Democracy in Europe").

이 새로운 '민주주의'에 대한 회의론자들은 다시 돌아가서 옛날에 쓰던 식으로 이 말을 사용했다. 즉 정부에서 진정한 지분을 갖고자 하는 민중의 욕망과 그런 노력이라는 뜻으로 말이다.[38] 기조는 본질적으로 민주주의가 '좋다/나쁘다'는 주장들을 무시하면서 (무릇 대부분의 힘이 그렇듯이) 민주적 압력도 어느 쪽으로든 사용될 수 있다는 점을 상기시켰다.

민주주의는 선과 악 사이의 싸움으로부터 솟아난다. 그런데 선과 악은 우리의 본성이고, 현 세계에서 우리에게 주어진 조건이다. 그것은 다수 하류층이 소수 상류층에 대항해 내지르는 구호, 투쟁의 깃발인데, 때로는 가장 신성한 권리들을 위해서 일어나기도 하지만 때로는 가장 미개하고 가장 무분별한 열정에서 비롯된다. 가장 무도한 강탈에 대항해서도, 그러나 때로는 가장 합법적인 권력에 대항해서도 일어난다.[39]

토크빌 이후 대부분의 저자들은 단지 이 새로운 신화를 강화하는 데에만 전념한 것으로 보인다. 그렇게 현대세계에서 '민중'은 대표자를 선출함으로써만 스스로의 운명을 통제할 수 있으며, 그 결과로서의 (대의)정부는 본질적으로 좋은 것이라는 신화가 구축되

---

38) 기조도 마찬가지이다. Acton op. cit., Dicey, *Law and Opinion in England* (1914), pp. 48ff.

39) "De la démocratie dans les sociétés modernes" (1838).

었던 것이다.

　그리하여 사회학자 로베르트 미헬스가 1911년에 발간된 자신의 저서에서 민중의 대표자들—심지어 사회주의자나 공산주의자들도—이 대부분 예외 없이 직업은 물론 출신에서도 중산계급이라는 것을 밝혀냈을 때 그것은 충격적인 사실이었다. 모든 통치자와 미래의 통치자들까지 중간계급에 속해 있는 시스템을 '민주적'이라고 부르는 것이 의미가 있는가?[40] 그러나, 그때쯤에는 민주주의의 신화가 이미 대세를 이루고 있었고, 불현듯 부상한 이성의 번득임이 대세를 꺾을 수는 없었다. 미헬스의 책은 잠깐 동안 당혹감을 안겨주는 데 그치고 말았다.

　더 최근으로 오면, 선거대의제는 정확히 '데모크라시'는 아닐지 몰라도 그러나 실은 진정한 민주주의보다 더 나은 형태의 정부라고 찬양하는 저서들이 출판되었다. 선거대의제는 세 가지의 전형적인 정부형태(군주제, 귀족정, 민주주의)를 하나로 합친 다재다능한 정체(政體)라는 것이다.[41] 대통령은 군주제의 요소이고, 입법부는 귀족정의 요소, 투표는 민주주의의 요소라고 했다.[42] 그렇지만

---

40) *Political Parties: A Sociological Study of the Oligarchical Tendencies of Modern Democracy.*

41) Bernard Manin, *The Principles of Representative Government* (1997). 다른 점에 있어서는 훌륭한 책이다.

42) 고대 그리스 민주주의에 관한 선구적 역사가 M. H. 한센은, 현대의 대통령들은 근대 초기의 군주들보다 더 큰 제왕적 권력을 갖고 있다고 주장한다("The mixed constitution versus the separation of powers: Monarchical and aristocratic aspects of modern democracy", *History of Political Thought*, 31(2010), pp.

이러한 주장은 '민주적' 요소가 좀더 실체가 있거나, 대표자들이 정당의 배후조종자들로부터 독립적인 경우에나 좀 설득력을 가질 것이다.

역사가 찰스 비어드에 따르면, 제1차 세계대전 시기를 전후해서 마침내 선거대의제는 '민주주의'의 한 형태로서 일반에 수용된다.

'미국은 무엇보다 민주주의다'라는 생각은 그 전까지는 공인을 받지 못하고 있었다. 그러나 우드로 윌슨이 동맹국(독일, 오스트리아, 헝가리)과 전쟁을 벌이면서 그 전쟁을 '민주주의를 위한 전쟁'이라고 내세웠고, 이때부터 '미국은 무엇보다 민주주의다'라는 관념이 널리 확산되었다.[43]

그런데 윌슨의 '민주주의를 위한 전쟁'에 앞선 정황도 우리가 살펴보고 있는 민주주의 신화의 역사에서 중요하다. 우드로 윌슨은 1913년 《신자유》에 이렇게 썼다.[44]

당신이 워싱턴에 가서 정부에 청원을 한다고 치자. 그럼 당신은 정부가 당신의 말을 깍듯한 자세로 듣기는 하지만 그들이 정말로 배려하는 상대는 언제나 가장 큰 지분을 갖고 있는 이들이

509~531).

43) *The Republic*, p. 32.

44) 찰스 비어드의 《공화국》(p. 220)에 부분 인용. 이때에 이르면 영국에서도 금권정치가 되었다(Elie Halévy, *History of the English People*, Epilogue 1, pp. 38~40).

라는 사실을 깨닫게 된다. 거대 은행업자나 제조업자, 산업계 거물, 상업의 지배자, 철도회사나 증기선 회사의 수장 같은 사람들 말이다. 나는 이들 높은 양반들의 의견을 정부가 참작하는 데에 아무런 유감이 없다. 왜냐하면 그들 자신은 부정하는 것 같지만 그들도 역시 미국의 민중이기 때문이다. 그렇지만 나는 이들의 의견이 주로 고려되고, 특히 독점적으로 채택되는 것에 대해서는 매우 심각하게 반대한다. 국민을 위한 정부라면 (통치를) 직접 해야지 국회의원들을 매개로 해서는 안된다. 이 사람들은 중요한 문제에 봉착할 때마다 매번 유력자들에게 굴복했고, 그들의 요구는 마치 당연히 충족되어야 하는 것인 양 떠받들었다.

지금 미국정부는 특수한 이익집단의 수양아들이 되어 있다. 자유의지를 갖는 것은 허용되지 않고, 무엇을 할 때마다 번번이 제재를 받는다. "그건 하지 마라, 우리가 번영하는 데 방해가 되니까." 그리하여 민중이 "(약속된) 번영은 (도대체) 어디에 있는가?" 하고 물으면, 특정의 신사집단이 "우리한테" 있디고 답하게 되기에 이르렀다.

현실에서의 금권주의 과두정치에 대해서 이것보다 정확하고 권위있게 잘 묘사할 수는 없을 것이다. 2년 뒤 윌슨은 미국 대통령이 되었고, 나라를 전쟁으로 몰아가는 데 열중하고 있었다. "민주주의가 위협받지 않는 세계를 만들어야 한다"고, 윌슨은 1917년 4월 2일 국회에서 선언했다. 그러나 자기 자신이 미국은 '민중'에 의해 운영되는 것이 아니라 비즈니스 이해관계에 따라 운영된다고 지적했던 만큼, 이렇게 말하는 편이 정직해 보였을 것이다. "미국 상업계의 이해관계가 위협받지 않는 세계를 만들어야 한다."

요약하자면 이렇다. 대의민주주의의 신화는 민중(데모스)이 교육을 받지 못했던 시절에 안정된 중간계급 정부를 정당화하는 근거를 제공함으로써 유용한 목적에 봉사했다. 그러나 과거에 어떤 장점을 갖고 있었든 이 신화는 이제 제거되어야 한다. 세계 어디로 눈을 돌려도, 우리는 대의제 정부를 갖고 있는 나라들이 최악의 무분별한 소비주의 충동이나 미디어, 사회공학에 의해 조종되면서, 경제성장과 진보의 이름으로 문화, 인격, 공동체, 자연세계를 파괴하고 있는 현실을 목격하게 된다. 부유층과 빈곤층 사이에 거대한 골이 생겨나고 있다(4장을 보라). 한편 이 와중에 우리(민중)는 바로 이것이 우리가 원하는 것이라는 말을 듣고 있고, 더욱이 우리는 '우리'가 원하든 원하지 않든 그것을 갖게 된다. 우리에게 결정권이 없기 때문이다. 우리의 '민주주의'는 신화이다.

어떻게 현대세계에 진정한 민주주의를 가져올 것인가 하는 것은 이 책 마지막 장의 주제이다. 다음 장(章)에서는 현대에 정부형태로서 선거대의제를 최초로 도입한 국가 영국에서 이 선거대의제가 어떤 역할을 했는지 살펴볼 것이다.

제 3 장

영국에서의 대의정부

'대의민주주의'의 기본적인 아이디어는, 민중이 자신들의 대표자들을 통하여 주권(主權)을 갖는다는 것이다. 표면적으로는 그럴듯한 이야기다. 일반투표에 의해 선출된 대표들은 자신들의 뜻대로 법을 바꿀 수 있고 또 국정운영의 방향을 정할 수 있다는 것이니까 말이다.

그러나 단순한 이야기는 실은 매우 다른 현실을 이면에 감추고 있는 경우가 많다. 이 책의 1장과 2장에서는 민주주의가 '대의제'와 근본적으로 양립할 수 없다는 점을 밝혔다. 즉 우리가 우리를 통치하도록 누군가를 선발한다면 우리 스스로 통치하는 것이 아니다. 그렇다면 선출된 대표자들에 의한 정부는 민주주의가 아니라면 무엇이란 말인가? 그 답은 '선거 과두정'이며, 그것이 의미하는 바는 우리가 우리를 대신해 통치하는 일을 하도록 선출한 비교적 소수의 사람들에 의해서 통치가 이루어진다는 것이다. 이것은 두 가지 질문을 추가로 낳는다. 첫째, 대표자들은 실제로 어느 정도의 권력을 갖는가? 둘째, 대표자들은 과연 '민중'의 이익을 위해서 행동하는가?

대의정부의 역사를 살펴보면 일정한 고유의 패턴이 나타나는데, 우리 대부분은 그것에 매우 익숙하다. 바로 그것이 일상의 현실이기 때문이다. 선출된 대표자들이 통치권을 갖는다고 되어 있지만 그 대표들은 자꾸 바뀌는 반면에, 실제 생활에서 정말로 권력을 행사하는 집단들—정당, 관료, 기업, 미디어, 사법기관, 독립 공공기관, 국제조약 협정, 금융제도, 기타 각종 규제기관—은 변함없이 하던 일을 계속해나간다. 그리고 우리들은 우리를 대표하는 것으로 되어 있는 대표자들이 우리보다 오히려 그런 권력집단들과 긴밀하게 연결되어 있다는 사실을 깨닫게 될 때마다 한 차례씩 충격을 받곤 한다.

이러한 세력들이 선출된 대표자들의 일시적 지배나 어설픈 개입에 크게 휘둘리지 않고 계속해서 버티고 있다는 사실은 조금도 놀랄 일이 아니다. 무릇 정부가 조금이라도 제 기능을 하려면 변화뿐만 아니라 연속성을 가져야 하기 때문이다. 다만, 이러한 보다 영구적인 권력집단들이 잘 구성되어 있는 경우에는—그래서 그들이 공익을 위해서 행동을 한다면—민중의 삶은 그들로 인해서 개선된다. 그러나 그렇지 않은 경우에는 더욱 악화된다. 선출된 대표자들이 이들 세력들에 영향을 미치면서 어느 정도까지는 그들을 통제하지만, 그러나 이들은 고유한 모멘텀을 갖고 있다. 경마에 비유하자면, 민중은 기수가 누가 될지는 결정할 수 있지만 조련사나 말소유주 또는 말 자체(경기장이나 날씨는 말할 것도 없다)에 대해서는 영향력을 행사할 수 없는 것이다.

"대표자들은 누구를 대표하는가, 현실의 권력자들인가 민중인가"라는 질문에 답하자면, 그 답은 끊임없이 왔다갔다 한다고 말할 수 있다. 선거철에 유권자들 앞에 제시되는 정책들은 정당들이 막후에서 사전에 협의한 것이다. 후보자들은 자신의 정당을 대표하여 민중 앞에 선다. 민중의 환심을 사기 위한 과정이 진행된다. 그러나 선거가 끝나면 대표자들은 '민중을 대표하는 것'과 (강요된) 정당에 대한 충성이나 개인적인 야심과 사리사욕, 일련의 정황들, 권력자들에게 아첨하는 것들 사이에서 줄타기를 하는 것이다.

대의정부의 역사는 길며 어떠한 이론보다도 바로 이 실제의 역사가 대의정부의 본질을 더 잘 보여준다. 지난주나 작년이 아닌 오랜 기간에 걸친 대의정부의 역사를 살펴볼 때에 그것의 스타일과 작동방식의 측면들이 더욱 분명하게 모습을 드러낸다.

대의정부의 기원은 중세 유럽 의회들이다. 군주들은 자신이 지배하는 민중들 사이에서 무슨 일이 일어나고 있는지 알고 싶었다. 그래서 군주는 "상황을 고하여 알리도록" 대표들을 소집했다.[1] 군주들이 현실을 알고자 했던 데에는 여러가지 이유가 있다. 가장 나쁜 왕일지라도 (민중의) 반란은 피하려고 했고, 군주들은 자신의 목적(전쟁, 사치, 행정)을 위해서 민중으로부터 돈을 얼마나 뽑아낼 수 있는지 알아보고 싶었다. 또한 귀족들(군주들의 영원한 경쟁 상대)이 과도한 세력을 갖는 것을 견제하기 위하여 '민중'의 충성이 필요했다.[2] 귀족과 군주들 사이의 전쟁은 중세시대에 반복해서 일

---

1) *"Ad loquendum or ad ostendendum"*(고하거나 보여주도록)(M. V. Clarke, *Medieval Representation and Consent*, pp. 286~289).

2) "재정문제에 관한 타협을 보기 위해서, 어떤 사안에 대한 정보를 얻기 위해서, 나라의 여론을 살피기 위해서, 특정 정책에 대한 찬성을 얻기 위해서"(May McKisack, *The Parliamentary Representation of the English Boroughs During the Middle Ages*(1932), p. x).

어났던 폐해이다.

'대의제'가 출현한 배경에 있는 아이디어는 단순했다. 오늘날의 표현으로 말하자면, 대표자들은 정보를 운반했다. 보통사람들이 정보를 대표자들에게 제출하고, 그러면 대표자들이 그것을 다시 군주에게 제출했다.[3] 대표자들은 또 거꾸로 군주에게서 민중에게로 정보를 전달했다. 요청이나 양보 사항, 청원에 대한 응답 따위를 말이다.

헌법사학자 스텁스는 유럽의 모든 나라에서 거의 같은 시기에 의회 구성원으로 대표자들이 포함되기 시작했다는 사실에 주목했다. "스페인의 아라곤 국회에 타운 대표들이 참석했다는 기록은 1162년에 처음 나타난다. 카스티야에서는 1169년이 최초이다. 시칠리아의 프리드리히 국회는 1232년에 틀이 잡혔다. 독일에서는 1255년에 시(市)를 대표하는 의원들이 국회에 등장하기 시작한다. 프랑스에서는 삼부회가 1302년에 처음 소집된다."[4]

그러나 중세 의회들 중에서 유일하게 잉글랜드 의회만이 대표자들이 최고 권력을 갖는 정부형태로 진화했고, 나머지 의회들은 쇠잔해져갔다. 스텁스는 계속해서 말한다. "프랑스에서 삼부회는 모

---

3) "(우선) 마을 대표자들이 배심원단에게 진정을 한다. 12명으로 구성된 배심원단은 (부동산의) 자유보유권자들로서 100명을 대표하는데, 청원된 안건 중에서 이들이 기꺼이 자신들의 의제로 삼은 것들이 판사에게 제출된다"(Maitland, *History of English Law Before Edward I*(1968, 2nd edition, p. 643)). 메이틀랜드는 사법절차에서의 정치적 대표제가 어떻게 시작되었는지 기술하고 있는 것이다.

4) *The Constitutional History of England*, Chapter 15.

든 영역을 왕의 절대주의체제 아래에 두도록 운영되었다. 스페인에서는 긴 투쟁이 16세기에 종식되고 왕은 전제군주가 되었다. … 프리드리히의 시칠리아 정책은 그가 세웠던 국회와 함께 종언을 고했다. 독일에서는 모든 중앙정부의 혼란이 국회에 반영되었고 … (민중의) 실제 삶은 지방주의 채널과 왕실의 뜻대로 방향이 바뀌었다."[5]

한편, 영국에서는 하원이 처음에는 군주를, 다음에는 귀족세력을, 다시 교회의 영향력을 차례로 이겨냈다. 그리고 이 과정은 13세기 중반에 시작되어 점진적으로 500년이라는 기간에 걸쳐서 서서히 진행되었다. 대의정부의 국제적 중요성 덕분에 이 역사에 대해서는 영국 역사가들은 물론이고 외국의 역사학자들도 많은 저작물을 남겼다.[6] 그들은 대표자들이 변변치 않은 '정보 제출자'로부터 '주권 보유자'로 이행하면서 이 여정에 남긴 중요한 순간들을 기록해두었다.[7]

초기 역사에서 주목할 순간은 1265년이다. 대표자들이 '상황을 고하여 알리'는 역할에 그치지 않고 개회 중인 의회에 참석하도록 요청을 받았을 때인데, 그것은 '모든 계급이 참여하는 정부'와 같은

---

5) 보다 최근의 상황은 다음을 보라. Marongiou, *Medieval Parliaments* (1968).

6) 중요한 영국 저자들: Stubbs, Dicey, Maitland, M. V. Clarke. 중요한 외국 저자들: Guizot, Gienst, Gierke, Vinogradoff, White. 이어진 설명은 이들과 다음의 책에 의거하고 있다. Tasswell-Langmead, *Constitutional History* (10th edition).

7) 최종적 권위를 뜻하는 '주권'은 실제로는 명목상에 불과한 것에서부터 절대 (전체주의적) 권력까지 전부 다 뜻할 수 있다.

시대에 앞선 인식이 있었기 때문은 아니었다. 당시에 대표자들을 의회에 참석하게 했던 것은 반란군 지도자였던 시몽 드 몽포르였는데(소환장은 억류되어 있던 왕의 이름으로 발부되었다), 그 이유는 단순히 왕에 대항하여 중산계급으로부터 지속적인 재정적 도움을 보장받고 싶었기 때문이었다.[8]

좀더 진전된 무대는 1295년에 펼쳐지는데, 대표자들이 공식적으로 일정한 권력을 손에 넣었을 때이다. 물론 그로써 군주나 귀족을 지배하게 된 것은 아니다. 그것은 바로 그들이 대표하는 것으로 되어 있는 민중을 지배할 수 있는 권한이었다. 에드워드 1세는 시몽 드 몽포르와 똑같은 이유, 즉 자금에 접근하기 위해서 대표자들을 의회에 참여시켰다.[9] 대표자들은 부유한 사람들에 의해서 선출되었고 그 자신들도 부유했기 때문이다. 에드워드 1세는 대표자들이 전권(plena potestas)을 갖고서 의회에 참석함으로써, 평의회에서 합의된 사항은 민중들이 따를 수밖에 없도록, 즉 의회에서 동의된 것들이 "실행되지 않은 채로 남아 있지 않도록" 되기를 요구했

---

8) "정말로 대중적이고 진보적인 시민계급을 우리의 정치적 구조의 범위 내에서 최초로 인정한 사람은 시몽 레스터 백작이다"(Tasswell-Langmead, *Constitutional History*, p. 150). 또 다음을 보라. Maddicott, *Simon de Montfort* (1996).

9) G. W. S. Barrow, *Feudal Britain*, p. 300. "왜 에드워드 1세의 의회들에 주(州) 및 자치구 대표자들이 더욱 빈번하게 참가하게 되었느냐고 묻는다면, 가장 큰 이유는 세금을 걷기 위해서였고, 그리고 부가적으로 정치적 이유와 법률 제정을 위해서 왕에게는 자신들이 대표하는 공동체를 구속할 수 있는 전권을 가진 사람들의 동의가 필요했기 때문이다. 즉 조세 부과든, 전쟁을 시작하는 것이든, 또는 새로운 조각상을 세우는 것이든 이들의 승인이 필요했다."

다.[10] 다른 말로 하면, 국왕은 잉글랜드 민중으로 하여금 대표자들을 자기 자신을 대신하여 행동하는 대리인으로서 여기도록 요구했다. 즉 대표자들이 동의한 것에 대해서 민중은 법적으로도 도덕적으로도 준수할 의무를 갖게 하려는 것이었다.[11]

중세 의회에서 대표자들은 결코 권력의 핵심층은 아니었다. 나라의 행정은 왕이 간택한 인사들로 구성된 '내부 평의회'가 담당했다. 그리고 귀족과 성직자들로 구성된 더 큰 '대평의회'가 군주에 의해 이따금씩 소환되어 조언도 하고 동의를 해주기도 했다. 바로 여기에 중산계급 대표자들이 참석하도록 요청을 받았던 것인데, 그들이 방 한쪽 구석에 공손히 몰려 서 있을 때 귀족과 교회 고관들은 방 전체를 장악하고 널찍이 간격을 두고서 앉아 있었다.[12] 이 대평의회가 평민 대표자들이 참여함으로써 '의회'가 되었다.[13]

그로부터 250년 동안 대표자들은 스스로를 국정 업무에서 불가결한 존재로 구축해 놓았고, 그렇게 하여 무시할 수 없는 권력이 되었다. 이 과정은 튜더왕조 아래에서 진행되었는데, 특히 혼인을

---

10) Gaines Post, "Plena Potestas(full power) and Consent in Medieval Assemblies" in *Traditio* vol. 1(1943), pp. 355~408. 어떻게 단어 선택이 이루어졌는지에 대한 설명은 다음을 보라. J.G. Edwards, *Plena Potestas*, reprinted in *Historical Studies of the English Parliament* (1970). Maude Clarke, *Medieval Representation and Consent* (1936). 평의회는 왕과 귀족, 거물급 인사들과 선출된 대표자들로 구성되었다.

11) Maitland, *History of English Law Before Edward I* (1968 reprint), p. 228.

12) 대단히 흥미로운 당대의 삽화가 다음의 책에 수록되어 있다. Pollard, *The Evolution of Parliament* (1920).

13) Maitland, *The Constitutional History of England* (1932), pp. 69ff.

여러 차례 하면서 아내 몇 명은 죽이기까지 하여 악명이 높고, 수도원의 막대한 재산을 빼앗은 것으로도 잘 알려진 헨리 8세 때의 일이다. 그런 많은 위법행위를 저지르면서 헨리에게는 파트너가 필요했던 것이다.[14] "귀족 중 거의 절반과 성직자들의 적어도 5분의 4가 왕에게 등을 돌린 상황에서, 헨리는 하원이 필요했고 그래서 정성을 다하여 하원세력을 구축했다."[15] 그리고 하원은 대개는 기꺼이 "헨리의 갈수록 터무니없는 일련의 행위들을 '민중의 찬성'이라는 편리하고 그럴듯한 외관으로 덮어"[16]주었다. 아니, 찬성하는 데 그치지 않고 합법성까지 부여했다. 헨리는 폭군이기는 했지만 "그러나 당시까지는 강박적으로 법을 글자 그대로 세심하게 존중하고자 했다."[17] 그리하여 위법행위를 저지르고 싶을 때면 자신이 계획한 범죄가 합법적인 것이 될 수 있도록 하원에 요청해 법을 바꾸었다. 가령 헨리가 어떤 사람을 죽이기를 원하면 하원은 왕에게 사권(私權)박탈 권한을 부여했다. 그렇게 해서 증거도 배심원도 필요 없이 문제의 인물은 사법적으로 살해되었다. 그 대가로 하원은 전례 없는 권력을 누렸다.[18]

중산계급 대표자들은 이런 식으로, 즉 자기보다 큰 권력의 시중

14) Pollard(1920), pp. 321~322, Maitland, *The Constitutional History of England*(1932), pp. 181ff.

15) Pollard(1920), p. 322.

16) Tasswell-Langmead(10th edition), p. 247.

17) Tasswell-Langmead(10th edition), p. 246ff; Pollard(1920), p. 321ff.

18) Freeman, *The Growth of the English Constitution*(1876).

을 듦으로써 세력을 키웠다. '주인'을 위해서 법을 왜곡하고 개정했다. 보상이 있었다. 왕은 자신이 처형한 사람들과 수도원으로부터 토지와 재물을 강탈하여 하원 의원들에게 싸게 넘겨주었다. 이제 대표자가 되기 위한 후보로 출마하는 사람들은 돈을 내고 선거에 나서기 시작했다. 그리고 이후 350년 동안 대표자들은 터놓고 사사로운 이익을 도모하면서 하원에 참석했다.[19]

튜더 이후 스튜어트 왕들은 당시에 유럽 대륙에서 유행하던 정부 모델을 영국에 도입하려고 했다. 그것은 '신성왕권'[20]이 서명 날인한 절대군주제였다. 중세의 군주제 이론들은 백성들에게 부당한 군주를 폐위시킬 권리를 부여하고 있었지만[21] 이 새로운 군주제 모델에서는 왕은 신이 지정한 것이기 때문에 의회는 더이상 쓸모가 없는 낡은 제도였다. 그러나, (영국) 하원은 자신감도 있었고 권력을 갖고 있었다. 세금을 인가, 징수하는 권리를 이미 획득하고 있었고 조용히 몰락할 의사는 추호도 없었다.[22] 더욱이 튜더 왕들은

---

19) Pollard(1920), p. 332.

20) 장 보댕(1530~1596)은 신성왕권의 이론가였다(*The Six Books of a Commonweal*, tr. Richard Knolles, 1962, i. 8, p. 98). 리슐리외 추기경은 일찍부터 신성왕권을 지지했는데, 그렇게 함으로써 신이 지명한 루이 13세의 대리인으로서 자신이 엄청난 권력을 가지는 것을 정당화했다.

21) 다음을 보라. Fritz Kern, *Kingship and Law in the Middle Ages*(1968).

22) "'국왕폐하'에게 자금을 공급하는 것뿐만 아니라 그 돈을 전용하는 것까지 가결했다"(Maitland, "The Crown as Corporation" in *State, Trust and Corporation*(2003), p. 42). "튜더 왕들이 의회가 굴종한다는 것을 알고 그것을 이용한다는 바로 그 사실이, 의회의 지위를 높게 만들어주었다"(J. R. Tanner, *English Constitutional Conflicts of the Seventeenth Century*(1928), pp. 5~6).

카리스마도, 인기도 있었지만 스튜어트 왕들은 그렇지 않았고, 드디어 군주와 하원 사이의 마지막 결전을 위한 무대가 준비되었다.

스튜어트 왕조의 2대 왕 찰스 1세는 의회 없이 통치하는 일을 시도했지만 자금이 바닥나버렸다. S. E. 파이너는 이렇게 묻는다. "왜 그는 프랑스 왕처럼 용병과 관료체제를 수립하지 않았을까?" "답은 명백하다. 그는 용병과 관료체제를 가능하게 할 자원을 전혀 갖고 있지 못했기 때문이다. 그런 자원은 하원, 즉 젠트리의 손에 있었다."[23] 젠트리 계급은 하원만 지배했던 것이 아니었다. 그들은 나라의 일상업무를 돌보는 행정·관리직—치안판사, 변호사, 주 장관, 집행관, 영주—도 장악하고 있었다.

이후 왕과 의회 사이에 이어진 충돌에서 '민주적'이라고 말할 수 있는 목소리, 즉 정치권력을 민중이 가져야 한다는 주장은 하원과는 전혀 상관이 없었다는 사실은 흥미롭다.[24] 하원은 확실히 압제에 대항해서 싸우고 있었지만 그러나 민중을 위하여 싸웠던 것은 아니었다. 그들은 '군주에 의한 정부'에 맞서서 '젠트리에 의한 정부'를 위해 싸우고 있었다. 민주주의자였던 존 릴번(찰스 1세 치하에서 고문당하고 감금되고, 의회에 의해 투옥, 유배되고, 올리버 크롬웰에 의해 또다시 수감되고 그런 뒤 추방되었던)은 군주에 의한 독재보

---

23) *The History of Government* (1997), p. 138.

24) 다음의 텍스트를 보라. *A Radical Reader* (2006), ed. Christopher Hampton, p. 178. "당신들 평민들이 의회를 요구할 때, 그들은 귀족과 부자가 대표자들로 선발될 것이라는 점을 확신한다. … 당신들의 노예상태는 그들의 자유를 뜻하고, 당신들이 빈곤할 때 그들이 번영을 누린다…"

다 젠트리에 의한 독재가 더욱 나쁘다는 것을 알게 되었다. 그는 이렇게 말했다. "나는 현 정부 아래에서 1년을 사느니 찰스 왕 치하에서 7년을 살겠다."[25]

영국내전에서 의회가 승리하고 이어서 찰스 1세가 처형된 일은, 계속해서 커지기만 하고 있던 하원 권력의 본질이 밝혀진 결정적 순간이었다. 사법적으로 군주를 죽일 수 있는 입법기관을 만만하게 보아서는 안될 일이었다. 하원은 왕족뿐만 아니라 상원도 폐지했다. 이제 하원은 이론적으로 단독으로 통치하고 있었다. 그러자 곧바로 근본적인 문제가 부상했다. 즉 하원이 법을 만들었는데, 왕이 없어진 지금 행정부를 누구로 구성할 것인가? 승리를 거둔 군장성(크롬웰)은 행정위원회를 소집했다. 그리고 왕이 했던 것처럼 의회 대표자들, 군대, 귀족, 중요 인사들 중에서 자신이 원하는 사람을 선발했다.

크롬웰은 권좌에 있던 10년 동안 의회를 새로 세 차례 소집했고, 자신이 직접 싸워서 건립한 의회까지 포함해서 네 개의 의회를 해산시켰다. 왕당파와 가톨릭교회는 크롬웰이 세운 이 새로운 의회들에서는 방청도 투표도 할 수 없었다.[26] 한편, 크롬웰뿐만 아니라 동시대인들도, 그리고 나중에는 역사가들도 이 의회들이 우유부

---

25) Guizot(1854), p. 64.

26) "로마가톨릭 교도, 왕당파 그리고 1642년 1월 1일 이후 '아일랜드의 반란에 조언을 했거나 조력하거나 사주한' 이들 모두와 '의회에 대항한 여하한 투쟁'에 참여한 사람은 그 누구든 선거를 하거나 후보자로 나서는 것이 금지되었다"(Little and Smith, *Parliaments and Politics during the Cromwellian Protectorate* (2007), p. 51).

단하고, 부패하고, 광신적이고, 자기 잇속만 차리고, 권력을 유지하는 데만 열중하고 국가를 책임 있게 운용하지 못하고, 오만하고, 비현실적이고, 뜻을 같이한다는 동지들과도 걸핏하면 싸우면서 오히려 진정한 적들은 무서워한다는 사실을 알게 되었다. 의회는 매번 크롬웰에 의해 해산되었지만 그것을 아쉽게 생각하는 사람도 많지 않았다. 크롬웰은 전제적인 권력을 휘둘렀고, 영국은 '코먼웰스'라고 알려진 12년간의 군사독재를 겪게 된다. 민중은 군사법정에 의해서 도덕적 지도를 받았고, 청교도 규율에 어긋난다는 이유로 처벌을 받았다. 대부분의 유흥(크리스마스를 포함해서)도 금지되었다. 그런 까닭에 1660년 군주제의 복귀—참수된 찰스 1세의 아들인 찰스 2세—는 사람들의 환영을 받았던 것이다.[27]

코먼웰스 시기 동안 의회정부가 이렇게 조롱거리가 되자 크고 중요한 문제가 부상하게 되었다. 즉 대의 입법부는 관습과 법에 의해 설립이 되었는데, 그러나 대의 행정부를 만드는 것은 어떻게 가능할까? 이 문제에 대한 영국식 해법은 그로부터 80년 뒤에 새로운 왕조의 조지 1세 치하에서 나올 기회가 생겼다. 이 군주는 독일에서 태어났기에 고향 하노버에 체류하는 것을 좋아했는데, 그래서 좀더 자율성을 갖게 된 의회는 당내에서 우세한 파벌이 지명한 (대체로 그 파벌 출신이 된다) 자신들이 선택한 인물들로 행정부를 구성할 수 있다는 사실을 알게 되었다.[28] 이렇게 이제 정당들은 직

---

27) '쓸모없고 위험하다'는 이유로 1649년에 폐지되었던 상원 의회도 복원되었다.
28) 이것은 1720년대경에 시작되었다. 1705년 의회는 하원의원이 정부 고위관리로

접 행정부를 구성할 수 있게 되면서 더욱 조직적으로 변했다. 느슨하고 상대가 자주 바뀌던 정당 간의 연합도 우리가 오늘날 익숙하게 알고 있는 일종의 정치기구로 굳어지기 시작했다.[29]

18세기의 의회는 귀족 상원과 중산계급 하원으로 구성되었다. 그런데 하원은 부유한 귀족들에 의해 의회가 심하게 부패하는 것을 허용했다. 귀족들은 선거표뿐만 아니라 의석까지 매수했다(부패선거구). 귀족계층과 중산계급은 서로서로 더더욱 부유해지도록 돕는다는 공통의 이해를 갖고 있었는데, 그것은 대체로 가난한 사람들(당시까지는 아직 토지에 대해 권리를 갖고 있었다)의 재산을 빼앗는 것이었다.[30]

전통적으로 가난한 사람들은 군주가 보호해왔지만 이제 군주는 힘이 없었다. 빈자들의 운명은 이제 의회의 처분에 맡겨졌는데, 의회는 은밀하게 지원을 받은 3,000개가 넘는 공유지 사유화 법령(인클로저 법령)을 통해서 (1700년에서 1850년 동안) 체계적으로 민중들로부터 권리를 박탈해갔다. 지주들은 옛 공민권시스템으로부터 브리튼섬 면적의 24퍼센트 이상의 땅을 탈취하여 울타리를 쳤다.[31]

봉직하는 것을 금지하는 왕위계승법 조항을 폐지했다(Hennessy(2001), p. 40). 그리고 50년 뒤(1776년), 미국인들은 이 문제를 다른 방식으로 해결했는데, 즉 행정수반을 별도로 선출하는 것이었다.

29) Lewis Namier, *Monarchy and the Party System*(1952).

30) '귀족'이라는 명칭도 부적절하다. 그것은 '가장 뛰어난 자에 의한 통치'라는 뜻의 그리스어를 어원으로 하기 때문이다. 역사를 보면 대체로 그렇지 않았다.

31) John Chapman, "The Extent and Nature of Parliamentary Enclosure", *Agricultural History Review*, XXXV, 1(1987), p. 28.

농촌과 도시는 부랑자와 재산을 빼앗긴 사람들로 가득 찼다.

인구 대부분이 도시에 거주하는 오늘날 부를 창출하는 활동은 근본적으로 토지 이용·소유에 토대를 두고 있다는 사실은 망각되기 쉽다.[32] 그러나 식량뿐만 아니라 주택, 사무실 공간, 산업, 운송 시스템, 직판매장, 광물 채굴, 저장시설, 군사활동, 통신(수단), 레크리에이션, 관광업, 에너지 그리고 돈과 권력의 원천은 거의 대부분 여전히 토지에 대한 접근과 소유, 지배에 의존하고 있다. 땅에 대한 권리를 빼앗기자, 민중은 이내 자신들의 (재산을) 탈취해간 바로 그 당사자들에게 고용되거나 자선을 바라면서 무력하게 기대야 했다.[33]

자본의 최대의 적(敵)은 자립한 삶이다.[34] 한 뙈기 땅덩이에서 자족적인 생활을 영위하는 가족은 아무에게도 '수익'을 안겨주지 않는다.[35] 그러나 이 가족을 쫓아내기만 하면 그 땅은 이익을 내는 일

---

32) 21세기 도시에서 토지권리의 전용이 어떻게 일어나고 있는지에 대해서는 나음을 보라. Anna Minton, *Ground Control*(2009).

33) 빈자들의 땅에 대한 권리는 보통 직접적 소유권이 아닌 점유 권리였다. 이것은 모든 토지가 원칙적으로 왕에게 귀속되었던 봉건시대의 유산인데, 부유한 임차인들 사이에서는 자유보유권이 발전했으나 빈자들은 자신들의 토지에 대한 권리를 잠식해오는 이 사람들에게 대항하기 위해서 군주의 보호에 의지해야 했다.

34) 평화로운 고립상태에서 살아가는 부부를 살해한 파우스트가 마지막으로 저지른 범죄(괴테의 버전에서)에는 그만한 이유가 있다. 근대인의 화신이라고 할 수 있는 파우스트는 자신의 마지막 범죄를 '진보'의 비전이라고 하면서 정당화한다.

35) 이 원리는 자립한 개인은 물론이고 자립경제에도 적용되는 듯하다. 미국은 서방세계의 이해관계에 따라 일본을 강제로 개방하기 위해서 1853~1854년 군함들을 파송했다.

에 사용될 수 있다. 또 가족 구성원 중에서 성인은 '이익이 나도록 고용'될 수 있고, 온 가족이 (광고 따위를 통해서) 소비자로 훈육될 수 있다. 마지막으로, 현대 경제의 그 특유의 사악함 속에서 이렇게 의존적으로 된 사람들의 질병, 우울증, 범죄 및 불만들은 다시 제약·보험·돌봄·보안·제조·오락·감옥 산업들에 거대한 이윤을 가져다준다.

해먼드 부처(夫妻)는 1911년에서 1934년까지 의회에 의해 빈자들의 재산이 강탈된 과정에 관하여 이제는 고전의 반열에 오른 책들을 집필했다.[36] 이후 방대한 작업과 연구들이 그들의 스케치를 더욱 확대하였고 또 더욱 복잡하게 만들었으며, 때로는 해먼드 부부의 작업과 모순을 일으키기도 했다.[37] 더 나중에 등장한 저자들은 해먼드 부부가 내린 결론의 신빙성을 깎아내리려고 시도하기도 했다. 즉 해먼드 부처의 설명은 과장되고 호도하고 있다면서 마치 인클로저가 거의 일어나지 않았던 것처럼 위장하기 위해 통계를 오용하기도 했다.[38]

선출된 대표자들이 통치권력을 획득하기 훨씬 전부터 지주들이 때때로 가난한 사람들을 땅에서 쫓아내 이익을 취하는 방편으로

---

36) *The Village Labourer 1760–1832: A Study of the Government of England before the Reform Bill* (1911), *The Town Labourer 1760–1832: The New Civilisation* (1917) and *The Skilled Labourer 1760–1832* (1919).

37) 그중에서 특히 기념비적인 저작은 다음과 같다. *Agrarian History of England and Wales*(ed. Joan Thirsk, 2011).

38) 다음을 보라. Joan Thirsk, *The Rural Economy of England* (1984), p. 13.

삼았던 것은 역사적 사실이다. (16세기에 그랬던 것처럼) 인간보다 양이 자신에게 이익이 된다는 것을 알았을 때 많은 영주들이 자기 땅에서 인간을 강제로 몰아내고 양을 들이려고 시도했다.[39] 한편 군주의 이해는 가난한 사람들을 보호하는 쪽에 있었다. 그것은 굶주린 사람들이 떼로 방랑하면서 평화를 해치는 것을 방지하기 위해서만은 아니었다. 민중은 귀족을 공통의 적으로 둔 군주에게 자연스러운 동맹이었다. 그러나, 통치권력이 부유한 개인들 집단의 손으로 들어가자 이들을 제지할 힘은 존재하지 않았다. 은밀히 지원을 받은 의회제정법은 그나마 잔존해 있던 소작농과 소규모의 자작농 대부분을 땅에서 몰아내고 (땅에 대한) 그들의 권리를 박탈하여 대지주들에게 할당하였다.[40]

---

39) 예를 들어 토머스 모어 경은 1516년에 이렇게 말했다. "그토록 온순하고 길들여져 있던, 극히 조금밖에 먹지 않던 그대들의 양들이 이제는 걸신들린 듯이 먹어치우고 너무나 거칠어져 심지어 인간까지 집어삼킨다고 들었다. 양들은 닥치는 대로 먹어치우고 파괴하면서 농장과 집, 도시까지 몽땅 집어삼킨다. 최고급 품질의, 즉 가장 비싼 양모가 생산되는 곳을 보라. 그곳 귀족과 신사들은 물론이고 틀림없이 독실할 터인 몇몇 수도원장들까지도 해마다 조상 대내로 땅에서 얻어오던 수입과 이윤에 만족하지 않으며, 이익을 내지 않는 평온 속에서 살아가는 데 만족하지 않고, 공공의 안녕을 해치면서 경작할 수 있는 땅을 남겨놓지 않는다. 그들은 목초지에 울타리로 둘러치고, 집을 허물고, 마을을 무너뜨려서 양들의 집으로 사용할 교회만 내버려 둔 채 남김없이 파괴해버린다."

40) E. M. 레너드는 〈17세기의 공유지 인클로저〉라는 에세이에서, "갈수록 토지를 부자들의 독점적 전유물로 만들면서" 농촌사회의 파괴를 가져온 인클로저가 어떻게 시작되었는지 살펴보고 있다. 그녀는 로저 노스의 설명("보통이라면 생각할 수 없는, 그런 것이 가능할 것이라고 상상조차 할 수 없었던 엄청난 인구 감소")을 인용한다(Carus-Wilson ed., *Essays in Economic History,* Vol. II (1966)). Hammonds, *The Village Labourer* (1911), Maurice Beresford, *The Lost Villages of England* (1998)도 보라.

이러한 강탈행위를 정당화하기 위해서 18세기 내내 내세워졌던 것은 '개선'과 '진보'라는 기치였다. 그러나 '개선'과 '진보'란 소수를 더욱 부유하게 만들어주고 '자본'의 힘은 더욱 커져서 삶과 노동을 장악하게 된다는 의미였다. 가난한 사람들은 어떻게 되었을까? 그들의 삶에 미친 영향을 조안 서스크는 이렇게 요약한다.

공유지(밭과 목초지)가 공동체에 협동정신을 왕성하게 살려두었다면, 울타리(인클로저)는 협동정신을 굶겨 죽였다. 챔피언컨트리(경작권리를 공유하는 개방된 밭)에서 사람들은 함께 사이좋게 일해야 했고, 윤작이나 공동 목초지를 사용하는 일에 대해서, 방목지와 목초지의 유지·개선에 대해서, 배수로 정비에 대해서, 밭의 울타리 치기에 대해서 합의를 보아야 했다. 사람들은 들판에서 함께 고되게 일했다. 그리고 밭에서 마을로, 농장에서 황야로, 아침과 점심때 그리고 저녁에 함께 걸어서 이동했다. 사람들은 모두 공유자원으로부터 연료와 잠자리에 사용할 짚과 가축에게 먹일 꼴을 얻었고, 매우 많은 생계 필수품을 공동 관리함으로써 아주 어렸을 때부터 공동체의 규칙과 관습에 따르도록 훈련을 받았다.

(그러나) 인클로저 이후, 모든 사람이 자기만의 영역에 울타리를 치고 이웃에게 접근하지 말라고 경고할 수 있게 되자, 이웃과 함께 공평하게 나눈다는 규율은 느슨해졌고, 각 가정은 외딴섬이 되었다. 이것은 인간의 삶에 있어서 혁명과 같은 사건이었다. 그것은 인클로저 이후에 수반되었던 모든 경제적 변화보다도 더

큰 변화였다. 그러나 울타리를 두르고 개량했던 바로 그 농부들이 물려준 세계에서 살아가고 있는 우리들 가운데, 잃어버린 과거의 삶의 방식의 중요성을 제대로 충분히 가늠할 수 있는 사람은 별로 없다.

 가난한 자들에 의해 소유·점유된 땅을 빼앗는 일은 오늘날에도 어떤 식으로든 계속되고 있다. 영국(잉글랜드)에서 법률 제정을 통해서 성취되었던 그 일이 오늘날에는 전 세계에서 은행이 만들어낸 자본과 부채금융에 의해서 성취되고 있다(4장을 보라).

 선거대의제 아래에서 민중이 어떤 대우를 받아왔는가 하는 역사적 사실이 '선거대의제가 민주적'이라는 주장을 반박할 가장 확실한 증거이다. 아리스토텔레스가 2,000년도 더 전에 지적했던 것처럼, 민주주의는 무엇보다 가난한 사람들이 정치적 통치권을 향유한다는 뜻이다. 좋든 싫든 나라의 지휘권은 그들에게 있다.[41] 아리스토텔레스의 논리에 따르자면, 부자와 중산층은 소유주와 행정가로시 이떻든 어느 징도의 권력을 늘 깇고 있지만, 가난한 자들은 진정한 민주주의가 아니고서는 폭동, 스트라이크, 반란위협 이상의 영향력을 행사하지 못한다.

 빈자들 사이에 어떤 형태로든 공동체나 복지에 대한 요구의 낌새가 감지될 때마다, 중산계급의 가차 없는 공격이 반복된다. 이것

---

41)《정치학》4권. "가난하고 다수이기도 한 자유인들이 통치할 때, 그런 정부의 형태가 민주주의다"(tr. Jowett). 또다른 번역은 다음과 같다. "민주주의는 다수를 구성하는 자유인과 가난한 사람들이 국정의 전권을 부여받은 상태이다."

을 보면 경제적 이해관계 이상의 어떤 것이 배후에서 작동하고 있는 것이 아닌가 하는 생각이 든다. 그것은 양심의 가책일 수도 있고, 또는 오크숏이 "절대로 무단으로 도용할 수 없는 것(이 경우에는 공동체성)을 파괴하고자 하는 몰지각한 열정"이라고 말한 것일 수도 있다. 혹은 어쩌면 단지 다수의 빈자들이 어느 날 문득 각성을 하고 그들에게 가해지는 '가차 없는 전쟁'에 더이상 항복하지 않겠다는 결정을 내리지 않을까 하는 불안감에서 비롯된 것일 수도 있다.[42] 인클로저(부동산 불법 강탈)는 사회를 '원자화'하는 데 역할을 했는데, 빅토리아 여왕 시대의 사람들에게는 그것이 그토록 말할 수 없이 고통스러운 일이었지만 오늘날의 우리는 그것을 익숙하고 무감각하게 여긴다.

재산강탈의 관행이 개척되었던 영국에서 이제 가난한 사람들은 사회사업가 말고는 외부인의 방문이라곤 좀처럼 없는 빈민지역 주택개발단지에 유폐되었다. 특히 타운의 사유지들이 집중적으로 강탈되었고, 농촌지역에서는 울타리가 쳐지고 그곳에 거주하던 사람들조차 작은 밭을 일구는 것은 말할 것도 없고 그 땅으로 지나가는 것조차 금지되었다.[43] 한편 중세법 아래에서는 사용되지 않는 땅이라면 그곳에 들어가서 24시간 내에 거처를 세울 수 있다면, 그

---

42) *The Age of the Reformation* (1920), p. 556.

43) 입법을 통해 이런 상황을 개선하려는 시도들은 더욱 구속을 강화하는 결과만을 낳는다. 예를 들어서 이른바 '배회할 권리'는 '산, 황무지, 황야, 공인된 공유지'에만 적용된다. 결국 영국에서 소규모 농지들은 일반적으로 중산층 소유의 별장이 되었다.

오두막과 주변 몇 에이커의 땅에 대해서 그것을 세운 사람들(무단 점유자들)에게 점유할 권리가 부여되었다.

가난한 사람들로부터 탈취하는 일을 정당화하는 명분은 수세기 동안 변함이 없다. 그것은 진보, 생산성, 민중의 '무능력'에 대한 걱정(경멸)이다. 18세기에는 터놓고 이렇게 말했지만 오늘날에는 은밀하게 이야기된다는 차이밖에 없다. 민중들은 권리를 빼앗김으로써 보다 나은 처지에 있게 되었다고 말해진다. 요컨대 땅을 도둑질당하는 가난한 사람들에게 문명의 온갖 기회가 열린다는 것이다.[44] 해먼드 부부는 그것을 이렇게 표현했다. "가난한 사람들은 권리를 잃을 때마다 부자들로부터 (그 대신) 더 나은 것을 얻게 되었다며 축하를 받았다."[45]

간혹 예외가 있기는 하지만 (역사를 보면 일반적으로) 인간은 자신에게 최선이라고 생각하는 일에 대해서만 행동할 것이라고 가정해야 한다. 일반적으로 민중은 19세기 후반까지 의회에서 투표권을 갖지 못했는데 20세기 초에 이르러 이것이 바뀌었다. 영국에서는 1918년에 가난한 남성들에게 투표권이 주어졌고, 가난한 여성들에게는 1928년에 투표권이 부여되었다. 선거권이 주(州)별로 달랐던 미국에서는 인구의 일부가 투표하는 것을 막기 위해 사용되었던 구체적인 방법들(기표소에 접근하기 어렵게 만드는 것과 같은)

---

44) J. D. 체임버스의 말이다(Joan Thirsk, *The Rural Economy of England* (1984), p. 13에서 재인용).

45) *The Village Labourer* (1911), p. 109.

때문에 상황은 더욱 복잡해졌다. 그러나 전반적인 추세는 어디에서나 동일하게 성인 보통선거권을 향해서 나아가고 있었다. 투표권이 가난한 사람들을 포괄할 때에야 대표자들은 '모든 민중'을 위해서 행동한다는 주장을 정당화할 수 있는 최소한의 외양이 갖춰진다. 그래서 대표자들은 민중의 이해관계를 어느 정도까지 대변했는가?

대표자가 되는 것은 일반적으로 중산계급이다. 그들 중 소수만이 민중 속에 뿌리를 두고 있고, 그 소수 중에서도 더 적은 수만이 계속해서 가난한 사람들을 대변할 것이다.[46] 더구나 대표자들은 저마다 개인적 야망을 갖고 있고, 또 정당의 배후 조종자들이 모두 강력한 이해관계를 갖고 있기 때문에 대표자들은 자신들이 민중을 고려한다고 주장할지언정 그들을 대표하지는 않는다. 아니 도대체 왜 역사의 모든 증거와 반대로 특정 그룹이 자신의 이해관계에 반하여 행동하겠는가? 그래서 보통선거권이 실현된 이후 중산층 정치 후보자들이 가난한 다수에게 표를 달라고 호소해야 했을 때 무슨 일이 일어났는가?[47]

---

46) Michels, *Political Parties* (1911). 이후 상황은 크게 변하지 않았다.

47) 20세기에 '대의민주주의'의 공적(公敵)은 온갖 전체주의—파시즘, 나치즘, 공산주의—였다. 이들은 파렴치하게도 사회를 통제하는 힘을 정당 엘리트들의 손에 쥐어주려고 했고, 요컨대 독재와 과두제가 완전하게 융합된 것이었다. 이들이 가끔씩 '민주적'인 양 가장했던 것은 이제 와서 보면 철저한 기만이었다. 그러나 전체주의 정부는 대의정부의 극단적인 형태라고 할 수 있다. 왜 그런가. 전체주의 정부의 엘리트들은 '민중'의 이익을 대표한다고 주장한다. 그러나 권력을 유지하기 위해 사용되는 온갖 형태의 폭력과, 라이벌 정당이나 언론, 이민, 기타 모든 형태의 민심의 반대에 대해 불관용 정책으로 일관하는 모습에서 그런 주장이 허위라는 사실이 드러

1879년, 성인 보통선거권을 향해 가는 도상에서 F. W. 메이틀랜드는 선거권이 확대됨에 따라서 엘리트들이 더더욱 마음대로 할 수 있게 될 것을 우려했다. 그는 유권자들이 일상의 법률에 깊이 관심을 갖지 않는다면 그것들이 자신들에게 어떻게 불리한지 결코 알 수 없고, 또한 유권자들 자신이 변화를 요구하고 압박하지 않으면 결코 변화는 일어나지 않을 것이라고 말했다.

> 이제 의회는 강력히 촉구되지 않고서는 무엇을 실행하는 일이 거의 없을 것이다. 특출하고 흥미진진한 선거운동 구호들은 언제나 많이 있고 그중 어느 것이 센세이션을 쉽게 일으킬 수 있는지에 대해서는 확신할 수 없는 오늘날, 어떤 각료도 대중적 요구가 없는 정책을 계속해서 안건으로 삼을 수는 없다.[48]

메이틀랜드가 우려했던 바를 곧바로 실현하기라도 하듯이, 빈자들이 투표권을 얻은 뒤 이들의 이해와 정반대로 작동하는 주요 메커니즘들이 그 범위와 세력에서 기대히게 확장되었다. (자본가들을 위한) 은행에 의한 돈의 창조―이 관행은 1920년에 이르면 사회 일반에 완전히 수용되어 암묵적인 기정사실이 된다―는 활발

난다. 전체주의는 어떤 의미에서도 '민주적'이지 않다. 그러나 전체주의는 이 책의 주제가 아니다. 여기서 논하려는 것은 (민중들의) 자유의지로 동의를 얻은 대의정부가 본성적으로 비민주적이라는 점이다.

48) "The Law of Real Property" in *Collected Papers* I, Liberty Fund edition, p. 79.

히 일어나는 경제의 하나의 과정으로서 자리를 잡고 크게 확대되었다.[49] 20세기 초가 되면 서방국가들에서 통화공급량의 약 30퍼센트가 은행에 의해 창조되었는데 오늘날에는 그 비율이 항상 95퍼센트를 상회하고 있다.

대중적 격언("돈은 가장 유동적인 형태의 권력이다")을 수용하든, 역사가들의 증언("권력은 부를 따른다")을 따르든, 정권을 계속 유지하고 싶은 엘리트라면 당연히 해야 할 일은 통화공급을 장악하는 것이다. 그런데 이것이 대의정부 아래에서는 놀랄 만큼 쉬운 일이라는 사실이 밝혀졌다. "삼류 마술 축에도 못 끼는"[50] 온갖 속임수가 전 세계를 매수하는 데 사용되어 자립적인 생활을 하고 있던 민중을 비참한 처지로 내몰고, 시민 대다수를 정부, 기업, 초부유층에게 의존하는 신세로 격하시켰다. 더욱이 그 일은 수백 년, 아니 수천 년 동안 사용되어온 수법을 쓸 수 있었기 때문에 그만큼 쉬웠다. 즉 그것들에 대해서 언급하지 않으면서 무제한의 자유를 주고, 그리고 아무도 알아채지 못하기를 바라는 것으로 충분했다.

은행에 의한 '신용창조'는 새로운 돈의 주공급원이 되었다. 이 새 돈은 현재 거의 완전히 부채(은행이 진 빚과 은행의 대출, 그러나 이 둘은 이자율이 다르다)로서 존재한다. '신용창조'라는 말은 일종의 위장술이다. 그것의 본질은 빈자들의 희생으로 부자들에게 돈을

---

49) 이와 대체로 비슷한 시기에 한동안 부정되어왔던 것이 실은 진실이라는 것을 논쟁의 여지 없이 확립해준 몇 가지 저작이 나왔다. C. A. Phillips(1920), F. W. Crick(1927), Keynes(1930).

50) W. J. Thorne, *Banking* (1948), p. 133.

안겨주는 것이기 때문이다. 그러나 대표자들은 이 메커니즘에 대해 침묵하면서 거의 모든 돈이 이런 식으로 창조되는 일을 허용했다. 그들도 다른 사람들과 다를 것 없이 서구세계의 금융시스템이 통째로 뒤집히지나 않을까 하는 공포 속에서 스스로 무지 속에 있기를 선택하고 있다.[51]

거의 모든 돈이 창조되고 있는 이 메커니즘은 다음 장(章)에서 살펴본다.

---

51) 다른 누구도 아닌, 은행업에 대한 역사가 로이드 민츠가 자신의 100번째 생일을 기념한 인터뷰에서 이렇게 말했다. "무지몽매의 중심은 의회이다." (그는 '신용'이 아니라 '신용창조'의 종식을 권고하고 있었던 것이다. '유튜브'에서 볼 수 있다.)

제4장

부채는 어떻게 세계를 지배하게 되었나

인간성은 손쉽게 할 수만 있다면 언제든 부를 쌓을 준비가 되어 있으며, 기꺼이 그렇게 한다. 그리하여 결국 힘있는 자들이 나머지 모든 사람의 돈을 갈취하고 그들을 노예로 만들어버릴지도 모른다. 이것이야말로 폭정이다. 철학자들이 말했고 고대사에 기록된 바로 그런 진정한 절대적인 폭정이다.

— 니콜 오렘(14세기 철학자·신학자)

경제학을 공부하는 목적은 경제와 관련된 질문에 대하여 일련의 준비된 답을 얻기 위해서가 아니다. 경제전문가들에게 기만당하지 않기 위해서이다.

— 조안 로빈슨(경제학자)

인민이 선출된 대표자들에게 당했던 배신 중에서 가장 큰 배신은 은행들이 화폐를 만들어 유통하도록 허용한 일이다.[1] 대표자들

---

1) 은행을 '예금수탁기관'이라고 부르는 것이 더 정확할 것이다. 처음에는 은행에 허용되었던 법적 특권들이 이제 다른 기관들에도 허용되고 있다. 예를 들어서, 미국의 1980년 '예금수탁기관 규제완화 및 통화관리법'은 은행업의 특권을 연방 신용협동조합들에까지 확대해주었다. "모든 예금수탁기관은 연방준비제도가 설정한 지급준비율을 준수해야 한다. 따라서 상업은행뿐만 아니라 모든 그런 기관들이 돈을 만들어낼 수 있는 가능성을 갖고 있다"(*Modern Money Mechanics*, 시카고연방은행). 그

이 평범한 시민들보다 엘리트들에게 봉사하고 있다는 사실은 금융 이외의 다른 분야— 문화, 교육, 군비경쟁, 환경, 전쟁, 지적재산, 석유 및 에너지, 기업—에서도 얼마든지 예를 찾을 수 있다. 그러 나 내가 그중에서도 특히 '은행이 창조하는 돈'을 선택한 이유는 화 폐에 대한 통제야말로 모든 권력에서 근원적인 중요성을 갖기 때 문이다.

이 주제는 그 자체로 상당한 지면을 필요로 한다. 왜냐하면 이것 은 세계가 어떻게 이토록 불평등해졌는지를 설명해주는 것일 뿐만 아니라, 강력한 힘을 가진 자들의 이해관계가 어떻게 일반 대중이 알지 못하는 방식으로, 그리고 민주적 감시를 벗어나서 작동하는 지를 드러내는 것이기 때문이다. 이것은 또한 특권층이 누리는 특 권 그 자체가 어떻게 그냥 '일상적인 일'의 일부처럼 되었고, 강력 한 힘을 가진 특권층 자신들도 그들의 특권이 어떤 메커니즘으로 확보되는지 잘 모르는 상태에 있거나, 혹은 그런 사실을 부인하면 서 살고 있을지도 모른다는 점을 보여준다.

복잡하게 이야기들을 하고 있지만, 은행이 만들어내는 돈에 대 한 진실은 그다지 복잡하지 않다. 은행가 W. J. 손의 표현을 빌리 면, 돈을 만들어내는 은행가들의 술책은 따지고 보면 삼류 마술사 의 수법만도 못한 것이다.[2]

러나, 통용되는 것처럼 '은행가의 특권'을 갖고 있는 기관들을 '은행'으로 부르는 것 이 손쉬울 것 같다.

2) W. J. Thorne (B.Com, Associate of the Institute of Bankers) in *Banking* (OUP, 1948). 잉글랜드은행장을 지낸 머빈 킹은 '연금술'이라는 표현을 선호한다(잉글랜드

은행업이라는 마술은 같은 돈을 되풀이하여 빌려주는 것이다. 정상적인 경우라면 내가 누군가에게 무엇을 빌려주고 나면 그것은 더이상 내 수중에 있지 않다. 그러나 은행가들은 이미 자기들이 빌려준 돈을 마치 마술사가 모자 속에서 토끼를 꺼내듯이 또다시 만들어내어 누군가에게 또다시 빌려준다. 이 술책은 법률적으로 은행들에 주어진 몇 가지 특권 때문에 가능하게 되었다.

은행이 가진 첫째의, 그리고 근본적인 특권은 안전한 보관을 위해 그들에게 맡겨진 예치금을 '소유'할 수 있다는 것이다. 이 특권은 1848년에 코튼험이라는 판사에 의해 재확인되었다.

은행에 예치되면 그 돈은 더이상 돈을 맡긴 고객의 것이 아니다. 그것은 은행가의 돈이 된다. 은행가는 요청이 있을 때 자신에게 예치된 것과 비슷한 액수를 지불함으로써 원래 예치금에 상응하는 돈을 되돌려주어야 한다. … 은행가는 그가 원하는 대로 돈을 처리할 수 있다. 그렇다고 해서 그가 신뢰를 깨뜨린다고 할 수는 없다. 그가 돈을 위험에 처하게 한다거나, 모험적인 투기에 쓴다고 해도 그는 고객에게 책임을 지지 않는다. 그는 그 돈을 고객의 재산으로 관리하거나 처리할 의무가 없다. 그러나 그는 그 금액에 대해서는 책임을 져야 한다. 왜냐하면 그가 그 돈을 받았을 때 그는 고객의 요청이 있으면 자기가 맡은 돈과 같

은행 웹사이트에 게재되어 있는 연설문("Speech to the Buttonwood Gathering, New York"(2010. 10. 25.)을 보라).

은 액수를 되돌려주기로 계약했기 때문이다.[3]

다시 말해서, 내가 가진 돈을 은행에 예치하자마자 그 돈은 은행의 소유가 된다. 그에 대한 대가로 내가 받는 것은, 은행이 소유하게 된 그 돈과 같은 액수의 돈에 대해서 내가 권리를 갖고 있다는 증표이다.

여기서 이상하고 또 특이한 사실은, 돈에 대한 권리(증서)가 그 자체로 돈으로 사용될 수 있다는 점이다. 경제학자 조셉 슘페터는 이 사실이 갖는 괴상함을 지적했다.[4] 만약에 우리가 말 한 마리를 거래하려고 한다면 말에 대한 권리가 있다는 사실만으로는 부족하다. 실제로 말이 있어야 한다. 그러나 주머니에 돈에 대한 권리(증서)를 잔뜩 갖고만 있다면, 우리는 그것들을 누군가에게 건네줌으로써 거래를 성사시킬 수 있다. 다른 말로 하면, 돈에 대한 권리는 그 자체로 돈이다. 오늘날 거의 모든 지불은 이런 식으로 행해진다. 수표, 신용카드, 직불카드 등에 대한 지불은 은행의 돈에 대한 우리의 권리를 누군가에게 이전하는 것일 뿐이다.[5]

---

3) Foley v Hill(1848). 이것은 은행가의 특권에 대한 최초의 기술은 아니지만, 표현이 직설적이고 모호하지 않아서 유명해졌다.

4) *A History of Economic Analysis*, p. 321.

5) 너트 위크셀은 100년도 더 전에 근대의 경제는 두 개의 시스템—현금과 '신용'의 혼성체라는 사실을 지적했다(Knut Wicksell, *Interest and Prices*(1898), 영어 번역본(1936), p. 70). 케인스는 '현대의 돈은 대부분 은행-돈이다'(*Treatise on Money*, 2장)라는 부제 아래에서, 1930년 당시 일반에서 사용되고 있는 돈의 90퍼센트가 은행이 만들어낸 권리라고 추산했다. 2012년 현재 그 비율은 항상 97퍼센트를 넘고

돈에 대한 권리가 그 자체로 돈이 된다는 사실은, 은행업의 마술이 가능하도록 해준다. 즉 은행은 권리들을 만들어냄으로써 돈을 만들어내는 것이다. 그 작동방식은 이렇다.

여기에 한 은행이 있다. 그 은행이 대부를 한다. 돈을 빌린 사람은 그 은행을 배경으로 돈에 대한 권리를 갖게 된다. 그리고 그가 대부금의 일부를 쓸 때, 그의 권리 중 일부가 타인에게로 이동한다. 이 새로운 인물은 같은 은행에 돈을 맡길 수도 있다. 그런 경우에는 돈이 눈 깜박할 사이에 은행으로 되돌아간다. 아니면 새 인물은 다른 은행에 돈을 맡길 수도 있다. 그 경우에는 원래 돈을 빌려준 은행도 다른 은행에게로 자신의 돈의 일부를 빼앗긴다. 그러나 대출(돈)은 매일 모든 은행에서 만들어지고 그리고 사용된다. 그리하여 매일의 거래의 최종 단계에서 은행들은 상호 간에 빚진 것을 계산한다(이 과정은 '어음교환'이라고 불린다). 그들 사이의 다양한 '권리'들은 (보통) 줄 것과 받을 것이 없게 비겨 떨어지는데,[6] 정산이 필요한 부분은 어음교환 협정 은행들을 통해서 단기적 대부를 받아서 해소된다.[7]

있다.

6) 위크셀은 그 과정을 이렇게 묘사한다. "상품들을 사기 위해서 오늘 대출된 총액은 상품 판매자들의 은행 계좌에 예치된다. 그리고 이 돈은 바로 다음 날 다른 누군가에게 똑같은 식으로 대여될 수 있다"("The Influence of the Rate of Interest on Prices", 1907).

7) '청산'(어음교환)은 은행시스템이 전체로서 마치 하나의 커다란 은행인 것처럼 운영된다는 뜻이다. 흥미롭게도 이 과정은 모든 은행이 대체로 같은 방식으로 행동해야 성립할 수 있다. 그렇지 않을 경우에는 대출자들이 상환을 하게 되면 보

그러므로, 돈을 대출한다는 것은 마술처럼 부메랑이 되어 되돌아온다는 것을 뜻한다. 돈이 은행시스템을 떠났다가 다시 되돌아오면서, 그 과정에서 부채(빌린 사람의 은행에 대한)가 만들어지고, 동시에 은행의 돈에 대해서 새로운 '권리'가 만들어진다(이 권리는 은행에서 돈을 빌린 사람들이 그 돈을 지불한 상대들이 소유하는 것이다). 그 결과는 반드시 은행에 좋은 것만은 아니다. 은행은 대출을 행함으로써 위험에 노출될 수도 있다. 돈에 대한 새로운 '권리들'이 생겨날 때, 그 권리들을 뒷받침할 돈(현금)이 항상 있는 것은 아니기 때문이다. 은행이 불량부채를 만들 때 (존재하지 않는) 현금에 대한 권리들이 쌓이는데, 그러면 은행들은 스스로의 무덤을 파는 셈이다(혹은 국가에 의해 구제를 받을 수도 있다).

따라서, 돈은 은행에 의하여 두 종류의 부채 형태로 만들어진다고 할 수 있다. 즉 은행으로부터 고객한테로, 그리고 고객으로부터 은행한테로. 대출금이 '은퇴할' 때—즉 상환될 때—이 부채들은 그만큼 줄어든다. 그리고 돈은 문자 그대로 파괴된다. 원래 돈이 만들어진 방식과 마찬가지로 그 과정이 역전되면서 돈이 사라지는 것이다. 즉 돈을 빌린 사람이 돈에 대한 권리를 가졌다가 그 권리를 은행에 되돌려주고, 은행은 그것을 다른 은행들로부터 받을 현

유하고 있는 것보다 많은 대출을 하는 은행의 돈이 다른 은행들로 모두 빠져나가게 된다. 다음의 글은 이 과정을 은행가의 입장에서 요약하고 있다. "The Theory Of Multiple Expansion Of Deposits: What It Is And Whence It Came" by Thomas M. Humphrey, *Economic Review,* March/April 1987(리치몬드 연방은행 웹사이트에서 볼 수 있다).

금에 대한 권리로 사용한다. 그리하여 현금은 은행들 사이를 왕래한 다음, 결국은 사라지는 것이다.

은행이 만들어내는 돈을 둘러싼 이야기에서 흔히 '거품'이라는 단어가 튀어나오는 것은 우연한 일이 아니다. 은행이 만들어내는 돈 그 자체가 거품이기 때문이다. 그것은 만들어졌다가 파괴되면서, 자본가들과 은행들에게로 자산을 전이하는 것 이외에 아무것도 남기지 않는다.[8]

대출금에 대해서는 은행에 이자가 지급된다.[9] 그런데 은행은 같은 현금(예치금)에 대해서 여러 차례 반복해서 대출을 해줄 수 있기 때문에 보통의 대부업자에 비해 몇 배의 이자수입을 기대할 수 있다. 그리고 그런 이유로 다른 사채업자들(지난 몇 세기 동안 가난한 사람들에게 높은 이율로 돈을 빌려주면서 시장의 틈새를 차지하고 있었던)보다 낮은 금리로 돈을 빌려줄 수 있다. 이렇듯 금리를 낮게 책정할 수 있고, 자금도 넉넉한(돈을 창조할 수 있으므로) 덕분에 은행 대출자들은 시장에서 유리한 위치에 있게 되는데, 이러한 이점은 다름 아니라 빌려주기 위한 목적으로 돈을 만들어낼 수 있는 은행의 특권에 기초한 것이다.

그 결과 통화공급은 완전히 별개의 두 체계로 구성된다. 하나

---

8) '자본' 및 '자본가'라는 말은 오래전부터 맑스주의 비판과 결부된 것으로 여겨지지만, 맑스 이전에도 자본주의에 대한 양식있고 건설적인 비판은 있었다. 지금은 (자본주의의) 비판은 전체주의의 비전을 생각나게 하는 경향을 보인다.

9) 은행들은 일부 예금자들에게 이자를 '지불'한다. 은행이 지불하는 이자와 지불받는 이자 사이의 차이가 은행들의 주된 수입원이다.

는 현금 자체인데 이것은 거의 전부 정부 및 은행들이 소유하고 있다.[10] 다른 하나는 나머지 우리들이 소유하고 있는 현금에 대한 권리이다. 이 두 체계를 각종 기관들과 경제학자들은 여러가지 명칭으로 불러왔다. 현금은 '본원통화(MB)', '국가화폐', '고성능화폐'로 알려져 있고, 현금에 대한 권리들은 더 다양한 이름을 가지고 있는데, '준(準)화폐', '통화 대체품', '대표화폐', '신탁화폐', '신용통화', '은행화폐' 등이 그것이다. 나는 케인스와 슘페터를 따라서 '현금'과 '권리'라는 말을 사용하는데 그 이유는 그것이 더 친근해서이기도 하지만, 현실을 정확하게 묘사하고 있기 때문이다.[11]

현금은 상업은행들과 중앙은행 그리고 재무부 사이에서 유통되며, 그중 극히 일부만 정부가 발행한 지폐와 주화의 형태로 일반에 새어 나온다.[12] '고성능화폐'라는 이름이 말해주고 있듯이, 각국 정부들은 새로운 화폐를 찍어내거나 은행들에서 국채를 구입하는 방식으로 통화시스템에 현금을 주입하는데, 그런 자극을 통해 은행

---

10) 실제의 동전과 지폐는 통화공급에서 통상 3퍼센트 정도로 아주 작은 비율을 차지한다. 정부와 은행들은 바로 그런 '현금'을 사용하는 것을 말린다. 만약 모든 시민이 자신에게 마땅히 주어져야 하는 돈을 바로 내일 당장 현찰로 요구한다면 정부와 은행들은 붕괴할 것이다―혹은 이 시스템은 즉각 개혁을 단행해야 할 것이다!

11) C. A. 필립스의《은행 신용》(1920)은 권리증서가 실제의 금은으로 상환될 수 있었던 금본위제 시절에 쓰여진 책인데도 은행시스템 내에서 무슨 일이 정말로 벌어지고 있는지에 대해서 내가 읽은 것 중에서 가장 훌륭하게 설명되어 있다. 근대의 은행업은 필립스가 묘사하고 있는 것을 복제한 것이므로 이 책은 여전히 중요한 자료이다(mises.org).

12) 정부는 지폐와 동전을 은행에 판매하고, 은행들은 고객들의 요구에 따라 현찰을 제공한다. 그러나, 현금이 일단 유통되기 시작하면 은행시스템과는 무관하게 움직인다.

들이 '권리들'을 더욱 많이 대출해줄 것(이것을 '양적 완화'라고 한다)을 기대한다. 그러나 이 방법이 항상 통하는 것은 아니다. 은행들은 경기가 좋아서 자금의 생산성이 높을 때 대출을 늘린다. 불황에는 대출금을 회수하고, 위의 과정을 거꾸로 밟으면서 화폐가 파괴된다.[13] 경제학자들은 이것을 가리켜, 은행에서 창조된 돈의 '비뚤어진 탄력도'라고 말한다.[14]

현금으로 구성되어 있다면 비교적 단순했겠지만, 통화시스템은 법적으로 돈으로서 사용될 수 있는 엄청나게 다양한 '권리들'에 의해서 대단히 복잡한 것이 되어 있다.[15] 권리들은 유형별로 나눌 수 있는데, 곧장 현금화할 수 있는 것, 조금 시일이 걸리는 것, 어떤 조건이 붙어 있는 것(예를 들어서 특정한 사건이 일어나야 하는 것처럼) 그리고 권리에 대한 권리들(파생상품) 등이다. 공식적으로 통화 공급량을 측정하는 다양한 방법들(M1~6, MZM 등등)이 있는데 어떤 권리들을 포함하는가에 따라 구분된다.[16] 투기꾼들이 금융상품 매입으로 부자가 되는 비결은 정교하게 만들어진 권리들에 기초하고 있다. 이 권리들은 법정통화로서 국가의 뒷받침을 받고 있

---

13) 어떻게 파괴되는지에 관해서는 앞 단락을 보라.

14) Simons(1948), p. 65; Lester(1939), p. 291.

15) 시몬스는 "모든 사유재산이 순수한 자산과 순수한 돈으로만 구성되는 경제"를 바랐다. "그것과 함께 화폐가치가 안정되어 있을 때 금융이 건전한 사회라고 할 수 있다"(*Economics for a Free Society*, p. 239). 만약 인류가 제정신을 차린다면 그런 상태를 성취하지 못할 것도 없다.

16) M0(MB)는 현찰만을 측정한다. 최근 미국과 영국 정부가 그런 것처럼, 더 많은 현금을 만들어내기 시작하면 정부들은 통화지표들을 잘 발표하려고 하지 않는다.

는데, 1704년 어음법에 의해 최초로 인정되기 시작했다.

우리의 이러한 기이한 시스템은 돈이 만들어질 수 있는 유일한 방식이 결코 아니다(다른 방법들을 이 장의 후반부에서 살펴볼 것이다). 게다가 이제는 그것의 폐해도 명백해졌다. 대체 어떻게 이런 이상한 시스템이 채택되어온 것일까?

은행에 의한 돈의 창조에 관한 이야기는 (대의)정부들이 그들의 사사로운 이익을 위해서 수상쩍은 관행들을 허용해준 이야기이며, 그것은 이 시스템의 승자가 누구이고 패자가 누구인지를 드러내 보여준다.

은행, 금융업은 인간사회의 가장 오래된 직업 중의 하나이다(가장 오래된 것은 매춘이라고 한다). 그리고 은행업에 관련된 부정은 고대 메소포타미아까지 거슬러 올라가서 찾아볼 수 있다.[17] 옛날부터 은행업에 관한 법률의 주된 역할은 두 가지의 특히 위험한 금융적 관행과 씨름하는 것이었다. 첫째는 은행업자들이 자신들의 금고에 보관하고 있는 (남의) 돈을 가지고 투기하려고 하는 관행, 두 번째는 은행가들이 보관하고 있는 돈보다 더 많은 돈에 대한 권리(증서)를 발행하는 관행이다.[18] 근대의 은행업은 이런 오래전부터

17) Michael Jones, *Creative Accounting, Fraud and International Accounting Scandals*, p. 117.

18) 이 두 관행은 동일한 결과를 낳았는데, 은행가들이 보관하고 있는 현금보다 현금에 대한 권리가 많은 상태이다(Abbott Payson Usher, *The Early History of Deposit Banking in Mediterranean Europe*(Harvard UP, 1943); Raymond de Roover, "New Interpretations of the History of Banking", *Business, Banks and*

해오던 일들을 법률적으로 합법화하고 발전시킨 것이다.[19]

이야기는 돈이 금화와 은화(그리고 작은 단위의 보다 값싼 합금으로 된 주화)로 구성되어 있던 17세기부터 시작된다. 그 자체가 가치 있는 것으로 만들어져 있던 돈은, 이미 존재하고 있는 부(富)로써 구성되었다. 금은이 주화제조가(mint)에게로 갔고, 거기서 주화로 변환되었다. 그러면 그렇게 변환된 주화를 통화로서 보증해주기 위해서 군주의 도장이 그 주화에 찍혔다.[20] 군주는 그 도장을 찍음으로써 이익(시뇨리지)을 얻었다. 금은의 소유자도 이익을 얻었는데, 금은을 가져와서 주화가 되면 더 많은 값어치를 갖게 될 때에만 그들은 금은을 가져왔기 때문이다. 그 이익은 일회성으로 발생했고, 통상 주화 1개당 몇 퍼센트로 정해졌다.[21] 따라서 이 시스템은 오남용될 수 있었다. 예를 들어 군주들은 통화를 수거해서 좀 더 값싼 금속으로 주화를 다시 제조하여 그 차액을 차지했다.[22] 그러나 일반적으로 화폐창조 과정은 부자를 훨씬 더 부유하게, 혹은 빈자를 더욱더 가난하게 만들지는 않았다는 점에서 중립적이었다.

Economic Thought(1974)).

19) 어셔(앞의 책)는 금세공인 은행가들이 나타나기 훨씬 전부터 보유하고 있는 돈보다 많이 빌려주는 관행이 있었다는 사실을 강조하고 있다. 예를 들어서 15세기 초에 바르셀로나은행은 "비축하고 있는 것의 3.3배까지 신용을 확대할 수 있었다"(p. 181). 영국 은행이 상당하게 발전할 수 있었던 것은 은행과 선출된 대표자들 사이의 세심하게 관리된 협력의 결과이다.

20) Albert Feaveryear, *The Pound Sterling*(OUP, 1963).

21) 같은 책, 1장과 5장.

22) 이런 일로 악명 높은 군주들이 있는데, 이미 긴 죄목을 갖고 있던 헨리 8세도 그 중 하나이다.

근대적 은행업을 출범시켰다는 비난(혹은 칭송)을 받는 사람들은 영국의 금세공인들이다. 그들은 자신들이 소유하고 있지 않은 금에 대한 권리증서를 대여하기 시작했던 것이다.[23] 이들은 철저히 영국의 주류 지배층 인사들이었다.[24]

금세공인들이 이러한 금융업을 시작한 것은 영국의 내란, 즉 불안정한 시기 동안이었다. 그들 중 일부가 이 기간 동안 자신들이 금 그 자체로부터 얻는 이익보다 다른 사람들을 위해 금을 보관함으로써 얻는 이익이 크다는 것을 발견했던 것이다. 타인들의 금을 보관할 때 그들은 영수증을 발행했는데, 이 영수증들(금에 대한 권리)이 지불수단으로서 유통되기 시작했다. 다시 말해서 권리증이 돈으로 유통되기 시작한 것이다.[25]

사람들은 금을 빌리기 위해서도 (이전의) 금세공인들에게 찾아왔다. 그러나 그들은 실제의 금을 가져가기보다 권리증(종이)을 받아가는 쪽을 선호했다. 이 권리증은 금을 예치한 사람들이 받은 권

---

23) 수많은 문헌이 그런 식으로 설명하고 있다(Baumol and Blinder, *Economics: Principles and Policy*(2009), p. 632 ; Greg Mankiw, *Principles of Economics*(2008), p. 650; Robert Laurent, *Federal Reserve Bank of Chicago Economic Perspectives*(1994. 3), p. 4).

24) "어느 때에나 즉시 고객들에게 돈을 빌려줄 수 있도록 하기 위해서 얼마 전부터 '현금어음'을 보관해오고 있던 일부 선구적인 금세공업자들은 이제부터 전일제로 금융회사를 운영하기 위해서 금판을 제조하고 판매하는 일은 방기해버렸다. 바로 그들이 발행한 약속어음들이 최초의 은행권(은행어음)의 모델이 되었다"(www.thegoldsmiths.co.uk).

25) "금세공업자들이 발행한 어음은 모두 상인들 사이에서 환어음이 아니라 즉시 쓸 수 있는 현금으로 취급되었다"(Tassell and Lee v. Lewis(1696) 1 Ld. Raym. at p. 744). Holdsworth, *A History of English Law*(1926, 9. 191 n. 9)에서 재인용.

리증과 동일한 것이었다.[26] 이러한 관행이 굳어지자 새로운 은행
업자들은 그들 자신이 소유하지도 않는 금에 대한 권리증을 대여
하고자 하는 유혹을 느꼈던 것이 틀림없다.[27] 금을 맡긴 사람들이
금을 찾아가기 위해 한꺼번에 몰려오지 않는 한 이 사기행위는 발
각되지 않을 것이었다. 한편 은행업자들은 돈으로 유통되던 그 권
리증(가짜 돈)에 대하여 실제로 이자를 청구했다. 이들은 이미 불
법적인 관행들(주화의 크기를 줄이거나, 깎아낸 주화의 일부를 금속으
로 팔아먹거나, 법적 한도를 초과한 이율로 빌려주는 등)도 숱하게 행
하고 있었다. 그러므로 은행업자들이 그런 좋은 기회를 그냥 지나
쳤다면 도리어 이상한 일이었을 것이다.

인센티브는 그것만이 아니었다. 존재하지 않는 돈을 빌려줌으로
써 그들은 존재하지 않았던 돈을 되돌려 받을 수 있었다. 권리증이
화폐로서 유통되어지는 한, 그 증서가 표상하는 금은 은행업자들
의 금고 속에, 그것이 자기 것이라며 되돌려 달라고 찾아오는 사람
도 없이 그대로 남아 있었다. 그런데 은행업자에게서 돈(권리증)을

---

26) Richards, *The Early History of Banking in England* and Horsefield,
British Monetary Experiments 1650-1710.

27) "은행어음은 금세공업자들이 다음의 사실을 알게 되면서 진화의 최종 단계에 이
르렀다. 즉 요구할 때 지불하겠다는 약속이 그것을 뒷받침하는 것으로 되어 있는 주
화와 동일한 것으로 취급되고 유통이 되자, 금세공업자들은 자기 자신의 신용에 기
대어서 귀금속이 뒷받침되지 않아도 요구하면 언제든 지불하겠다는 약속들을 발
행할 수 있었다"(J. B. Martin, *The Grasshopper in Lombard Street*, p. 127). "실
제로 금으로 뒷받침되지 않는 금세공업자의 약속어음이 왕정복고 직후 정권의 초
창기에 등장했다는 증거 기록도 있다"(Richards, *The Early History of Banking in
England*, p. 230).

빌려간 사람들은 금 혹은 권리증서로써 대여금을 상환했다. 그리하여 초기 은행업자들은 급속도로 굉장한 부자들이 되었다.[28] 이들 은행업 초기의 영국인 은행가들이 실제적으로 관심을 가졌던 문제는, 이후 계속해서 모든 은행가의 공통 관심사가 되었는데, 즉 뱅크런(예금자가 한꺼번에 몰려와 인출을 요구하는 사태)이라는 재앙을 불러오지 않고 어떻게 하면 같은 돈을 근거로 해서 권리증을 보다 많이 발행할 것인가 하는 것이었다.

이런 식의 금융 관행에는 명백히 겹겹으로 사기(죄)가 개입되어 있었다―자신이 소유하고 있지도 않은 것에 대한 권리증을 타인에게 빌려주고, 돈(상환된 이자 및 원금)을 스스로 취한다. 타인들이 가지고 있는 화폐의 가치를 누구의 눈에도 띄지 않는 방법으로 희석해 떨어뜨린다. 순전히 자기 자신의 사사로운 이익을 위해서 돈을 만든다.

그러나 역대 영국정부들은 이러한 속임수를 불법화하기는커녕 처음에는 그냥 무시하였고, 그다음에는 은행업자들을 이용하다가, 나중에는 그들의 관행을 수용하는 법률을 통과시켜 합법화했다. 정부와 은행의 협력으로 탄생한 이 시스템이 근대적 은행, 금융시스템이다.

이러한 협력에 의한 불의와 부정의는 당시에는 널리 인식되고 있었고, 따라서 격렬한 항의를 받았다. 잉글랜드은행 창설 법안을

---

28) 금세공업자들이 "근대적 의미에서의 은행가들로" 진화해가는 과정은 다음에 요약되어 있다. Richards, *The Early History of Banking in England*, 9장(iv).

의회에 도입시킨 17세기의 '금융천재'는, '도둑놈' 몬터규로서 대중에게도 널리 알려졌다.[29]

되돌아보면, 정부가 이 새로운 관행을 수용한 것은 여러가지 이유에서 놀랍지 않다. 무엇보다도 첫째, 영국의 통치자들—스튜어트 왕들, 독재자 올리버 크롬웰, 그리고 (1688년 이후의) 의회—은 끊임없이 현금이 필요했고, 그 때문에 금융 관계에서 부정직하게 행동하는 것에 대해 혐오감을 느끼지 않았다. 그들은 은행업자들이 유용하고 편리한 자금원이라고 생각했다.[30] 둘째, 이 금융적 속임수는 기존 법률에서 범죄가 되지 않았다(돈을 빌려주는 행위 속에서만 돈이 만들어지기 때문에, 그것은 위폐 제조나 도둑질과는 다른 것이었다). 셋째, 야심적인 인간들은 은행업자들로부터 싼 이자로 손쉽게 돈을 빌릴 수 있었기 때문에 그들이 싫지 않았다. 넷째, 초기에는 그러한 금융 사기로 인해 누가 희생되는지가 분명하지 않았다. 그리고 좀더 나중에 그게 분명해졌을 때, 희생자들은 그것에 저항할 만한 힘이 없었다.[31] 다섯째, 당시에는 자본주의적 사업을

---

29) Charles Montague, Earl of Halifax. 1911년판 브리태니커 대사전에 의하면, "영국 금융 역사에 이보다 더 영구한 족적을 남겨놓을 만한 일을 꾸민 정치인은 없다고 단언할 수 있다." 토머스 제퍼슨도 은행가들을 '좀도둑'이라고 불렀다(존 애덤스에게 보낸 편지, 1814년 1월 24일).

30) "1688년 제임스 2세가 영국에서 도망쳐야 했을 때에 이르면, 후기 스튜어트 왕조 군주들도 초기 왕들 못지않게 채권자들에게 제멋대로 굴어 평판이 좋지 않았다"("English Government Borrowing 1660-1688", *Journal of British Studies*, 10(2), 1971, p. 88).

31) 가난한 자들에 대한 사기는 대놓고 벌어졌다. 정치권력을 갖고 있던 휘그당은 대지주들과 신흥 부유층의 연합이었다. "왕권신수설은 자유보유권신수설로 대체되

위한 신용과 돈에 대한 수요가 컸고, 은행업자들은 그것을 공급해 줌으로써 보다 큰 공익에 기여한다고 생각되었다.[32] 마지막으로, 당시의 영국 법은 상인법을 관습법 체계 속으로 가져오느라 여념이 없었다.[33] 그런데 상인법은 상인들 간의 관계를 규정하는 데 관심을 가진 것이지, 일반 대중을 위하여 상인들을 통제하는 데 관심을 두는 것이 아니었다. 오늘날 은행가들이 누리고 있는 특권이 법적 지위를 갖게 된 배경에는 바로 이러한 요인들이 있었다.

이 새로운 형태의 은행업은 엄청난 이익을 가져다주었다.[34] 은행업자들은 고객들에게 전체 이익 중에서 아주 사소한 일부분을 주의 깊게 나눠 주면서, 예금자와 대출자를 모두 끌어들였다. 바로 가까이에 있는 은행은 금을 맡기면 돈을 지불하는데 대체 누가 비용을 지불해가면서 금고실을 이용할 것인가? 은행가들한테서는 6퍼센트나 그것보다 낮은 이율로도 돈을 빌릴 수 있는데 어느 바보

었다"(Acton quoting Defoe in "The History of Freedom in Christianity").

32) Horsefield, *British Monetary Experiments 1650-1710*.

33) Thomas Edward Scrutton, "General Survey Of The History Of The Law Merchant", *Select Essays in Anglo-American Legal History*, Vol. 3(1909).

34) 영국 은행업이 발달하기 전에는 네덜란드가 세계 상업의 중심이었다. 그러나 이내 네덜란드로부터 투기자금이 영국으로 쏟아져 들어왔고 다음 세기 동안은 잉글랜드가 세계 상업의 중심지가 되었다. 찰스 윌슨은 네덜란드가 쇠퇴한 여러 요인 중의 하나로, 신용창출을 통제하는 중앙은행이 없었다는 점을 지적한다(*Economic History and the Historian*; *England's Apprenticeship*, 2nd edition, 1985, p. 220). 애덤 스미스에 따르면, 1650~1750년 동안 암스테르담은행은 그들이 소유하고 있지 않은 것을 빌려주지 않는 것을 자랑으로 삼았다. 그러나 그들보다 덜 양심적인 금융업자들이 걷잡을 수 없이 만연했다.

가 대부업자들에게서 12퍼센트에 돈을 빌리겠는가? [35]

새 은행업자들은 정부가 전쟁을 하는 데 필요한 돈을 '권리증'의 형태로 빌려주었다. [36] 찰스 2세는 전쟁 때문에도 돈이 필요했지만 호화스런 궁정생활을 위해서도 자금이 필요했다. 몇 년 후 1688년의 명예혁명이 일어나자 찰스의 후계자 제임스 2세는 쫓겨났고, 새로운 왕(윌리엄 3세)이 이제부터는 의회가 최고 권력을 갖는다는 조건을 수락함으로써 등극했다.

의회는 부자들끼리의 선거에서 선출된 부유한 개인들로 구성되었다. 따라서 그들의 이해관계는 상업, 자본, 정복에 있었다. 의회의 부자들에게 있어서 새로운 은행업을 자기 자신들의 사익을 위해 활용한다는 것은 매력적인 아이디어였다. 1694년 의회제정법에 의해 잉글랜드은행이 창설되었을 때, 그 목적은 원래 전쟁부채를 갚기 위한 것이었다. 그리고 잉글랜드은행은 처음부터 정부와 국민에게, 그러니까 자신들이 보유한 자금의 적어도 두 배를 대출했다. [37]

잉글랜드은행과 사립 은행들은 대출자들을 위한 자본과 정부를 위한 수입을 만들어냈다. 이 양자의 결합은 제국의 엔진이 되었다.

---

35) Sidney Homer, *A History of Interest Rates*(1977), pp. 139~141.

36) 애덤 스미스는 은행 돈으로 7년 전쟁에 자금이 조달된 방법을 설명하고 있는데, 정부와 은행의 거래가 오늘날보다 더 비밀리에 이루어졌으므로 순전히 추측에 의존해야 했다.

37) W. J. Thorne, *Banking*(1948), pp. 6~7; J. K. Galbraith, *Money: Whence It Came, Where It Went*, p. 41.

그리하여 전쟁을 위한 비용이 마련되고 물자들을 구입할 수 있었다.[38] 자본가들은 은행업자들이 이익이 생긴다고 보는 한 얼마든지 돈을 빌릴 수 있었다. 정부로 말하자면, 정부는 은행업자들에게 이자를 지불하기 위해서 미래에 세금을 거둬들이겠다고 약속함으로써 돈을 빌릴 수 있었다. '지금 (먼저) 쓰고 나중에 세금을 부과한다'는 방식이었고, 정부의 채무를 갚아야 할 부담은 시민과 그들의 자녀들에게 위임되었다. 혹은 해외의 땅에서 손에 넣은 소득으로 갚아야 했다.

군사력과 상업활동은 나란히 손을 잡고 진행되었다. 수지맞는 사업으로서 식민지들이 개척되고 노예무역이 발흥했다. 브리스틀과 리버풀은 그 배후에서 대도시로 성장했다.[39] 서인도, 동인도 그리고 아프리카 서부 해안에서 시작된 탐험의 시대는 도처에서 착취, 약탈의 시대로 바뀌었다.[40] 국내, 해외를 막론하고 경제는 빠르게 팽창하였다. 그리고 막대한 양의 새로운 돈이 만들어졌음에도 거의 인플레를 일으키지 않았다. 새 은행시스템은 제국의 건설에 필요한 자금을 제공하는 데—그리고 제국 건설로부터 이익을 일어내는 데—뛰어난 장치로 판명되었다.

---

38) Dickson, *The Financial Revolution in England*(1993).

39) 에스파냐 계승 전쟁을 종식시킨 위트레흐트조약(1713년)은 영국이 30년 동안 (스페인과 잉글랜드 사이에 벌어진 다음 번 전쟁까지) 노예무역을 거의 독점하게 만들어주었다.

40) Charles Wilson, *Profit and Power* (1957), p. 111.

국내적으로는 이 새로운 돈이 어떤 영향을 미쳤을까? 돈을 빌린 사람들은 그 돈으로 부동산과 노동을 구입해서 그것으로 수익을 낼 수 있었다. 정부는 증가하는 '국가'부채에 대한 이자를 지불하기 위해서 세수를 증가시켰다. 토지에 대해 무거운 세금이 도입되었는데, 작은 면적의 땅을 가지고 있는 지주들은 타격을 입었다. 더욱이 돈이 개입되는 거래가 거의 없는 공동체의 경우에는 세금을 내려면 (은행으로부터) 빚을 낼 수밖에 없었다. 그런데 빚은 소유권을 뺏어가는 은밀한 수단이었다.[41] 땅을 소유한 사람들 중 다수가 세금을 내기 위해서 은행에서 돈을 빌린 후에 바로 그 은행에 자신의 땅을 팔아야 하곤 했다. 의회에서 야당 의원들은 소지주들에 부과된 세금이 은행가들의 수입원이 되고 있다며 격렬히 항의했다.

가난한 사람들의 경우에는 또다른 방식으로 그들의 재산을 강탈당하고 있었다. 의회의 사(私)법률(공유지를 사유지화하는 법령인 인클로저법은 마침내 3,000개가 넘어가기에 이른다)은 빈자들로부터 생계수단과 그들이 갖고 있던 토지에 대한 권리를 빼앗아갔다.[42] 수입세도 식품 가격을 올려서 가난한 사람들의 고난은 가중되었다. (지금도 그렇지만) 당시에도 금융·상업계는 각종 세금을 피해갈 수 있었는데, 그것은 바로 그 사람들이 의회에서 다수를 구성하는 세력이었고, 법을 제정하고 이용하는 위치에 있었기 때문이었다.[43]

---

41) 이것은 옛날에도, 지금도 통용되는 속임수이다. 중세 군주들은 세금을 낼 수 없는 사람들에게 돈을 빌려줄 대부업자들을 항상 준비하고 있었다.

42) 3장을 보라.

43) 정치무대를 독점하고 있었던 휘그당은 "무역, 은행업, 그리고 진보적이지만 배

지주(地主)들은 현대의 우리도 공감할 수 있는 말로 이 새로운 은행가들에게 반대하는 입장을 표출했다.

새로운 이해관계가 그들의 부로부터 만들어졌다. 그리하여 20년 전에는 존재하지 않았던 새로운 유형의 '자산'이 이제 영국 전체 땅덩이와 맞먹을 만큼 크게 증가했다.[44]

조너선 스위프트는 권력이 토지에서 금융으로 옮겨 갔다는 사실을 지적했다.

공직과 은행업계의 책략가들은 그 자신들이 운영자와 감독관이 되었고, 그리하여 사욕을 채우면서 거대한 재산을 모을 수 있었다. 대출이 이루어질 때마다 그만큼의 권력이 지주들에게서 탈취되어 그들의 손으로 들어갔다.[45]

볼링브로크는 앞날을 걱정했다.

타적인, 그리고 국가적 이익이 아니라 사사로운 이익을 도모하는 도시들과 같은 영국사회의 큰 이해집단들과 연결되어 있었다"(Acton, "The Rise of the Whigs", *Lectures on Modern History*). 은행가들이 발행한 어음의 합법성과 양도 가능성이 재판정에서 성공적으로 도전을 받았을 때, 의회는 1704년의 약속어음법을 통과시켜서 각종 약속어음들을 법정통화로 만들어주었다.

44) Henry St John(Bolingbroke), H. T. Dickinson, *Liberty and Property*(1979), p. 52에서 재인용.

45) *History of the Last Four Years of the Queen*(1758), pp. 130~131.

우리가 온갖 것을 모두 저당 잡히고 자금화한다면 어떤 일이 일어날까? 이를테면 땅에서 생산되는 모든 것, 나아가 토지 자체까지 담보로 삼았을 때 말이다. 민중이 저 가련한 아메리카의 인디언들처럼 취급될 때 누가 책임을 질 수 있을까? 스페인인들로 인해서 노역과 굶주림 속에 처해 있는 인디언들처럼 말이다. … 이러한 정책을 민중이 언제까지나 감내하고 있을 것이라고 누가 장담할 수 있을까?[46]

(그러나) 반대의 목소리들은 별로 반향을 얻지 못했다. 시대정신과 권력이 이들에게 불리하게 작용했던 것이다. 새롭게 창조된 돈을 가진 사람들에 의해, 그 당시에도 (오늘날처럼) '진보'의 미덕이 크게 선전되고 있었다. 투자, 운영, 생산성이 우리가 추구해야 할 가치로서 자리를 잡았다. 시골과 도시에는 삶의 근거를 잃은 가난한 유랑자들이 넘쳐 났다. 이들은 자신들의 자산을 마술처럼 사라지게 만든 바로 그 당사자들에게서 일자리와 자선을 구해야 했다.

은행 돈의 사회적 영향에 대해서 살펴보자면, 그때에도 지금과 마찬가지로 은행들에 의해—정부의 세금 징수도 기여했지만—독립적 소생산자들로부터 자본가들에게로 강제로 대규모로 자산이 이전되었던 초기에 가장 두드러지게 나타났는데, 영국에서 관찰되었던 그 패턴은 이후 전 세계에서 되풀이되었다.

돈을 만들어내는 권리가 남용될 때에는 자본가들도 피해를 입

---

46) *The Gentleman's Magazine,* or *The Monthly Intelligencer,* Vol. 4(1734).

을 수 있다는 사실은 곧 분명해졌다. 잉글랜드은행이 설립되고 나서 30년이 경과하기 전에 금융 '거품'이 두 차례나 부풀었다가 터졌고 파국을 남겼다. 그것은 (모두 1720년에 발생한) 영국의 '남해포말사건'과 프랑스의 '미시시피 버블'인데, 특권적인 통화발행은 자제하면서 운용된다면 거대한 수입원이 되지만 통제되지 않을 때에는 재앙이 된다는 교훈을 남겼다. 그렇지만 말할 것도 없이 이 교훈은 항상 기억되는 것이 아니어서, 이후에도 수차례 극심한 인플레이션과 현재(2013년) 우리가 겪고 있는 것과 같은 (경제)위기들을 가져왔다. 그러나 유의해야 할 하나의 교훈이 되었다.

영국 이외의 다른 나라들의 법에서 은행의 특권이 인정을 받게 된 경위는 단순히 영국 법을 복제한 결과였기 때문에, 어떻게 특권적인 은행업이 법에서 수용되었는지를 알고자 한다면 영국을 살펴보아야 한다. 예치금의 소유권을 갖는다는 (은행의) 근본적인 특권은 공적인 논의나 법에 의해 확립된 것이 아니었다. 그것은 그저 몇 년간 관례처럼 행해진 뒤에 마치 상인법의 일부인 것처럼 취급되었고, 그렇게 해서 결국 관습법에서도 인정되기에 이르렀던 것이었다.

순환논법과 모호한 언어로 기술된 법 조문은 은행의 '실체'를 감추고 있다. 상법에 의하면, 은행가는 "예탁금을 받도록 허가받은 사람으로서, 그 허가에 규정되어 있는 또다른 활동을 수행하기 위한 목적으로 예탁금을 받을 수 있다."[47] 달리 말하면, 은행은 은행

47) Sealy and Hooley, *Commercial Law: Text, Cases and Materials*(2008),

으로서 활동하도록 허가를 받은 사업체이다.[48] 저명한 판사 몇 명이 여기에 대해서 문제를 제기하고 항의를 했다(한편, 의회의 법을 제정하는 이들은 별다른 반응을 보이지 않았다). 예를 들어서 데닝 경은 다음과 같이 말했다.[49]

> 의회는 '은행'과 '은행가'들에게 많은 특권을 부여했다. 그러나 '무엇'이 은행인지, '누가' 은행가인지에 대해서는 단 한 번도 정의된 바가 없다. 의회는 은행가는 '은행사업'을 수행하는 사람이라고 여러 차례 말했지만, 그 은행업이 무엇인지에 대해서는 말한 적이 없다.[50]

이렇게 기이한 구조 내에 '민주적 요소'가 존재한다는 주장은 아마도 다음과 같은 사실에 근거한 것으로 보인다. 즉 부유한 자본가들이 약 300년 전에 설립한(따라서 자본가들에게 유리하게 설계된) 시스템을 운영하고 있는 은행들은, 민중으로부터 권한을 위임받

---

pp. 610~611. 다른 사업에서 빼간 예탁금은 고객의 재산으로 남아 있으므로 규제될 필요가 없다.

48) "법이 인정하는 은행가들의 관행은 합법적인 은행가들에 의해서만 형성되고 증명될 수 있다"(Paget, *The Law of Banking*(1922), p. 2). 한편 어셔는 솔직하게 "은행시스템의 핵심적 기능은 신용창조"라고 단언한다(앞의 책, p. 1). 유럽연합법에 따르면, 은행은 "예치금 및 기타 상환할 수 있는 자금을 대중으로부터 받고 그들의 계정으로부터 신용을 제공하는 사업을 맡은 곳이다."

49) UDT v Kirkwood(1966) 2 QB 431 CA.

50) 데닝은 마치 의회를 질책하기라도 하듯이 이 점을 열네 차례나 반복해서 지적하고 있다.

은 대표자들에게서 다시 권한을 부여받은 기관의 규제를 받는다는 것이다. 그러나 유권자도, 또 선출된 대표자들도 대부분 무슨 일이 벌어지고 있는지 제대로 모르고 있는 것 같으므로 민주적인 요소는 미미하다고 해야 할 것이다. 아니, 아예 없는 것이 아닐까.

은행은 무엇인가. 은행이 실제로 행하고 있는 일을 이해하기 위해서는 그들이 어떤 규제를 받고 있는지 살펴보아야 한다. 은행은 돈을 만들어내는 일에 대해서 두 가지 방식으로 규제를 받는다. 첫째로 규제기관에 의해 은행은 그들이 보유하고 있는 현금에 비례하여 대출할 수 있는 돈의 총액을 제한받는다. 이것을 '지급준비율'이라고 한다. 둘째로 규제기관은 은행들이 파산위험에 노출되는 정도를 제한하려고 하는데, 이것은 '자기자본비율'이라고 한다.[51]

그러니까 돈의 창조와 관련해서 은행의 특권은 다음과 같이 요약될 수 있다. 즉 다른 사람들의 돈을 자기 소유의 돈처럼 취급하고 그리고 같은 돈을 되풀이해서 빌려주는 것이다. 이런 특권들은 '관례'에 의해 성립하며, 이러한 특권이 계속해서 암암리에 실존하고 있는 현실에 대해서 공적 논의는 전혀 이루어지지 않는다.

앞에서 언급했던 법정 장면은, 영국 사법체계가 어떻게 실제 은행업의 편의를 봐주는지를 보여주는 흥미로운 사례이다. 영국 대법원의 세 판사들은 은행이 무엇인가에 대해 의견 차이를 보이는데, 딥록과 하면 경은 실제로 은행이 하는 일에 대해서 전혀 알지 못하는 것으로 보이고, 은행업을 "인출을 할 수 있는 예탁금에서

---

51) 이 두 요건은 어느 정도 서로 겹치지만, 각각 실제로 실행되어야 한다.

돈을 빌려주는" 사업으로서 인정하고 있다. 다만 데닝 경은 은행 및 상업적 관례들과 관련하여 법의 역할이 무엇인지에 대하여 좀 더 폭넓게 고려하고 있는 것 같다.

그는 "상인들이 불편, 부당성 없이 잘 운영되는 사업을 확립했을 때 판사는 간섭하거나 중단시켜선 안된다"고 말한다. 그리고 "코크 법관 시절부터 전해져오는" 오래된 원리, 즉 "오류도 자주 일어나면 법이 된다"는 말을 인용한다.[52] 법률사전은 그 원리를 이렇게 설명한다. "처음에는 불법이었던 것도 여러 차례 반복되어 실행되면 관습이 된 것으로 상정이 되고, 그때부터는 오히려 거기에서 벗어나는 것이 옳지 않은 것이 된다."[53]

데닝 경은 이렇게 말한다.

> [이 원리는] 특히 상업적 관행에 적용된다. 관행들이 점차 만연해져서 어느새 확립되어버리면, 법정은 그것의 결함은 간과해버리고 폐기토록 명하는 게 아니라 지지할 것이다. 그리하여 법정은 은행이 기업에 제공하는 신용대출을 억제하기는커녕 더욱 활발하게 일어나게 만들 것이다. 상당한 기간 동안 확립되어 있던 것으로 보이는 일들은 모두 실시하도록 하고, 이미 행해진 일은 옳으며 잘못된 것이 아니라고 단정하는 것이 영국 법의 원칙이다.

---

52) 코크 경(1552-1634)은 "엘리자베스 시대와 제임스 1세 시대를 통틀어 가장 훌륭한 법학자"라는 평가를 받았다(Baker, 2002).

53) John Bouvier, *A Law Dictionary, Adapted to the Constitution and Laws of the United States*(1856).

데닝 경은 은행가들의 여러 특징 중의 하나는 고객들의 예치금으로서 보관하고 있는 돈을 "자유롭게 사용"하는 것이라고 말한다. 주의할 점은, 그는 이것을 특권으로 꼽은 것이 아니라 그저 하나의 특징으로 보고 있다는 것이다. 그리고 이어서 법에 명시된 은행가의 열두 가지 특권을 나열하고 있는데[54] 그것은 비밀유지, 책임면제, 세금상환, 자기광고, 징수권과 관련된 것들이다. 돈의 창조와 관련된 특권은 데닝 경이 열거한 특권에는 들어 있지 않다. 다시 말해, 그것은 관례라는 단순한 이유로 법적으로 유효한 것인데, 그러나 이 특권은 다른 사람들에게는 금지된 것이므로 차라리 '인정받지 않은 특권'이라고 부르는 것이 타당할 것 같다.

이러한 은행들의 '인정받지 않은 특권'들은 국제법에서도 역시 유사한 방식으로, 즉 은행들의 관행의 하나로서 수용되었다. 근대 국제상법은 국제중재재판소를 만들어냈다.[55] 일반적으로 무역업자들은 개별 국가의 법률제도를 피하려고 한다. 절차가 오래 걸리고 비용이 많이 들고 복잡한 상거래에서 선례가 부족하며, 일부 국가의 경우에는 사법제도가 부패했기 때문이다. 그래서 무역업자들은 일반적으로 그들의 거래에서 일어날 수 있는 분쟁을 국제중

---

54) 그 대부분은 비밀스런 특권들이고, 은행들이 현금을 지불할 수 없는 실상을 감추는 것을 가능하게 만들어주는 역할을 하고 있다.

55) Alec Stone Sweet, "The new Lex Mercatoria and Transnational Governance", *Journal of European Public Policy,* 13(5), August 2006, pp. 627~646. 일반적으로 '국제상법'이라고 부르지만 별도의 법적 체계로서 인정해야 할지에 대해서는 논쟁이 있다(Professor R. Goode).

재재판소(ICC, LCIA, PRIME, SCC 등 150개 이상이 존재한다)에서 해결하는 것으로 계약을 한다.[56] 중재재판소들은 이들 무역업자들에게 만족스러운 판결을 제공하는 수익성 좋은 사업을 위해서 서로—또 각국의 법률제도와—경쟁을 벌인다. 그리고 각국의 법 제도들은 영국 법이 17~18세기에 옛 상인법에 맞추어갔던 것처럼, 새로운 현대판 상인법에 맞춰서 변화해가고 있다.

그런데 이 새로운 상인법은, 중세의 선례와 마찬가지로, 일부 재산법들과 갈등을 일으킨다. "다수의 상인법 규정이 관습법의 번거로운 규정들을 피해가는 방법에 초점을 맞추고 있다"고 1929년의 교과서에는 쓰여 있다.

관습법의 가장 기본적인 원칙 중 하나는, 사람은 자신이 갖고 있지 않은 것을 남에게 증여할 수 없다는 것이다. 따라서 어떤 물건을 구입할 때 법적 소유권을 확실하게 이전받기 위해서는, 역대로 그 물건을 소유했던 사람들을 가능한 대로 조사하여 그 중 누구도 해당 물품을 훔치거나 사취한 것이 아니라는 사실을 확인해야 한다. 그러나 한편, 상인들은 이렇게 말한다. "우리에게 소유증서를 가지고 (물건을 팔러) 오는 모든 사람의 소유권을

---

56) "(국제중재재판소라는) 이 법적 체계는 실은 국가권력에 기생하고 있다. 필요한 경우(기본적으로 집행력을 동원하고 싶을 때)에는 국가의 권위를 이용하지만, 그 밖의 경우에는 국경을 초월한 사업들에 대해서 국가가 주권을 행사할 수 있는 범위를 축소하는 쪽으로 작업해왔다…. 한편 각 나라의 법체계들은 상인법을 점진적으로 수용해왔고, 그 결과 유럽에서 많은 변화가 일어났지만 특히 공적 힘과 사사로운 세력 사이의 관계에 변화를 가져왔다"(같은 곳).

조사해야 한다면 상업거래는 이루어질 수 없습니다."[57]

물론 은행들은 '그들 자신이 소유하고 있지 않은 것'을 빌려준다. 그런데 대부분의 나라에서 이런 일을 할 수 있는 특권이 확립될 수 있었던 것은, 단순히 법에서 상인법을 수용한 결과였다.[58]

영국 은행업은 초창기에 영국 무역업자들에게 해외 거래를 하는 데 있어서 엄청난 이점을 제공했다. 그들은 돈을 쉽고 값싸게 빌릴 수 있었고, 그들이 벌어들인 수익의 일부를 (은행에 이자로) 상환하기만 한다면 번창할 수 있었다. 그러나 좀더 시간이 흘러서 19세기가 되자, 런던은 "국제적으로도 대출 규모도 상관없고, 개인적 용도이든 국가적 발전을 위해서든 무관하게 돈을 빌릴 수 있는 훌륭한 장소"[59]로 부상했다. 그에 따라 이런 방식으로 돈을 빌린 다른 나라들에서도, 모두 한 세기 전에 영국이 경험했던 것과 같이, 자산 관계에서 일대 전환이 일어나게 되었다. 요컨대 권력이 지주들로부터 자본을 가진 엘리트들로 이동했다.

이제는 해외로의 대부가 영국 은행가들의 주된 수입원이 되었

---

57) Helen West Bradlee, *A Student's Course On Legal History*(1929). cf. Holdsworth. 상인들의 주장은 '공개시장'의 원칙에 근거한 것인데, 만약 공개시장에서 대낮에 거래가 이루어진다면, 구매자는 심지어 장물일지라도 성실하게 합법적 소유권을 획득해야 한다.

58) "이 특권은 법적으로 대단히 허술하게 구현되어 있다." "그리고 보통 은행가들에게 지급준비율을 더 낮게 유지하도록 명령할 뿐인 단순한 행정명령 형태를 취하고 있다"(Huerta de Soto, *Money, Bank Credit and Economic Cycles*(1998), p. 154).

59) W. J. Thorne, *Banking*(1948), p. 30.

다. "국제적 은행들의 주로 하는 일은 다양한 형태의 자본을 그것이 저렴한 나라에서 값이 비싼 나라로 옮기는 일을 하는 것이다."[60] 이 은행가들은 서구세력의 전세계적인 팽창에 자신들이 이바지하고 있다는 데 대해서 자부심을 가졌다. "1914년에 이르면 '아름다운 동양'뿐만 아니라 나머지 세계 대부분의 영토를 영국이 무조건상속지로서 보유하게 되는데, 그것은 주로 영국 은행들의 공로라고 주장하더라도 크게 틀린 말이 아니었다."[61] 이런 방식의 확장은 20세기 후반, 옛 공산국가들이 그들의 자산을 매각하려고 내놓았을 때 서구 자본가들이 그것을 이용하면서 재연되었다.[62]

구체적인 은행업무는 시간이 가면서 많이 변했지만, 여전히 은행의 마술—같은 돈을 거듭해서 빌려주고, 그 과정에서 돈(권리증서)을 다시 창조해내는 것—에 의존하고 있다는 사실은 변함이 없다. 권리증서의 성격도 변했다. 한때 그것은 금세공인이 발행한 영수증이었고, 그다음에는 은행이 발행한 지폐와 수표였는데, 오늘날에는 예금 계좌에 표기된 숫자이다.

호황과 불황도 주기적으로 되풀이된다. 다만 '남해포말사건'과

---

60) A. S. J. Baster, *The International Banks,* Arno Press, NYT 1977, p. 1.

61) W. J. Thorne, *Banking* (1948), p. 31.

62) "은행업의 자산들의 약 70퍼센트는 해외의 은행들에 의해서 통제된다. 이 비율은 체코공화국, 슬로바키아, 헝가리, 에스토니아, 리투아니아에서는 80퍼센트를 상회한다"(ECB report(2005)). Barbara Casu and Claudia Girardone, Philip Molyneus, *Introduction to Banking* (2006)에서 재인용.

'미시시피 버블'이 일어났던 당시보다 덜 극단적이고 훨씬 느린 속도로 전개될 뿐이다. 이러한 사실들은 의문을 제기한다. 즉 은행이 돈을 만들어내는 시스템에서는 그런 경기 사이클은 피할 수 없는 것인가? 논리적으로는 그렇다.

18세기의 경제학자 몇 명―맬서스, 리카도, 시스몽디[63]는 명백한 한 가지 사실을 지적했다. 결국 모든 돈이 소수 자본가들의 손으로 들어가고 나머지 대부분의 사람들에게는 상품을 구입할 돈이 없으면, 그때는 생산과정이 이익을 내지 못하고 중단될 수밖에 없게 되지 않는가(물론 자본가들도 소비를 하고 돈을 쓰지만, 소수의 자본가들이 먹고 입는 데에는 한계가 있을 것이다).

우리가 이미 본 바와 같이, 은행이 만들어낸 돈은 자산(토지)을 자본가들의 소유로 전환시키기 위한 목적으로 발명된 장치이고, 그 역할을 잘하고 있다. 통화공급량 중에서 은행이 만들어낸 돈의 비율이 증가함에 따라서 자산의 이전 역시 증가하게 된다.

이러한 자산의 이전은 은행업의 일과 속에서 분명하게 드러난다. 채무증서들―우리가 매일 사용하는 돈―은 대출이 상환되면 사라진다. 그러나 상환된 이자는 계속해서 또다른 채무증서(돈)를

---

63) 맬서스의 경우는 *Principles of Political Economy*(1836), Book 2, Chapter 1, Section 10, 시스몽디의 경우는 "On the National Income, or the Income of the Community"(1835, tr. 1847) 참고. 리카도는 수요를 결정하는 요인으로 생산수단의 소유를 지적한다. "현재 인간노동이 수행하고 있는 모든 일을 기계가 할 수 있다면 노동력에 대한 수요가 사라질 것이다. 자본가가 아닌 누구도, 기계를 구입해서 일을 시킬 수 있는 사람이 아니라면, 그 누구도 아무것도 소비할 자격이 없을 것이다"(*Works*, Vol. 8, p. 399).

만들어내서 자산을 은행 소유로 이전시킨다. 이러한 은행의 수입 중에서 일부는 운영비로 사용되면서 다시 (통화의) 흐름 속으로 돌아가고, 또 일부는 투자됨으로써 자산(자본) 가격을 부풀린다. 나머지 일부는 자본을 투자한 사람들에게 이윤으로서 돌아간다. 다시 말해서, 상환된 이자의 일부는 '통화'(소비를 위해 사용되는 돈)를 '자본'(투자 기회를 찾는 돈)으로 변환시키는 것이다. 이것은 맬서스·시스몽디가 말하는 통화의 자본 유입을 증가시킨다.[64]

통화로서 은행이 만들어낸 돈은 자기파괴의 메커니즘을 두 가지 내장하고 있다. (대출이 상환될 때) 사라지거나, (이자 지불을 통해서) 더이상 통화로 기능하지 않고 자본으로 바뀌는 것이다. 두 경우 모두 더이상 유통되는 돈이 아니다. 바로 이것이 은행이 창조한 돈의 근본적 속성으로서 단순한 돈과 차별되는 부분이다.[65]

그런데 통화량이 감소하면 금융시스템은 위기에 처할 수밖에 없다. 상품과 서비스를 구입할 수 있는 돈이 충분히 없고, 신규 대출이 수익을 낼 수 없다. 구매할 의사와 능력이 있는 사람들로 구성된 시장이 존재하지 않으면 생산은 계속될 수 없다. 은행은 신규

---

64) 이것과 같은 일반화된 서술은 묵살되거나 공격을 받는다. 특정한 경제적 사건은 수많은 다양한 요인들에 의한 결과이기 때문에, 어떤 요인을 선별해서 강조하느냐에 따라서 경제학자들의 의견이 달라지는 것이다. 수학도 한정된 수의 변수밖에 참작할 수 없으므로 제한적으로 사용될 수밖에 없다.

65) 바로 여기서 은행의 예대비(預貸比)가 중요하다. 1945년 이전에는 20퍼센트가 표준이었으나 현재는 보통 100퍼센트이다. 이것은 모든 융자금이 상환된다면 유통되고 있는 모든 돈(지폐와 주화는 제외하고)도 사라진다는 뜻이다.

대출을 하려고 하지 않을 것이다.[66] 자본가치가 폭락하고 고정자산들은 파괴된다. 새로운 투자처가 생겨날 때에만 이 회로는 다시 가동하기 시작하는데, 예를 들어 대규모로 고정자산을 파괴하는 전쟁은 새로운 투자기회를 효과적으로 만들어낸다.

이것은 단순한 원리이고 또 현실과도 부합한다. 그럼에도 경제학자들은 일반적으로 은행이 만들어낸 돈이 경기순환을 악화시킨다는 점은 인정하지만, 그것이 불경기의 원인이 된다고 보는 시각에는 강하게 저항감을 표출한다.[67]

위에서 간단히 살펴본 과정이 정부의 과세, 대출 및 지출과 결합하여 독립적 생산자들로부터 기업 투자자와 정부에게로 꾸준히 자산을 이전시킨다. 이것은 오늘날의 극단적인 양극화, 호황과 불황의 반복, 그리고 돈이 유통되도록 하기 위해서(신규 대출과 저축을 만들어내기 위한) 왜 끝없는 성장이 필요한지 어느 정도 설명해주고 있다.

---

66) 경제학은 20세기 실용과학 분야에 대변혁을 가져온 시이비네틱스(시스템학)의 용어와 개념을 놀라울 만큼 배격해왔다. 예를 들어서, 균형상태와 완전경쟁의 가정에 기초를 둔 뉴턴식 묘사를 선호했던 존 힉스는, 이런 가정들을 버린다면 "경제이론의 상당부분이 훼손되는 결과"를 낳을 수 있다며 반대했다. 그러나 경제학은 대체로 시스템에 관한 학문이므로, 거듭된 실패로부터 좀더 나은 통찰이 나올 수도 있었을 것이다. 이론이 독선적으로 경직되면, 어떤 학문 분야에서든 문제의 핵심을 잘못 파악하여 엉뚱한 결론을 내리고 상관없는 것만 파고드는 결과를 초래할 위험을 안게 된다.

67) "어떤 천재적인 악한이 있어서 주기적인 사업과 고용의 부침이 가져오는 고통을 더욱 가중시켜야겠다고 나쁜 마음을 먹었다고 치자. 그렇다면 그는 오늘날의 형태로 민간 예금은행 시스템을 구축하는 것보다 더 나은 방법을 찾지는 못할 것이다"(Fisher, *100% Money*(1935), p. 47).

현금과 현금에 대한 권리증서를 굳이 구별하는 것은 이것이 둘 다 거의 전적으로 숫자로만 존재하는 오늘날에는 이상하게 여겨질 수 있다. 그럼에도 은행과 각국 정부들은 여전히 그 방식을 따르고 있는데, 그것은 오랜 세월 동안 그들에게 유용한 구실을 했던 금과 금에 대한 권리증서에 기초한 옛 시스템을 조심스럽게 육성하여 이어가고 있는 것이다.

이 체제에서 성장은 반드시 필요하다. 통화공급량을 충분히 유지하기 위해서이다. 한편 민중은 성장에 대해 관심을 가질 수도 있고 그렇지 않을 수도 있다. 자신에게 배분되는 파이의 크기만 일정하다면, 아니 설혹 조금 작아지더라도 더 공정하게 나누어진다면 괜찮다고 여길 것이다. 혹은 가차 없는 성장으로 파괴적 결과를 맞기보다는 은행시스템의 개혁을 선호할 수도 있다. 그러나 아무도 민중의 의견을 묻지 않는다. 사실 대중은 은행이 어떻게 돈을 만들어내는지에 대해서도 대체로 알지 못한다. 민중을 무지 속에 있게 하는 것도 세심하게 육성, 보존되어온 일이다.

앞에서 언급한 바와 같이, 은행들은 특별한 제약을 받지 않는 한 돈을 끝없이 만들어낼 수 있다. 약 30년 전까지는 두 가지의 기제가 그나마 효과를 발휘하여 은행이 만들어내는 돈의 양이 조절될 수 있었다. 첫째로는 은행과 은행가들이 합리적으로 이해타산을 추구했기 때문이다. 만약 그들이 같은 현금에 대해서 채무증서를 너무 많이 만들어낸다면 소문이 돌 것이고, 사람들이 겁을 먹고 '자신의' 현금을 돌려달라고 요구할 것이다. 그러면 은행은 파산한다 (물론 정부에 값비싼 긴급구제를 요청할 수도 있다). 두 번째의 기제

는 정부의 규제였다. 은행들은 사업 인가의 조건으로 정부가 제시한 규제 사항들을 지켜야 했다.[68]

그러나 1980년대를 전후로 두 가지 기제가 모두 극적으로 효과가 떨어졌다. 첫째로 은행가들이 보수를 받는 방식이 바뀌었는데, 그로 인해 한순간에 그들의 이해관계가 방향이 바뀌어버렸던 것이다. 은행가들이 정해진 봉급을 받을 때에는 은행이 잘되는 것이 그들에게도 이익이 되었다. 은행이 살아남아야 계속 봉급을 받을 수 있으니까. 그러나, 막대한 상여금을 받기 시작하면서 은행가들은 은행에 이익이 되든 손해가 되든 가능한 한 신속하게 대출을 반복하는 쪽이 자신의 수익은 크다는 것을 알게 되었다. 은행가들은 이렇게 자신이 소속된 은행을 약탈해가면서 자기 주머니를 채워 부유하게 은퇴했다. 한편, 은행들은 (정부의 긴급구제를 통해) 시민들의 희생에 의해 계속 살아남을 수 있었다. 그리고 두 번째로 정부규제에 의해 (은행의) 통화발행이 제한을 받는 것으로 말할 것 같으면, 은행업으로부터 마구잡이로 막대한 양의 돈이 만들어지면서 정치가들과 중앙은행들은 흥분했고 규제는 느슨해졌다.

이렇듯 (모든) 제약이 실종되자 기괴하고 터무니없는 금융상품들(예를 들어, 금융증권화라는 허울을 썼지만 그 본질은 채무증서를 담

---

68) 이런 규제에는 두 가지 종류가 있다. '지급준비율'은 고객이 청구할 때에 대비해서 은행이 현금을 얼마나 준비해야 하는지를 규정하는 것이다. 이 비율은 10퍼센트에서 0퍼센트 사이이다. '자기자본비율'은 은행의 가치 총액을 추산하여 그것을 은행이 예금자들에게 지고 있는 빚과 비교한다. 이 비율은 근년에 1~15와 1~70 사이에서 변동했다.

보로 한 채무증서에 의해서 뒷받침되는 채무증서에 대한 채무증서들로 구성된 파생상품 등)이 창궐하게 되었다. 순진한 구매자들을 혼란스럽게 만들고 속여넘기기 위해서 수학자들이 작업에 착수했다. 사기성 행각을 돕기 위해서 모호한 법리들도 동원되었다.[69] 기업의 명백한 범죄행위들이 판을 쳤고, 수십억 단위의 도둑질들이 처벌을 받지 않고 넘어갔다.[70]

이제 부채와 단기 채무증서들의 규모와 복잡성은 불가해한 수준에 이르렀다. 규제를 벗어나 복잡한 금융상품들을 만들어내서 거래하는 그림자금융시스템이 전통적인 은행시스템에 자금을 대고 있다.[71] 여기에 관련된 금액은 1,000조 단위에 이른다. 100만 달러 더미가 대략 사람의 무릎 높이까지 오니까, 1,000조 달러를 쌓아 올린다면 엠파이어스테이트 빌딩 높이의 100만 배에 달할 것이다. 실로 엄청난 양의 일시적인 '돈'이 거품처럼 부풀었다가 사라지면서, 실제로 일부 소수의 인간들을 부자로 만들고 나머지 모든 사

---

69) 예를 들어서 "거의 알려져 있지도 않고 무시되기도 하는 유통증권법의 '(유통증권의) 정당한 소지인' 규정은 지금 미국 금융시스템이 처해 있는 위기, 즉 약탈적 대출로 인하여 초래된 거대한 위기의 중심에 자리하고 있다"(Kurt Eggert, "Held Up In Due Course", *Creighton Law Review,* Vol. 35, 2002).

70) 씨티그룹, MF글로벌, 골드만삭스가 잘 알려진 사례들이다.

71) "(은행의) 회계장부는 더이상 실물경제의 기업 및 개인들에게 돈을 얼마나 빌려줄 수 있는가에 따라서 제약을 받지 않는다. 이른바 '금융공학' 덕분에 은행들은 아무런 구속도 받지 않고 자산을 무한히 만들어낼 수 있게 되었다. 그리고 금융위기가 도래하기 전 단계에서 그림자금융은 온갖 수단과 자금을 동원해서 은행들의 이러한 관행을 방조해왔는데, 이제 미국의 경우 그림자금융은 전통적인 금융부문보다 규모가 커졌다"(머빈 킹이 버튼우드(Buttonwood Gathering)에서 한 강연, 2010년 10월 25일).

람의 재산을 탈취해간다.[72] 은행들이 가진 단순한 특권을 사용하여 '금융서비스산업'은 거대한 약탈적 기생충이 되어 인간과 자연계를 고갈시키고 있다.[73]

(유럽의 몇몇 나라에서 그런 것처럼) 이 시나리오가 극단적으로 실현되어버린 곳에서, 민중을 대표한다고 하는 사람들이 보여주는 타성과 부패에 망연자실한 시민들은 이제 무기력하고 이해할 수도 없는 채로 희생자가 되어야 하는 시스템 속에서 살아가느니 차라리 아무리 잔혹하더라도 한 명의 범죄자나 하나의 조직, 규칙의 통치하에 살아가는 쪽이 낫겠다고 생각하기에 이르렀다. 파시즘의 망령이 이렇게 다시 부상한다.

독자들은 왜 유통기한이 한참이나 지나버린 이런 낡은 시스템을 영속시키려는 음모를 정부들이 방조하고 있는지 의문이 들 것이다. 권력이라는 것은 대체 얼마나 매력적이고 사람을 도취케 하는 것이어서 이성을 내팽개치게 하는 것일까. 야망에 사로잡히면 깊이 있는 이해는 불가능하게 되는가. 개혁은 그토록 두려운 것일까. 정치가들은 약간의 손질만 한다면 현재의 체제가 지속될 수 있다고 믿기라도 하는 것일까.

---

72) 데이비드 리카도는 이렇게 말했다. "돈의 증가(어떤 방식이든)가 사회의 부를 증가시킬 수 있는 방법은 단 하나뿐이다. 그것은 노동자들의 임금을 희생시키는 것이다"(*Works*, Vol. 3, 319).

73) 골드만삭스는 "인류의 얼굴에 달라붙어서 돈 냄새가 나는 것이라면 어떤 것에든 빨판을 붙이고 사정없이 빨아대는 거대한 흡혈오징어"라고 비유되었다(Matt Taibbi, "The Great American Bubble Machine", *Rolling Stone*, April 5, 2010).

어쩌면 위의 모든 추측이 맞을 것이다. 그런데 한 가지가 더 있다. 정부는 은행이 만들어내는 돈에서 비롯되는 혜택을 누리고 있다는 측면이다. 즉 정부는 특별히 허락을 받지 않고서도 국민의 현재와 미래의 노동과 부(富)를 담보로 하여 대출을 받을 수 있는 것이다.

대부분의 부채는 개인들 사이에 발생한다. 부채의 '수익권자'는 추적이 가능하다. 개인이 아니라면 기업의 주주일 수도 있다. 빚은 현금화하거나 상환할 수 있다. 그러나 시민들은 그들의 이름으로 발생된 빚(국가 부채)을 수락할 수도, 벗어날 수도 없다. 정부가 그들을 포박하고 있기 때문이다.

여기서 기이한 요소는, 정부가 국민의 이름으로 돈을 빌릴 뿐만 아니라 동시에 국민의 이름으로 자산을 보유하기도 한다는 사실이다. 극단적인 예는 '인민의 이름으로' (수출에서 벌어들인) 약 3조의 통화를 보유하고 있는 중국정부이다. 중국정부는 자국 국민에게 여러 형태로 3조에 육박하는 빚도 지고 있다.[74] 이 두 자금을 중국정부는 모두 국가사업을 위해 사용할 수 있으며, 바로 그들의 이름으로 발행되었음에도 '인민'들은 결코 이 돈을 이용할 수 없다.[75] 중국 국민은 그 돈을 빌리고 빌려주는 일에 구속된 계약으로부터 빠져나올 수도 없다. 이런 문제에서 최고 권력은 국가가 갖는다. 이

---

74) 중앙정부와 지방정부의 채무를 모두 합친 것이다. 공식적 자료에서는 이 국가 부채가 1.66조인데, 여기에는 중국 인민의 이름으로 보유, 관리되고 있는 상당한 자산이 배제되어 있다(*CIA World Handbook*(online) 및 기타 자료).

75) '정부'나 '국민' 이외의 법인체인 경우에는 모든 채무와 재산은 결국 특정 개인이

것은 모든 대의제 정부에서 동일하다. 중국과 같은 일당 집권 체제에서든 서구의 다당제에서든 마찬가지이다.

그런 자금 덕분에 정부는 전쟁이나 대규모 금융·사회 프로젝트에 착수할 수 있다. 전 세계에서 무기의 생산과 판매는 바로 이런 시민들로부터 가져온(그리고 지급하지 않고 있는) 돈으로 조달되고 있다.

그런데 어쩌면 여기서 더욱 중요한 사실은, 국가와 국가적 사업—군대, 고용, 복지—에 대한 의존이 한 나라 국민의 집단적 정신 상태를 변화시킨다는 점일 것이다(6장에서 좀더 상술한다).

한편 부채에 대한 수요는 파산할 지경에 이를 때까지 꾸준히 증가한다. 피터 드러커는 "역사상 제1차 세계대전 때까지는—전시에조차도—어떤 정부도 국가수입의 극히 일부(아마도 5~6퍼센트)를 넘는 자금을 국민으로부터 얻을 수 없었다"고 썼다.[76] 오늘날에는 50퍼센트 가까이를 정부가 가져간다.

정부가 50퍼센트를 가져갈 때 고용이 유지되려면 생산성은 두 배로 높아져야 한다. 따라서 그런 나라의 노동력은 경쟁력을 잃는다. 기업들은 노동자들에게 그런 큰 부담이 지워지지 않는 다른 나라로 생산지를 이전한다.[77] 일자리를 잃은 노동자들은 국가의 입장

소유하고 있다. 물론 복잡하게 되어 있는 기업들의 소유관계를 추적한 끝에야 소유주 개인이 밝혀지는 경우도 있다.

76) *A Functioning Society*(2003), p. 60.

77) 몽테스키외가 주목한 사실이다. *De l'Esprit des Lois,* Part 4, Book 22, Chapter 16.

에서는 추가로 부담해야 하는 지출원이 되고, 이렇게 악순환의 고리가 만들어진다.

이제 정부와 기업, 개인들의 파산(채무)상태는 규모가 너무나 거대해졌고 따라서 변화는 불가피하다.[78] 문제는 그 변화가 현명하게 잘 관리된 상태로 이루어질 것인가, 아니면 어떤 극단적인 형태를 띠게 될 것인가이다. 특권은 결국 혁명을 불러오게 마련이다. 그런데 보통 혁명은 피하는 것이 좋다.

우리는 어디에서 개혁을 기대할 수 있을까? 국제상법에서는 아무것도 기대할 수 없다. 불법성이 개입되어 있지 않은 한 계약은 옹호된다. '불법성'은 각 나라의 법률체계에 의해 정해지는 것이지만 법 제도 역시 국제적 관행을 추수한다. 편의상 그러는 것이기도 하지만 무엇보다 시장에서 배제되지 않기 위해서이다. 그렇다면 개혁은 어디에서 시작될 수 있을까? 만약 일국 차원에서 은행의 특권에 대해 법적 개혁이 단행된다면 그 나라는 불가피하게 국제사회로부터 고립될 것이다. 그렇지만 (이론상으로는) 개별 국가가 국제사법재판소에 은행의 특권을 제소하는 것은 가능하다.[79]

여러 세기에 걸쳐서 많은 사람들이 은행의 특권에 대해 반대해왔다. 특히 역대 미국 대통령들이 대통령직에서 물러난 뒤에 했던 발언들은 잘 알려져 있다. 미국의 2대 대통령 존 애덤스는 은행이

---

78) '좀비'는 금리가 0에 가깝기 때문에 간신히 상환능력을 유지하고 있는 기업, 정부, 개인들을 가리키는 신조어이다.

만들어낸 돈이 통화가치를 떨어뜨린다는 점을 지적했다. 더욱이 그것은 "어떠한 실물로도 뒷받침되지 않으며, 따라서 그것은 누군가에게 사기를 치는 것"이다. 3대 대통령 토머스 제퍼슨은 은행에 의한 돈의 창조는 "미국 시민들, 그들의 재산과 노동을 꼼짝없이 은행가들과 사기꾼들에게 갖다 바치게 만들" 것이라고 썼다.[80]

은행이 창조해낸 돈은 누군가에게 사기를 치는 행위라는 애덤스의 말은 정곡을 찌르고 있다. 무(無)로부터는 아무것도 나올 수 없으므로 결국 창조된 돈의 가치는 모든 다른 사람이 갖고 있는 돈의 가치에서 훔쳐낸 것이다. 제퍼슨의 발언 역시 선견지명을 보여준다. 시간이 흐르면서 영국과 미국, 그리고 영국식 시스템을 채택한

---

79) 금융적 장치들이 법정에서 그것이 공동체에 혜택을 가져다주는가 해를 끼치는가 하는 것을 기준으로 검토되던 것이 먼 옛날의 일처럼 느껴진다. 기업담보(浮動擔保)의 사회적 가치에 대한 논쟁이 바로 그런 예이다(Salomon v Salomon, 1897). 이미 1800년에 상인법에 대해서 불평이 제기되었다. "유감스럽게도, 상인들은 그들의 새로운 관행들이 곧 모두 법이기라도 한 것처럼 생각하게 되었다. 법정의 판례들이 그런 생각을 조장했을지도 모른다. … 상인들이 법에 구속되어야 하는 것이지, 법정이 상인들에게 끌려가서는 안된다, 다만 확장된 상업적 목적을 성취하는 데에 법이 장애물이 된다고 밝혀진다면, 그때에는 의회에서 그것을 바로잡도록 해야 한다"(Edward Christian, quoted in *Reading On The History And System of The Common Law*, p. 223(Roscoe Pound & Theodore F. T. Plucknett eds., 3rd ed., 1927)).

80) "은행들의 사기행각으로 인해서 실물의 가치가 계속해서 떨어졌다. 은행들은 그들의 금고에 있는 금은의 양을 훨씬 넘어서는 엄청난 양의 돈(은행권)을 발행했고, 그 결과 노동, 토지, 제조품, 농산물의 가격이 두 배, 세 배, 네 배까지 올랐다. 금고 속에 실제로 있는 금은의 양을 초과해 발행된 은행권은 아무것으로도 뒷받침되지 않는다. 따라서 그것은 누군가에게 사기를 치는 것이다"(Adams to Vanderkemp, 16 February, 1809). 제퍼슨 대통령의 말은 존 애덤스가 수신자로 된 편지(1819년 3월 21일)에서 가져온 것이다.

나라들은 자국 국민의 대부분을 차지하던 독립적 자작농이 어느덧 의존적인 고용인들로 바뀌어 있다는 사실을 알게 되었다.

재산을 빼앗긴 빈자들로 구성된 거대도시들이 바로 이 과정을 증언하고, 기업들에게 의존적인 값싼 노동력을 공급해주고 있다. 그리고 기업들은 이제 명목상으로나 부채를 통해서 실질적으로 투자자, 은행, 금융회사들이 소유하고 있다.

이제 우리는 '돈 만들기 게임'에서 누가 승자이고 누가 패자인지를 볼 수 있게 된 것 같다.

'승자'의 범주는 넓다. 예금자들과 대출자들은 더 좋은 이율을 적용받는다. 그것을 관리하는 사람들도 봉급이나 상여금 등으로 많은 돈을 받는다. 고용인들은 급료를 받고, 서비스와 건물에 대해서는 이용료가 지불되고, 정부는 세금을 거둬들인다. 자본가들은 더 많이 소유할 수 있게 된다. 또 소수의 사람들은 은행에서 대출을 받아 사업을 시작한다(물론 대부분의 사람들은 은행 이외의 자금원을 모색해야 한다).[81] 주주들은 수입과 자본이익이 늘어나는데, 주주들만 혜택을 보는 것은 아니다. 소유권에서 나온 이익은 다시 투자되어 전반적으로 자본자산의 가치를 부풀리고, 자산을 가진 사람은 모두 조금 더 부유해진다.[82] 은행들도 수익을 투자해서 자산

---

81) 보통 사업을 처음 시작하는 사람에게는 담보로 잡을 것이 없기 때문에 은행들이 돈을 잘 빌려주지 않는다. 그래서 이들은 친척, 친구, 지인에게 돈을 빌린다.

82) "주식을 (회사가 아니라 이전의 주주들에게서) 비싼 가격(순전히 배당금이 높다는 이유로)에 구입한 신규 주주들의 경우에는, 실물이익이 커도 대단치 않다고 느낄 것이다"(The Economic Organisation of England, Sir William Ashley(1914), 1957,

가치를 부풀린다. 그들은 새로 창조된 자본을 투기를 위해 사용할 수 있도록 만든다. 그리고 바로 이것이 부동산 거품의 원인이었다. 펀드매니저들이 주택을 담보로 한 대출에 돈을 쏟아 넣었던 것이다.[83] 대체로 승자들은 1차 생산자들이 아니다.

'패자'들은 이 게임을 하지 않고 있거나, 성공적으로 하지 못하고 있는 모든 사람이다. 어떤 이들은 게임을 잘하지 못하고, 어떤 이들은 게임을 하고 싶어 하지 않는다. 그리고 또 어떤 이들은 이 게임이 무엇인지 전혀 이해하지 못한다. 대부분의 사람들에게 있어서 이 게임은 자신이 전혀 모르거나 거의 알지 못하는 머나먼 장소에서 벌어지는 일이다. 게다가 그 게임과 관련된 경험은 결코 즐거운 것이 아니다. 그것은 점진적으로 자유와 자산을 잃어가는 과정으로서, 때로는 갑작스런 충격도 겪어야 한다. 집이나 농장을 압류당하고 빚의 수렁에 가라앉아간다. 그리고 내 자산을 도둑질해간 바로 그 사람들에게 갈수록 더 의존할 수밖에 없게 된다. 대체로 패자들은 1차 생산자들이다.

무엇보다도 이 시스템에서 우리는 다른 세상으로 갈 수 있는 가능성을 잃어버린다. 만일 자본주의가 특권이 없는 공평한 경쟁의

---

pp. 179~180). 영미에서 은행 주식의 평균 보유기간은 1998년에는 약 3년이었는데 2008년이 되면 3개월로 짧아졌다(Andrew Haldane, *London Review of Books*, 2012. 2. 23).

83) 수입도 자산도 없는 사람들에게 'NINA(No Income No Assets)대출'이 이루어졌고, 심지어 이미 사망한 사람의 명의로도 대출이 되었다. 이러한 빚잔치는 2008년 금융붕괴 사태로 이어졌다(https://www.thisamericanlife.org/355/the-giant-pool-of-money).

장이라면, 다시 말해서 자본주의가 창조된 신용(빚)이 아니라 저축에 의해 연료를 공급받는다면 어떤 모습의 세상이 될 수 있었을지, 또 어떤 세상이 될 수 있을지 누가 알 수 있을까. 하물며 정말로 국민들에 의해 정부가 운영되는 세상은 상상이라도 할 수 있겠는가.

선거대의제는 오늘날 전 세계에서 지배적인 정부형태로 군림하고 있고, 그들 고유의 은행시스템을 동반한다. 후발 국가들은 선진국의 외국인들뿐만 아니라 자국 엘리트들에게도 도둑질을 당하고 있다.[84] 이 엘리트들은 이렇게 쌓은 부를 런던이나 마이애미, 뉴욕 같은 곳으로 옮겨 놓을 수도 있는데, 그렇게 되면 동료 국민들은 더욱 빈곤해지고 그들의 '새로운 조국'들은 더욱 부유해진다.

돈은 은행에 의해 만들어질 필요가 없다. 《화폐 실험》에서 리처드 A. 레스터는 공정하게 만들어진 돈은 경제성장을 고무한다는 사실을 보여주었다.[85] 이 경우에는 대출이 말라붙는 일이 없다. 누군가에게는 빌려줄 돈이 있고, 또 누군가는 사업계획을 갖고 있어서 돈을 빌려야 하기 때문이다. 단순히 돈을 빌려주는 일은 대출 과정에서 돈을 창조해내는 은행들의 행위와는 매우 다른 것이다.[86] 만약 기업들이 은행이 만들어낸 신용(빚에 기초한 돈)이 아니

---

84) 서구식 은행업은 부패도 조장한다("$1bn fraud at Kabul Bank puts UK's Afghan pull-out in peril", *The Independent*, May 22, 2011 and "Scandale étouffé à la Kabul Bank", *Le Monde Diplomatique*, 11/2011).

85) Richard A. Lester, "Social Dividend in Maryland in 1733", *Monetary Experiments*(1939), Chapter 5.

86) 13세기에 영국 은행가들은 동일한 자산을 수차례 대출해주는 방법으로 낮은 금리로 돈을 빌려줄 수 있었는데, 그 결과 유대인 대부업자들은 시장에서 밀려났다.

라 순수한 예금으로부터 자금을 조달해왔다면, 오늘날 세상이 어떤 모습을 하고 있을지 아무도 알 수 없다.

부채는 일종의 노예상태이다. 만약 시민들이 '경제성장'의 폐허에서 빚으로 인해 절망 속에서 불안해하면서 위축된 삶을 살고 있다면, '자유'를 갖고 있어도 의미가 없다. 그렇지 않은 척 베일을 쓰고 있지만 경제성장의 주된 목표는 자산 소유자들의 재산을 증식시키는 것이다. 그리고 일반적으로 현지에서 멀리 떨어져 있는 이 자산가들은, 그 거리가 멀수록 자신들의 부가 어떤 식으로—좋게든 나쁘게든—사용되는지 알 수 없다.

이러한 상황이 어떻게 개선될 수 있을까?

전세계적으로 서로 얽혀 있는 금융부문이 위기에 처할 때마다 개혁에 대한 논의가 한바탕 일어난다. 정부, 은행 그리고 그들에게 의존하고 있는 세력들과, 보다 합리적이고 공정한 통화공급 방법이 있다고 주장하는 이들 사이에 논쟁이 일어난다. 그리고 지금까지는 개혁을 반대하는 쪽이 승리해왔다. 번번이 경기 호황을 불러오는 사건—제2차 세계대전, 공산주의의 몰락, 생산·기술에서의 혁명—이 일어나는 바람에 개혁은 일단 유보되었다.[87]

이 사실 하나만으로도 '유대인'들에게 은행업에 대한 죄를 물었던 J. A. 홉슨, 에즈라 파운드, 헨리 포드, 그리고 나의 조부인 오즈월드 모슬리 경 등이 정직하지 못했다는 것이 입증된다. 영국 롬바르드가(街)에서 은행업은 근대적으로 재창조되었고, 이 선례를 따라서 전 세계 금융업이 확립되었다. 아마도 나치 독일의 할마르 샤흐트가 역사상 가장 도덕적인 은행가였을 것이다.

87) 아인슈타인은 이렇게 말했다고 한다. "나는 3차 세계대전에서 어떤 무기가 사용될지는 짐작할 수 없다. 그러나 제4차 세계대전에서는 틀림없이 나무 막대기와 돌

그러나 위기에서 패배한 측이 제안했던 아이디어와 저작들이 우리가 참고할 수 있는 유산으로 남았다. 특히 대공황은—그것이 오래 지속되었기 때문에—수많은 아이디어와 토론을 낳았고 다양한 해법도 제시되었다.

개혁을 위한 제안들

여기서는 지금 제안되고 있는 다양한 개혁안들을 개략적으로 살펴보려고 한다.

우선 배제해야 할 개혁안이 있는데, 그것은 은행업의 특권을 국가로 이전하는 것이다. 이 제안은 정치적 극단주의자들이 선호하는 것인데, 일반적으로 은행과 투기꾼들에게 고혈이 빨린 나라의 시민들에게 인기가 있다. 그러나 이 방식은 전체주의국가로 귀결될 뿐이다.[88] 지금 은행, 투자자들에게로 가고 있는 부와 권력을 국가가 차지하는 꼴이 될 것이다. 자유와 민주주의의 억압, 잘못된 통치, 그 밖에도 20세기의 전체주의들이 보여주었던 가공할 폐해들이 수반될 것이다. 국가가 전권을 가지면 분명히 소비자들에게도 작은 혜택이 떨어지게 될 테지만, 그러나 나머지 거의 모든 것

을 들고 싸우게 될 것으로 확신한다."

88) 나치정부가 보증했던 메포(MEFO)어음은 보유한 자산에 비해 12,000배의 권리를 만들어냈고, 그 덕분에 국가는 거대한 구매력을 갖게 되었다. 즉 자본금 100만의 특수한 회사가 설립되어서 120억의 어음을 발행한 것인데, 중앙은행은 언제든 이 어음을 현금으로 바꾸어주었다. 이런 비율은 전례가 없는 것으로, 당시에는 60배도 극한으로 밀어붙이는 것으로 여겨졌다(Avraham Barkai, *Nazi Economics*(1990), p. 165).

을 대가로 치르게 될 것이다.

개혁 1: 특권이 없는 은행업

'특권 없는 은행업'의 기본적인 발상은 단순하다. 은행도 법을 준수해야 한다는 것이다. 즉 다른 사람의 돈을 자기 것처럼 사용하는 행위를 허용하지 말아야 한다. 또 같은 돈을 수차례 거듭해서 빌려주는 일도 허용해선 안된다. 돈을 '창조'하는 일을 허용하지 말아야 한다. 그렇다면 '특권 없는' 은행업은 구체적으로 어떤 모습을 하고 있을까? 보통의 고객에게는 큰 차이가 없어 보일 것이다. 많은 사람들이 은행업무라고 여기는 일, 즉 예치금을 보관하는 역할과 신용의 중개자 노릇을 계속할 것이기 때문이다.[89] 물론 그들의 서비스 비용은 오르겠지만, 그것은 (대부분의 사람들에게 있어서는) 현재의 은행업에 감춰져 있는 비용과 비교한다면 감당할 수 있는 수준이다.

고객들은 (지금과 비슷하게) 다음과 같은 질문을 받을 것이다. "당신은 언제든 예금을 인출할 수 있기를 바라십니까, 아니면 예를 들어서 한 5년, 이렇게 일정한 기간 동안 은행에 돈을 맡겨두시겠습니까? 후자라면 우리가 그 돈을 대출해주고 거기서 나오는 이자의 일부를 당신한테 지급하겠습니다." 은행은 예금자와 대출자를 상당히 단순한 형태로 연결시키고, 고객이 언제든 찾을 수 있기를

---

89) (은행)개혁을 주장하는 사람들은 일반적으로 이 두 기능도 별도의 기관이 분리해서 맡아야 한다고 주장한다. 그러나 나는 은행가들에게서 특권이 제거된다면 그럴 필요가 없다고 생각한다.

바라는 돈은 대출하지 않을 것이다.

 은행의 대차대조표는 지금과 완전히 다른 모습을 가지게 되어서 일반적인 기업체의 회계장부와 비슷하게 될 것이다. 예금은 예금자에게 귀속되고 은행의 영업장부에는 등장하지 않을 것이다. 감사와 결산은 사기성 관행들(돈을 만들어내려는 목적을 가진 행위 포함)을 방지하기 위해서 실시된다. 그리고 사기가 발각되면 위조나 절도의 경우와 같은 처벌을 받는다. 덧붙여, 이 장의 후반부에서 소개될 헨리 C. 시몬스의 지적처럼, 법에서 인정하는 자산 유형이 지금보다 단순해져야 할 것이다. 그것은 거래자들의 재산을 부풀리는 것 말고는 기능이 없는 금융상품들이 만들어지는 것을 예방하기 위해서이다.[90]

 개혁을 반대하는 목소리들 중에는, 경제가 번창하려면 신용(대출)이 충분해야 하는데 그것이 말라붙을 것이라는 우려도 있을 것이다. 은행이 돈을 창조할 수 있는 특권을 없애면, 실제로 일부 신용, 즉 다른 사람들의 자산으로부터 '마술처럼' 만들어내는 신용은 사라질 것이다. 그리고 은행은 채권자와 채무자 사이에서 진정한 중개자 역할을 할 것이다. 그리고 다른 금융조직들이 경쟁력을 갖게 될 것이다. 공제회나 신용조합 등 수세기에 걸쳐서 발전해온 진정한 금융 중개자들이 건재하게 될 것이다.[91] 시장은 다양해질 것

---

90) Simons, "Debt Policy and Banking Policy", *Economics for a Free Society*, p. 239, Chapter 10.

91) 스위스의 비영리 은행인 비아(WIR)은행이 흥미로운 사례인데, 호황과 불황의 부침 속에서도 스위스가 비교적 경제적 안정성을 유지할 수 있었던 데에는

이다. 예를 들면 투자자와 기업가들을 인터넷으로 연결시키는 등 새로운 신용창조 방식도 개발될 것이다.[92]

어떤 하나의 나라에서 은행들이 돈을 만들어낼 수 없게 되면, 그 나라는 돈을 창조할 수 있는 (다른 나라의) 은행들에 대해서 취약하게 될 수 있다는 우려도 존재한다. 이것은 홍미로운 질문을 야기하는데, 그것은 은행들이 특권 없이 운영되도록 고집하는 나라들은 어떻게 될 것인가 하는 것이다. 은행들은 '부분지급준비제' 시스템을 채택할 것이다. 그것이 수익이 크기 때문이다. 그렇게 하지 않는다면 바보일 것이다.

한편, 대단히 홍미로운 기술적인 측면도 있다. (현재의 은행시스템과 통합되었을 때) 만약 100퍼센트 지급준비율을 지켜야 하는 은행이 있다면, 곧장 다른 은행들로부터 현금이 빠져나와 그 은행으로 흡수될 것이다. 어음의 청산잔액 차이 때문이다.[93] 따라서 이런 은행은 현행 시스템에서 용납될 수 없는 것이다. 물론 현재로서는 그런 일은 있을 수 없다. 은행들은 사사로운 이해관계에 따라서 행동하고, 법망을 빠져나갈 수만 있다면 대출을 최대로 늘려서 수이의 극대화를 도모하기 때문이다.

이 은행이 공헌을 한 것으로 이야기된다(James Stodder, *Reciprocal Exchange Networks*(March, 2012)).

92) 에인젤투자네트워크 및 그 밖의 '에인젤' 투자그룹이 그런 예이다.

93) C. A. Phillips(1920), Chapter 3~4(pp. 77~78), Thomas M. Humphrey, "The Theory of Multiple Expansion of Deposits: What It Is and Whence It Came", *Economic Review,* March/April 1987(리치몬드연방은행 웹사이트).

개혁 2: 정부와 통화 발행

우리는 '빚'으로서 은행이 만들어낸 돈에 너무나 익숙해져서 다른 방법으로 돈을 만든다는 것을 상상하지 못한다. 그러나 돈이 빚 없이 만들어진다고 가정해보자. 누가 그것을 만들고 또 어떻게 유통시킬 것인가?

돈이 주화—금은과 (소액 주화의 경우에는) 비(卑)금속—로서 유통되던 때에 가장 많이 제기된 불평은 돈이 충분하지 않다는 것이었다. 그것은 사람들이 돈을 더 많이 소유하고 싶어 했다는 뜻이 아니다. 단지 유통되고 있는 주화가 충분하지 않아서 거래를 하려면 물물교환에도 의지해야 했다는 말이다.[94]

주화는 지불행위를 통해서 유통되기 시작한다. 제일 처음에 누군가가 자신이 갖고 있는 금속을 주화제조가에게 가져갔을 것이다. 그것은 금속으로 보유할 때보다 주화로서 더 가치가 있기 때문이다. 그 시점에서부터 주화가 서비스에 대한 대가로, 또 사람들 사이의 교환수단으로 유통되기 시작했다. 다시 말해서, 사람들은 자신이 제공하는 것에 대한 대가로 기꺼이 돈을 '구매'했다. 자신이 필요한 것을 살 때 그 '돈'을 사용할 수 있다는 것을 알고 있었기 때문이다. 돈(그 자체로서 가치가 있는)이 누군가가 원하는 물품과 교환되는 이런 종류의 경제에서는 그 단순함으로 인하여 개인들이 막대한 양의 돈을 축적하는 것은 용이하지 않다. 그래서 당시의 권

---

94) 이런 환경에서 흔히 돈은 상징적인 것에 불과하게 되어서, 채무의 내용은 화폐로 산정되더라도 상환은 재화로 이루어졌다(Usher, *The Early History of Deposit Banking in Mediterranean Europe*).

력층은 토지에 대한 지배권과 상속된 권리가 상대적으로 우위에 있던 사람들이었다.

그러나 민주주의가 진보하고 있다고 본다면 어느 쪽의 권력도 바람직하지 않아 보인다. 대부분의 돈(즉 대부분의 권력)이 특권을 가진 엘리트들의 손에 있을 때 진정한 민주주의는 있을 수 없다. "어떤 개인이나 어떤 집단, 협회, 조합에도 큰 권력이 주어져서는 안된다. … 절대권력이 남용된다고 불평하는 것은 어리석은 일이다. 권력은 남용되기 마련이다."[95] 특권을 가진 사람들이 기꺼이 그 특권을 포기할 것이라고—혹은 특권을 없애자는 제안을 지지할 것이라고—믿는 것도 어리석다. 킨키나투스처럼 스스로 특권을 거부하는 사람은 흔치 않다. 역사를 봐도 엘리트들은 특권을 포기하느니 세계가 무너지는 쪽을 선택했다.[96]

우려가 되는 것은 이행 과정이다. 세계가 붕괴되는 일 없이 어떻게 새로운 금융질서로 옮겨 갈 것인가? 데이비드 리카도는 잉글랜드은행의 개혁을 주장하면서, 은행에 있는 현금과 발행된 채무증서 간의 차이를 벌충할 수 있을 만큼 (정부가 직접) 돈을 만들어서 은행에 지급하는 방식을 제안했다.[97] (그리고 이러한 아이디어를 옹

---

95) Oakeshott, "The Political Economy of Freedom" in *Rationalism in Politics and Other Essays*.

96) 프랑스혁명이나 공산권의 붕괴를 상기해보라.

97) 리카도는 은행권으로서 돈을 만들어내는 것을 말하고 있었다. 그는 은행의 신용이 돈을 만들어낸다는 사실은 부정했다 ("Evidence on the Resumption of Cash Payments"(1819), *Works*, Vol. 5, p. 437, "Plan For The Establishment of a National Bank"(1823), Vol. 4, pp. 282~283(Liberty Fund Edition)).

용하여 다양한 제안들이 나타났다.[98] 이러한 방식에서는 현금이 (비활성 상태로) 그대로 남아 있을 것이기 때문에 인플레이션을 일으키지 않는다. 그러나, 그것은 자산의 현 상태를 오히려 강화할 것이고, 따라서 지난 수년, 수십 년, 아니 수세기 동안의 도둑질로 인해 만들어진 끔찍한 빈곤을 생각한다면 바람직하지 않을 수 있다.

또다른 방법으로, 정부가 일정한 최소 금액의 예금을—은행 구좌당이 아니라 개인별로—보전해주고 은행들이 파산하게 내버려두는 것이 있다. 그런 뒤에 은행들이 빚 없이 진정한 신용의 중개자로서 다시 구성되도록 인가하는 것이다. 은행들의 파산이라는 재앙적인 사태에 대비하여 정치가들이 고안해낸 몇 가지 제안들을 살펴보면, 이미 그런 방향을 지시하고 있다. 다만, 그것의 결과를 고려할 때 우리가 유념해야 할 중요한 사실은, 우리 대부분이 '돈'이라고 생각하는 것이 실제로는 '빚'이고, 은행들은 이 빚을 고객들에게 결코 상환할 수 없다는 점이다.

한편, 우리는 정부에도 전적으로 의지할 수 없다. 정부도 그들 나름의 사기를 치고 있기 때문이다. 바로 나이얼 퍼거슨이 지적한 대로이다(BBC라디오 리스 강연, 2012).

현행 시스템은 곧이곧대로 말하면 사기이다. 정기적으로 공개되는 정확한 공식적인 대차대조표도 존재하지 않는다. 거대한

---

98) http://www.cobdencentre.org/2010/05/the-emperors-new-clothes-how-to-pay-off-the-national-debt-give-a-28-5-tax-cut/

부채가 그저 눈에 띄지 않게 감추어져 있을 뿐이다. 일부 국가의 경우에는 현재 수입과 지출 보고서조차 신뢰할 수 없다. 이런 식으로는 어떤 적법한 사업도 지속될 수 없다. 이만큼 오해를 부르는 재정보고서를 발표했던 마지막 기업은 엔론이었다.

개혁 3: 복원하는 정의

아리스토텔레스´시대 이래, 정의(正義)에서 중요한 부분은 '바로잡는' 혹은 '복원하는' 것이었다. 기본적인 논리는 단순하다. 요컨대 누군가가 무언가를 도난당했다면 그것이 주인에게 되돌려져야 한다는 것이다.[99] 최근에 이것은 정의보다 '반환'이라는 개념으로 알려져 있는데, 현대의 금융시스템에 대하여 만약 부정축재에 관한 법을 제대로 적용한다면, 굉장히 많은 수의 사람들에게 배상을 해주어야 할 것이다.[100] 이런 일은 일어날 가망이 없어 보인다.[101]

그러나 은행업으로 인하여 전 세계의 상당한 부가 독립적 소유자-생산자들로부터 자본을 만들어내는 인간들에게로 이전되었다는 사실을 염두에 둔다면, 복원하는 정의는 고려할 만한 일이다.

---

99) "재판관은 처벌을 통해서, 즉 이익의 일부를 회수해오는 방법으로 평등을 회복시키려고 한다"(아리스토텔레스, 《니코마코스 윤리학》). 이것은 가해자와 피해자 사이를 화해시키는 것을 내용으로 하는 현대의 '회복적 정의'와는 다른 것이다.

100) Peter Birks, *Unjust Enrichment*(OUP, 2005), Chapter 1.

101) 성 아우구스티누스는 알렉산더대왕이 해적을 잡아서 해상의 평화를 해친 데 대해 죄를 물었던 일화를 들려준다. 해적은 이렇게 대답했다고 한다. "우리는 작은 배를 타고 (강탈행위를) 하니까 강도라는 소리를 듣지만, 똑같은 일을 거대한 함대를 갖춰서 하는 당신은 황제라고 칭해집니다."

그렇다면 현재의 자산 상황을 수용해야 할까, 아니면 그 부당함을 시정하려는 시도가 있어야 할까? 상황은 간단치 않은데, 특권적인 화폐의 창조라는 은행업은 그 속성으로 인하여 특정한 자질의 인간들이 번성하게끔 만들었고, 이 신흥 엘리트들의 자질은 결코 훌륭한 것이라고 말하기 어렵기 때문이다. 은행 빚의 상환을 거부하거나 협상을 통해 부채를 차감하는 일은 '복원하는 정의'의 요소를 어느 정도 갖추고 있다. 현재 이것은 다른 수가 전혀 없는 경우에만 수용되고 있다. 그런데 은행들은 파산을 시키고, 정부가 돈을 새로 만들어 모든 사람에게 일정한 금액을 주면 안될 이유는 무엇인가? 한때는 단순히 가난했지만 이제 극빈상태에 처해 있는 사람들에게 재기할(예를 들어서 땅을 사거나 사업을 시작할)―혹은 단지 쓸 수 있는―밑천을 주어서 안될 까닭이 있는가?

1919년에 경제학자 존 메이너드 케인스는, 제1차 세계대전의 폐허로부터 다시 일어서고 있던 나라들이 국내외적으로 복잡한 부채를 지고 있는 상황에 대해서, 전면적인 부채탕감을 신중하게 시행할 것을 주장했다. 그러나 그의 권고는 받아들여지지 않았고, 20년 뒤 유럽에서는 다시 전쟁이 일어났다. 현대의 부채상황은 (반드시) 전쟁의 결과는 아니지만, 그의 조언은 오늘날에도 유효하다. 아래에 인용한 구절은 현재에도 적절하기 이를 데 없다.

수많은 사람들의 삶을 저하시키고 나라 전체의 행복을 빼앗는 정책이라면 비록 그것이 가능하고 부를 만들어내는 것일지라도 혐오스럽다. 설혹 그것이 유럽 문명의 쇠퇴의 씨앗이 되는 일이 아니라고 해도 그렇다. 빚을 진 국가는 융자를 해준 나라를 사랑할 수 없으므로 호의를 기대하기는 어렵다. 한편 이 커다란 부채가 탕감된다면 국가들 간에 연대와 진정한 친선을 도모할 수 있을 것이다.

부채가 존재하면 금융 안정성은 반드시 위협을 받는다. 지금 유럽에서 부채상환 문제가 곧 중요한 정치적 문제로 비화하지 않을 나라는 하나도 없다. 국내 부채인 경우에는 양쪽 이해당사자가 있고, 문제가 되는 것은 국민들 간의 부의 분배이다. 그러나 국외 부채인 경우에는 사정이 다르다. 채무국에서 특정한 정부나 경제조직을 존속시키는 일이 채권국의 이해관계와 밀접하게 연결되어 있기 때문이다. 동맹이나 연합의 구속력은 빚을 져서 구속당하는 것에 비하면 아무것도 아니다.

유럽은 이 채무증서의 족쇄로부터 벗어나지 않는 한 다시는 운신할 수 없을 것이다. 전면적인 채무탕감은 반드시 필요하다. 이 일을 어느 정도 공정하고 평화롭게 실행하지 못한다면 부채는 결국에 큰불이 되어 사회의 다른 영역까지 전부 불살라버릴 것이다.

국내 부채의 경우에도 나는 부채를 소멸시키기 위한 자본과세가 건전한 금융의 절대적인 선행조건이라고 믿는 사람이다. 국가 간에 거대한 규모로 채무관계가 지속되는 것은 또다른 위험까지 내포하고 있다. 그런데도 은행가들은 거대하고, 틀림없이 억압적인 규모의, 현물자산으로 뒷받침되지 않는 (부채)시스템이 나라들 사이에 존재하는 것을 자연스럽고 타당하며 인간성과 일치한다고 믿는 경향이 있다.

나는 이 세계관에 의문을 갖고 있다. 국가의 부채에 관해 불만을 갖고 있는 국민들이 자신의 정의감이나 의무감으로는 결코 받아들일 수 없는데도 불구하고, 기꺼이 자신의 삶을 조정해서 그들이 매일 생산하고 있는 것의 상당부분을 외국에 진 빚을 갚기 위해 사용하는 일을 수용하려고 하겠는가.[102]

개혁 4: 돈, 자유, 민주주의

우리가 근대문명의 기초라고 믿는 세 가지 가치, 즉 민주주의, 자유, 평등은 경제학과 관련해서 공통점을 가지고 있는 것 같다. 앞에서 언급했듯이, 빚은 일종의 노예상태이다. 극빈은 더 나쁘다. 빈털터리 상태에서는 절망적인 형태의 자유밖에 없기 때문이다.[103] 돈은 오직 한 가지 종류의 자유만을 제공하고 다른 자유들은 훼손시킨다. 그러나 현대세계에서 돈 없이 행복하거나 잘 살 수 있는 사람은 많지 않다.

① 공평한 분배

새로운 돈의 공평한 분배—이것은 자산의 공평한 분배와는 전혀 다르다, 돈은 어떤 사람들의 손에서는 빠르게 떠나가고 어떤 사

---

102) John Maynard Keynes, "The Economic Consequences of the Peace" (1919), Project Gutenberg online.

103) "자유란 더 잃을 게 없다는 것을 뜻하는 또다른 표현이다"(Kristofferson & Foster, "Me & Bobby McGee").

람에게는 확실하게 재빨리 끌려가기 때문이다—는 모든 사람에게 적어도 공평한 기회를 허락할 것이고, 따라서 (민주주의를 어떤 식으로 정의하든 간에) 현재의 시스템보다는 확실히 민주적이다. 더욱이 사실 현대의 풍요는 대부분 기계가 생산한 것이므로 그 몫을 두고 서로 다투기보다는 나누어 가지는 것이 성숙한 태도일 것이다.

그런 선례가 역사 속에 존재한다. 리처드 레스터가 《화폐 실험》에서 예를 들고 있다.

"메릴랜드에서 1733년에 처음으로 지폐를 발행했을 때, 그중 대부분은 15세 이상의 주민 모두에게 개별적으로 일정한 금액을 나누어 주는 형식으로 분배되었다." 그런데 이것은 "식민지에서 발행된 지폐 중에서 가장 성공적이었다. … 그때까지 메릴랜드 주민은 거의 모두 담배 재배에 종사하고 있었다. …그러나 이제 밀도 재배되고, 도로가 청소되고, 다리가 건설되고, 도시가 생겨나고, 그렇게 하여 사회적·상업적 교류가 크게 증가했다."[104]

보다 최근의 사례에는, 제2차 세계대전 중에 전쟁포로 수용소 내에서 자연스럽게 등장했던 특수한 통화가 있다.[105] 수용소에서 배

---

104) Richard A. Lester, *Monetary Experiments,* Princeton University Press(Reprinted David & Charles, 1979), pp. 142~151. Gould, *Money and Transportation In Maryland, 1720-1765*(1915) and Mereness, *Maryland as a Proprietary Province*(1901)에서 재인용.

105) R. A. Radford, "The Economic Organisation of a P.O.W. Camp",

급되었던 적십자 구호물품 중에는 담배도 포함되어 있었는데, 이것이 수감자들 사이에서 일종의 통화로 합의가 되어, 물건 값을 매기거나 교환하는 데 사용되었던 것이다. 예상할 수 있듯이, 일부 재소자는 담배-통화를 잔뜩 비축한 부자가 되었다. 빈틈없는 거래나 혁신적인 장사 수완, 또 담배를 피워서 소모하는 행위도 모두 부의 재분배에 그만큼씩 기여했다. 물론 여기서 통화발행에 빚(부채)은 관련되지 않는다. 래드포드의 설명에 따르면, 빚은 기간도 짧고 규모도 작은 것으로, 즉석에서 생겼다가 이내 상환되어 사라지는 것이었다.

개별적 수입을 조사하거나 노동요건이라는 조건을 달지 않고 모든 시민에게 화폐가 지급되어야 한다는 다양한 제안들이 '기본소득'이다. 이렇게 지급되는 돈은 복지금을 대신할 것이고, 그것은 그 사람이 일자리를 갖고 있는지 실직상태인지 상관없이 모두에게 지급될 것이다. 기본소득은 새로운 돈을 분배하는 데 있어서 분명히 현재의 관행보다 공평하고, 해악도 적은 방식일 것이다. 국가로부터의 소득이 임금을 대체하는 것이 아니라 거기에 더해지는 것이므로 '빈곤의 덫'(빈곤층이 취업을 하면 그에 따라 정부 보조금도 줄어들어 결과적으로 생활수준이 변하지 않는 상태—역자 주)에도 빠지지 않는다. 그래서 놀라울 만큼 다양한 사람들(예를 들면, 미국의 전 대통령인 닉슨과 카터 등)이 '보장된 연간소득'이라는 이름으로 이

Economica, November 1945.

제안을 지지했다.[106]

　그러나 이런 유형의 혁신안들은, 자신의 잇속을 차리기에 바쁜 정부와 기업들의 반대뿐만 아니라 청교도적 관점에서도 (지금까지는 성공적으로) 저항을 받아왔다. 서구문명 안에는 빈자들은 제멋대로이고, 자격이 없고, 헤프다고 보는 강력한 시각이 존재한다.[107] 이들은 국가가 화폐를 발행하더라도 그것이 은행의 통제를 벗어나서 유통되는 것을 꺼리는 것 같다.[108] 왜 그런 것일까? 빈자들이 독립성을 되찾을까 봐 두려운 것일까? 부자들은 풍족함은 자신들만 누릴 수 있는 도덕적 권리라고 믿는 것일까? 액턴은 여기에 대해서 "성공을 신성화하는 것보다 위험하고 부도덕한 생각은 없다"고 말했다.[109]

---

106) Brian Steensland, *The Failed Welfare Revolution: America's Struggle Over Guaranteed Income Policy,* Princeton University Press, 2008.

107) Preserved Smith, *The Age of the Reformation*(1920). 금권력의 부상을 설명하는 장은 같은 주제에 대해 막스 베버가 쓴 《프로테스탄트 윤리와 자본주의 정신》(1905)만큼 흥미롭다,

108) 케인스는 새로운 돈을 우유병에라도 넣어서 땅에 묻어 숨겨둬야 한다고 생각했던 것 같다. 실제로 쓸 돈이 없는 궁핍한 사람들이 아니고서는 그렇게 숨겨둔 것을 찾는 수고를 하지 않을 테니까 말이다. '양적 완화'는 이것과 정반대라고 할 수 있다. 아래로 내려가면서 연쇄적으로 대출이 늘어나기를 바라면서 가장 꼭대기에 현금을 공급하는 것이기 때문이다.

109) Acton, *Lectures in Modern History: The Puritan Revolution.* 프로테스탄티즘과 자본주의의 관계에 대해 논하고 있는 고전들은 많다(베버, 토니). 청교도들은 하느님이 재능에 대한 비유(마태복음 25장)에서 자본주의를 재가하셨다고 말한다. 그러나 거기에 연쇄적 대출에 대한 언급은 없다. 기독교도들이라면 자신의 주인에게 빚진 자들의 채무를 면제해줌으로써 환심을 사려 한 것에 대해 칭찬을 듣는 불의한 청지기 비유(누가복음 16장)에도 주목해야 할 것이다.

② 상품화폐로의 회귀

돈의 기원은 선사시대로 거슬러 올라간다. 고고학자들에 따르면 금, 조개껍질, 소금, 쌀, 소 같은 물품들이 통화로 사용되었다. 이것들은 그 자체로 가치가 있었다. 금과 조개는 귀중한 보석과 장식품이었고, 구리는 선박 제조에 사용되었으며, 소금과 쌀, 소는 식량이었다. 이후 수천 년 동안 돈은 계속해서 그 자체로 가치를 갖는 것으로 제조되었다. 금속이 가장 많이 사용되었는데 그 이유는 다양한 크기와 무게로 주조될 수 있었기 때문이다. 이런 종류의 돈은 오늘날 '상품화폐'라고 불린다. 그것은 무(無)에서 만들어낼 수 없고, 그것의 돈으로서의 가치는 그것이 만들어진 재료의 가치와 크게 차이가 나지 않는다.

이런 상품들은 많은 경우 그대로 돈으로 사용되었다. 금속은 물론 주화로 제조될 때 변형이 되지만 보통 그 과정에서 큰 이익이 생겨나지는 않았다. 지폐가 생겨난 이후에도 그것이 금고에 있는 금은을 대변하는 동안에는 돈의 상대적 안정성은 유지될 수 있었다.[110] 그러나 앞에서 본 '금세공인 은행가'의 경우처럼, 금고에 있는 금괴보다 더 많은 채무증서가 발행되기 시작했을 때, 그때부터 걷잡을 수 없는 돈의 창조가 시작되었고 그 결과 소수의 사람들은 극도로 부유하게 되고 나머지 모두는 점차 빈곤해졌다.

많은 개혁안들이 통화의 안정성을 되찾을 길을 모색하면서, 금

---

110) 바로 이것이 리카도가 권장했던 시스템이다. 요즘식으로 표현하면 지급준비율 100퍼센트의 시스템이다.

본위제 혹은 실물 귀금속으로 뒷받침되는 돈으로 다시 돌아간다는
데 초점을 맞추고 있다.[111] 뒷받침되는 귀금속만 실제로 보유하고
있다면 누구나 자유롭게 통화를 만들 수 있어야 한다는 주장도 있
다.[112] 그러나, 귀금속에 기초한 통화시스템에도 큰 불평등과 복잡
한 사정이 있다. 다만 여기서 그것에 대해 논의하는 것은 불필요한
일일 것 같다. 우리가 말을 타고 다니던 시절로 돌아갈 것은 아니
니까 말이다.[113]

③ 명목화폐

오늘날 법이 '돈'으로 인정하는 것들은 대부분 단지 컴퓨터시스
템 속에 저장된 정보일 뿐이다. 파운드, 달러 등의 극히 일부분(보
통 3퍼센트)만이 지폐나 금속 주화로 만들어지는데, 액면가치와는
상관없이 싼 비용으로 제조된다.[114] 돈의 구매력이 그것이 실제로

---

111) https://cobdencentre.org. 리카도는 100퍼센트 지급준비율로 금을 보유하는
방식을 선호했다. 론 폴도 바로 이것을 주장해서 공화당 내선 후보로 기립 니 널 수
있었다.

112) 제임스 토빈은 이러한 주장을 비판했다(James Tobin, "Financial Innovation
and Deregulation in Perspective", *Monetary and Economic Studies*(Bank of
Japan), Vol. 3, Issue 2, September 1985).

113) 귀금속에 기초한 옛 통화시스템의 가장 나쁜 점은, 오늘날 석유를 두고 전쟁이
벌어지듯이 금을 둘러싸고 전쟁이 일어났다는 것이다.

114) 지폐와 동전은 정부가 제조해서 은행에 판매한다. "현금은 액면가로 그것을 요
청하는 은행이 잉글랜드은행에 보유하고 있는 계좌에서 그와 동등한 금액의 중앙은
행 전자화폐나 때로는 그 은행이 소유하고 있는 우량증권으로 교환된다. 상업은행
들은 서로 자산을 교환한다"(https://positivemoney.org/).

만들어진 재료와 관련이 없을 때 그것은 '명목화폐'라고 불린다. 오직 국가의 법령에 의해 돈으로 인정되는 것이다.[115]

우리의 과제는 명목화폐를 투명하고 공정하고, 관심을 가진 사람이라면 누구나 이해할 수 있는 방식으로 관리하는 것이다. 현재 행해지고 있는 방식(불투명하고 불공정하고, 그것을 관리하고 있는 자들도 이해할 수 없는)과 정반대로 말이다. 여전히 예금과 대출이 역할을 할 것이라는 점에서 설계는 자본주의적이지만 그러나 경기장은 자본 쪽으로 기울지 않고 평평해서 '자유-시장경제'라는 말에 얼마간 정당성을 회복시켜줄 것이다. '창조된 신용(빚)'이 아니라 예금으로부터 대출이 이루어지고, 예치금은 대출행위에서 만들어진 채무증서가 아니라 진짜 돈으로 보관될 것이다.

명목화폐의 큰 장점들—제조가 쉽고 거의 비용이 들지 않는다는 점, 금과 같은 특정 원자재와 무관하다는 점—은 주된 결점이기도 하다. 인쇄기를 돌리거나 컴퓨터 자판을 누르는 것만으로 어마어마한 양이 만들어질 수 있기 때문이다. 정부가 그렇게 할 때에는 하이퍼인플레이션이 초래된다. (특권을 누리면서) 은행가들이 그렇게 하면 엄청난 횡령이 합법화된다. 양측이 함께 그렇게 할 때에는 인간사회와 자연세계가 극한까지 유린된다.

명목화폐가 잘 기능한다는 점에는 의심의 여지가 없다. 오늘날

---

115) '진짜' 돈이 금화나 은화였을 때에는 지폐는 진짜 돈에 대한 권리에 불과했다. 그러나, 오늘날 지폐는 주화(금은)에 대한 권리가 아니다. 인위적으로 조절되어 희소성이 만들어지고, 법적으로 지불수단으로서 인정되기 때문에 가치를 갖는 것이 현금이다.

세계 대부분의 통화가 명목화폐이다. 문제는 시스템 자체가 아니라 제도의 오용에서 비롯된다. 그러나 그것을 오용하는 일이 그토록 쉽다는 점을 생각한다면, 남용되지 않을 것이라고 가정하는 것이 어리석은 일이 아닐까.

이미 유통되고 있는 것 이상으로 새로운 돈을 만들어서는 안된다는 주장도 있다.[116] 그렇게 되면 상품, 기대, 기호 등이 커지거나 줄어드는 데 따라서 돈의 가치가 변하게 될 것이다. 그 결과 최소 통화단위가 무가치하게 될 수도 있고, 반대로 더 작은 통화단위가 새로 도입될 수도 있다. 이 정책이 채택된다면 금융기구들에 의한 돈의 창조는 분명한 범죄가 되고, 정부에 의한 통화발행도 헌법에 의해 폐기될 것이다. 다만 이때에는 돈의 가치가 항상 변한다는 문제가 생긴다. 인플레이션(통화팽창)과 디플레이션(통화수축)이 그에 따라오는 각종 문제들과 함께 일상적으로 일어날 것이다.[117]

구매력의 안정성(돈이 일정한 가치를 유지하는 것)이 목표가 된다면, 때로는 돈을 만들어야 하고 때로는 돈을 파기해야 한다. 그런데 은행들이 이 일을 하는 것이 허용되지 않는다면 어디에서 그 일을 할 것인가?

정부는 (재무부와 중앙은행을 통해서) 은행에 의해 만들어지는 돈의 양을 조절하려고 시도한다. 그러나 은행이 돈을 만들어내는 것

116) "…돈에 대한 수요의 변동은 돈의 구매력의 변화로 언제든 대응할 수 있다"(Detlev Schlichter, *Paper Money Collapse*(2011), p. 33).
117) 통화안정성의 이점에 대해서는 다음을 보라. Dennis Robertson, *Lectures on Economic Principles,* Vol. 3, pp. 31ff.

자체를 허용하지 않기로 하면 이 역할은 필요 없어질 것이다. 그런데 만약 화폐창조의 임무가 '정부'의 역할이라면, 이것을 어떻게 제도화하고, 통제하고, 책임을 지게 만들 것인가?

통화공급을 정부가 관리해야 한다고 주장해온 것으로 잘 알려져 있는 두 경제학자—리카도와 시몬스는 정부가 얼마나 나쁜 길로 쉽게 빠지는지 충분히 알고 있었다. 그래서 이들은 둘 다 안정된 통화를 공급하기 위한 별도의 기관, 즉 행정, 입법, 사법기관에 더하여 네 번째 권력기관을 설립하는 방안을 지지했다.[118]

사법제도처럼 통화공급을 통제하는 일도 입법, 행정과 분리된 권력기구가 맡아야 한다는 주장은 확실히 타당하다. 그것을 의회와 은행들에 맡긴 결과는 재앙이었으니까 말이다. 사법제도처럼 그것은 투명하고, 진정한 민주적 요소를 갖추고 있어야 한다. 즉 추첨으로 선발된 위원들이 모여서 숙고를 하며 또 실질적인 결정권을 가져야 한다.

정부가 스스로 사용하기 위한 돈을 만들어낼 때 그것은 또다른 형태의 세금이나 마찬가지가 된다. 통화가치가 절하되고 모든 사람이 더 가난해진다.[119] 정부는 전쟁, 복지, 보건, 도로, 사회복지사업, 외교, 교육, 경찰, 상비군 등 다양한 활동을 위해 자원을 징발

---

118) 리카도의 경우: "Plan For The Establishment of a National Bank"(1823), *Works*, Vol. 4(Liberty Fund Edition). 시몬스의 경우는 이 장의 후반부 참고.

119) 각자가 보유한 재산에 비례해서 모두에게서 조금씩 가져가기 때문에 이것은 진정한 의미의 누진세가 될 수도 있다. 그런데 화폐는 다른 화폐와 환전이 가능하므로 손쉽게 회피할 수 있는 세금이 되기도 한다.

해간다. 정부지출의 일부는 사회가 합의한 공익을 위해 사용되지만, 일부는 다음 선거에서 표를 얻기 위한 일에 쓰이고, 또 어떤 부분은 국민을 더 순종적으로 만들기 위한 작업에 사용된다. 신설될 기관에서는 이런 활동이 모두 적절한 것인지, 효율적으로 집행되었는지, 국가가 해야 할 일이었는지, 아예 하지 않는 것이 낫지 않았는지 토론에 붙여질 수 있다(토론에 붙여져야 한다). 그러나 이런 사업들을 위한 자금은 은밀하게 조성되어서는 안된다. 우리는 항상 경제학자 바스티아의 말—"국가라는 허구적 실체에서 모든 사람은 타인을 희생시켜 자신이 살아갈 방법을 찾는다"[120]—을 마음에 새기고 있어야 한다.

'정부가 우리의 돈을 어떻게 사용해야 하는가'라는 질문은, 순전히 돈이 일정한 가치를 갖도록 하기 위해서 돈을 얼마나 많이 만들거나 파기해야 하는가라는 단순한 질문과는 다른 것이다. 그것은 별개의 권력기관의 소관이 될 것이다.

그런데 이 독립된 기관은 어떤 사람들로 구성할 것인가? 정당 인사들 중에 선발해서는 안된다. 정당은 본성이 편파적이기도 하지만 남의 돈을 자신의 것인 양 제공하면서 유권자들의 표를 얻으려고 하는 성향을 갖고 있기 때문이다. 기성 조직에서 사람을 데려와도 안된다. 그들에게 유리한 결정을 내릴 테니까 말이다. 오직 집단으로서의 대중만이 특권이 개입되지 않게 할 것이라고 기대할 수 있다. 따라서 국민 중에서 선출한 배심원이 명백한 답이다. 이

---

120) "L'Etat"(1848).

것은 사법계에서 이미 수백 년간 시험을 거친 제도이기도 하다. 배심재판에서처럼 위원들은 투표로 결정을 내리기 전에 전문가와 이해당사자들의 진술을 들을 수 있고, 유능한 판사가 내용을 요약해서 제시해줄 것이다. 물론 그토록 중요한 임무를 위해서라면 배심원단은 수백 명으로 구성될 수도 있다.

한편 '특권'이 법으로 금지되면 부수적인 혜택도 있다. 국민 모두가 특권을 누릴 수 있게 된다. 그런데 선거대의제가 특정한 하나의 계층에 의한 다른 계층의 억압을 야기할 수 있듯이, (진정한) 민주주의도 한 나라가 다른 나라를 억압하는 결과를 초래할 수 있다.[121] 가령 아테네와 스위스는 대내적으로는 진실로 민주적이지만 대외적으로는 억압적인 국가로 악명이 높았다.[122]

바로 그런 이유로 인해서도 은행업은 (이미 어느 정도 그렇기는 하지만) 국제적 합의에 의하여 통제를 받아야 한다. 우리에게 필요한 변혁은 한마디로, 현행 시스템으로부터 이득을 보는 자들에 의해서가 아니라 민중의 이해와 동의하에 법과 규제가 만들어지는 것이다.

---

121) "다수파나 혹은 항상 다수를 점하지는 않는 정당이 강압, 사기를 통해 선거에서 승리하는 '다수의 독재'"(Acton, "The History of Freedom in Antiquity"(1877)). 예는 5장을 참고.

122) Benjamin Barber, *The Death of Communal Liberty: A History of Freedom in a Swiss Mountain Canton,* Princeton University Press, 1974, pp. 148~156. 스위스의 예는 16~18세기에 발텔리나 세력이 그라우뷘덴 지역을 지배한 것이다. 아테네 민주주의에 의한 제국주의적 만행으로 가장 잘 알려진 것은 멜로스섬 학살 사건(기원전 416년)이다.

대공황 기간 동안(대략 1929~1939년) 헨리 C. 시몬스는 건전한 은행업과 금융시스템으로 옮겨 가기 위한 면밀한 전략을 설계하여 제시했다. 당시에도 정부의 정책은 지금처럼 은행의 특권은 개혁하지 않은 채 경기회복을 자극하려고 애를 쓰고 있었다. 상품들은 엄청나게 많이 생산되었지만 보통사람들은 그것을 살 돈을 갖고 있지 않았다. 그때에도 은행들은 대중의 비난을 받았지만 정부들의 비호를 받고 있었다. 예나 지금이나 돈을 공평하게 만들어낸다는 관념은 권력을 가진 자들로서는 절대로 용납할 수 없는 것이다.

시몬스는 정부는 쉽게 부패한다는 현실을 직시하면서, 돈을 만들어내는 일은 국민의 감시와 숙고를 거쳐야 한다고 주장했다.[123]

시몬스에 의하면, 신설된 통화 담당기관은 "경화(硬貨)의 양(화폐의 가치)을 조절하는 책임을 직접 전적으로 져야 한다(그것은 폭넓은 재량권이 아니라 법률로 된 단순하고 명확한 규정에 따른 것이어야 한다)."[124] 규정은 단순할 뿐만 아니라 "민중의 강력한, 지속되어 온, 만연한, 타당한 정서를 반영"해야 한다.[125] 그렇게 되면 민중은 어떤 일이 벌어지고 있는지 관심을 갖고, "행정과 집행 과정에서 장난"이 일어나지 못하도록 압력을 행사할 것이다. 이 기관은 국가 내의 독립된 권력기구로서, 통화공급량을 조절함으로써 물가 안정을 추구한다는 유일한 목적을 갖고 운영될 것이다.

---

123) Henry C. Simons, *Economic Policy for a Free Society*(University of Chicago Press, 1948), pp. 181~182.

124) Simons, pp. 57, 181~183.

125) Simons, p. 181.

이 과정은 복잡하지 않다. 시몬스에 따르면, 시스템 속에 돈이 지나치게 많으면 이 기관이 정부로 하여금 세금을 인상하여 돈이 동결되게 하고, 유통되고 있는 돈이 충분하지 않을 때에는 돈을 만들어서 사용하도록 정부에 명할 것이다.[126] 오늘날 정부들은 으레 국내총생산(GDP)의 30~50퍼센트 사이를 지출하고 있으므로 조정할 수 있는 폭은 충분하다. 정부가 돈을 어디에 쓸 것인가 하는 것은, 기존의 정치 메커니즘에 의해 통제될 별개의 문제이다.

시몬스는 민간에 의한 통화창조 억제 정책이 얼마간의 실망스러운 측면도 동반할 것이라고 생각했다. 사기꾼들의 독창성은 항상 법보다 한 걸음 앞서가기 때문이다.[127] 그러나, 진정으로 민주적인 관리 아래에서 그런 행위들은 곧바로 간파되어 중단될 것이다.

새로운 속임수가 등장하는 일을 선제적으로 방지하기 위하여, 시몬스는 재산법을 개혁해야 한다고 보았다. 겹겹의 채무증서들이 돈을 만들어내는 데 이용되고, 또다른 종류의 사기행각을 감추는 데 사용되지 못하게 하기 위해서이다.[128] 새로운 재산법에서는 다

---

126) 시몬스는 경제학 용어를 써서 이렇게 표현했다. "정부지출을 통해서 구매력을 만들어내고 다시 과세를 통해 구매력을 떨어뜨리는 정부의 힘(실제 화폐와 돈으로 통용될 수 있는 보증채의 발행을 확대하거나 축소하는 힘)은 물가통제의 적절한 수단이다"(*Economics for a Free Society*, p.175). 현재 대부분의 돈이 전자적으로 기록된 숫자(금속이나 지폐가 아니라)로 구성되어 있다는 사실은 별로 중요하지 않다. 그래도 여전히 돈이기 때문이다.

127) "금지되어 있는 관행들이, 아직 법으로 금지되지 않은 새로운 형태로 다시 등장하는 것"(p. 172).

128) Simons, p. 38.

른 사람이 소유하고 있는 돈과 채무증서를 담보로 금융인들이 서로 허가받지 않은 계약을 체결하는 일(상업적 관례를 따르는 것이긴 하지만 재산법의 기본원칙과 상충하는)을 금지할 것이다.[129]

시몬스는 은행의 두 가지 전통적 기능은 분리되어야 한다고 말했다. 실제의 돈을 받아서 보관하고 이전하는 기능을 수행하는 은행과, 실제의 자산에 대해 장기대출을 제공하는 두 종류의 은행이 따로 있어야 한다고 보았다.[130] 이렇게 되면 사기적인 돈의 창조 수법을 감추는 일이 더욱 어려워진다.

금융회사들이 돈 밀조(密造) 방법을 창안해내는 것을 억제하기 위해서는, 기업의 차입 한도를 개혁하는 것으로 충분하다고 시몬스는 말한다.

"이러한 개혁안이 현실성이 없다고 말하는 사람이 있다면, 그것이 실질적으로는 기업들의 권력을 대폭 제한하자고(이것은 다른 중요한 측면에서도 대단히 바람직한 일이다) 요구하는 것에 불과하다는 사실을 지적할 수 있을 것이다."[131]

시몬스는 다른 경제학자들을 염두에 두고서 책을 썼다. 자신의 주장이 그들에게 영향을 주고, 그들이 정치에 영향을 미칠 수 있을 것이라고 생각했다. 그러나, 그의 동료들은 하나둘 기업이나 정부로부터 보수를 받고 '은행업의 특권'이라는 문제에 대하여 입을 다

---

129) 법이 인정하지 않는 재산권에 근거한 매매계약은 효력이 없다.

130) Simons, p. 171.

131) 같은 곳.

물어버렸다. 시몬스는 1946년에 스스로 목숨을 끊었다. 한편, 대공황은 2차대전의 참화(엄청난 규모로 고정자산이 파괴된 것)로 인해 결국 흐지부지 종식되었다.

우리는 헨리 C. 시몬스의 제안을 더 발전시킬 수 있을까? 그의 제안은 그 자신이 생각했던 것처럼 '비현실적'이었던 것일까? 대출은행과 투자은행을 분리한다는 아이디어는 유럽과 북미에서 다시 정부정책의 관심사로 부상했다. 1997년 영국 통화정책위원회(MPC)의 창설은 시몬스가 제안했던 독립적 기관의 설립을 향한 첫 걸음으로서 후일에 평가될지도 모른다. 그러나 여전히 필수적인 요소들이 누락되어 있는데, 그것은 민중이 어떤 일이 일어나고 있는지 친숙하게 이해하고 인정하는 일이 바탕이 되어야 한다는 것과, 특권을 뿌리뽑는 일을 가능하게 할 진실로 민주적인 절차이다.

보통사람들로 구성된 배심원단이 신중하게 숙고한 뒤에, '부채'로서의 돈을 새로 추가로 97퍼센트나 만들어내는 일을 은행들에게 허가해줄 것이라고는 생각되지 않는다.

제 5 장

세계로 수출된 대의정부

앞서 우리는 영국과 프랑스 그리고 미국에서 출현해 성장한 선거대의제에 대해서 살펴보았다. 그리고 민주주의를 '민중에 의한 통치'라는 뜻으로 이해한다면, 수식하는 말은 그럴듯해도 정부형태로서 선거대의제의 실상은 별로 '민주적'이지 못하다는 사실을 알 수 있었다. 그럼 다른 나라들로 전파된 선거대의제는 좀더 민주적이었던가?

선거대의제가 민주적이라는 신화는 정말로 강력한 것이어서, 압제의 손아귀에 놓여 있는 민중들이 거듭해서 무장반란을 일으키도록 고무하는 역할을 했다. 독재자에 의한 통치는 최악의 정부형태가 되는 경향이 있다는 사실을 감안한다면 그것은 전혀 놀랍지 않다. 살인을 하고 고문을 하는 독재자나 부패한 정치인들을 투표로 쫓아낼 수 있는 자유가 주어지는 세상이란 독재 치하의 민중들에게는 낙원과 같이 여겨질 것이다. 그러나 과연 선거가 민주주의를 가져오는가?

다른 나라들로 전파된 형태의 선거대의제 역시 영국에서의 모델과 공통된 특징을 다수 가지고 있다. 그러나 이 나라들에서는 대의정부가 갑작스럽게 불시에 도입된 경우가 많았고, 그 과정에서 몇 가지 특징이 더욱 두드러지게 되었다.

바로 그런 특징 중의 하나가, 분열을 초래하는 선거대의제도의 특성이다. 정당은 이해집단을 대표하며 그들이 서로 반목하게 만들고, 선거는 그들 중 하나가 나머지 모두를 지배할 수 있다는 기대를 하게 만든다. 다양성의 사회에서는 종교, 계급, 인종을 기준으로 특별히 나뉘는 이해집단이 존재하지 않을 것이다. 그러나 뚜렷하게 층이 나뉘는 국가들에서는 정당은 극단적으로 인종차별주의적이고 종파주의적이며 계급적인 입장을 가질 수 있다. 가령 이란의 2009년 선거결과를 보면, 중산계급과 빈민층이 완전히 두 편으로 나뉘어 투표를 했다(그 결과 가난한 사람들의 후보가 승리했는데, 이 결과에 세계는 겁을 집어먹었다).

분열적 정당정치는 더욱 극단적인 경우 분리독립이나 내전, 심지어 대량학살까지 초래했다. 독일에서는 1919년 통치권이 선거로 구성된 의회에 이양되었는데, 1932년과 1933년의 선거에서 나치당은 인종차별적 의제를 가지고 다른 어떤 당보다 많은 표를 얻었다. 그에 뒤따른 일은 현대사에서 가장 잘 알려져 있는 일련의 사건들로, 그때까지 인류역사상 가장 참혹한 재앙이었다.

유고슬라비아의 사례를 보자면, 공산주의 독재자 티토가 여러 언어와 종교로 분열되어 있는 나라를 하나로 통합하고 있었지만, 그가 무대에서 사라지자 이 나라는 선거대의제를 도입한다. 그리고 종파주의적 정당들은 증오와 집단살육을 선동함으로써 표를 얻고자 했다.

르완다의 경우 1961년에 다당제 선거대의제가 도입된 이후로는 투트시족(族)에 의한 통치가 지속될 수 없었다. 그런데 후투족이 인구의 80퍼센트에 육박하면서 권력투쟁은 후투족 내의 싸움이 되었고, 표를 두고 벌어진 당쟁에서는 투트시족에 대항하는 인종주의적 수사(修辭)들이 난무했다. 그 결과가 1994년의 대학살이다.

대량학살이라는 측면에서 본다면 일반적으로 선거대의제는 좋은 성적표를 갖고 있지 않다. 곰곰이 숙고해볼 만한 일련의 사건들이 많이 있는데, 그 시작은 1794년, 처음으로 완전히 선거로 구성되었던 정부에 의해 프랑스 방데에서 자행된 유럽 최초의 집단학살(첫 번째인지 아닌지에 대해서는 논란이 있다)이다. 터키에서는 1908년에 처음으로 다당제 선거들이 치러졌다. 그리고 승리한 당은 1915년, 아르메니아인들 및 기타 소수집단에 대한 집단학살을 부추겼다.[1] 수단은 1953년에 최초의 선거를 치렀고, 수많은 인명이 살상된 내전은 1955년에 시작되었다. 영국과 미국은 둘 다 투표로 선출된 대표들로 구성된 초기 정부 시절에 — 아메리카 선주민, 아일랜드인, 오스트레일리아 원주민에 대하여 — 오늘날에 와서는 많은 사람들이 집단학살이라고 인정하는 일에 관여했다. 인도와 파키스탄이 분리독립하던 시기(1947년)에는, 대략 100만 명에 이르는 이슬람교도와 힌두교 신자들이 선거로 구성된 정부가 상대편에 의해 장악될 것을 우려하여 도주하다가 죽음을 맞았다.

마이클 만은 이 주제와 관련된 자신의 저서에서(이제 고전이 된 이 책에서 그는 '민주주의'를 '다당제 선거대의제'와 같은 의미로 사용하

---

1) Aykut Kansu, *The Revolution of 1908 in Turkey* (1997). 앞서 1876년에 선거를 통해 민중의회(meclis-i umumi)가 구성되었으나 그것은 "군주제나 관료체제와 비교하여 진정한 권력"을 한 번도 갖지 못했다(p. 2).

고 있다), 집단학살은 역사 속에서 늘 있었던 일이라는 점을 강조하고 있다. "우리는 현대세계에서 민주주의와 인종청소 사이에 전반적으로 존재하는 단순한 관계를 찾아내지는 못할 것이다."[2] 그러나 (대의)민주주의에서는 "다수가 소수를 압제할 가능성이 상존하며, 그로 인해 더욱이 특정한 다민족 환경에서는 훨씬 더 불길한 결말을 가져온다."

마이클 만은 집단학살을 선거대의제 정부가 초기에 나타내는 특징 중의 하나로 보고 있다. 시간이 흐른 뒤에야 상황이 진정되고 정치이론가들이 '성숙한 민주주의'라고 부르는 것이 된다는 것이다. 마이클 만은 이렇게 말한다.

안정되게 제도화된 민주주의사회는 민주화 과정에 있거나 권위주의적인 정권들보다 대량살해를 자행할 가능성이 낮다. 선거와 다수에 의한 통치뿐만 아니라 소수를 위한 제도적 보장도 단단히 자리를 잡게 되기 때문이다. 그렇지만 그들의 이력은 썩 고결하지 않다. 그런 민주주의사회 대부분이 사실상 단일 인종으로 구성된 현재의 시민사회를 만들어내기까지 적지 않은 인종청소를 해왔던 것이다. 과거에는 [인종]청소와 민주화가 동시에 진행되었다. 즉 자유민주주의는 인종청소 위에서 건설되었다. 물론 식민지가 아니었던 곳에서는 대량살해가 아니라 제도화된 강

---

2) Michael Mann, *The Dark Side of Democracy: Explaining Ethnic Cleansing*(2004).

압의 형태를 취했다.

이것은 대량학살이 '대의민주주의'라고 불리는 것의 이를테면 원죄라는 사실을 말해주고 있다.[3]

같은 주제에 관한 또다른 중요한 저작에서, 에이미 추아는 선거정부하에서는 부유한 소수자들이 국가로부터의 공격에 취약하다는 점을 강조하였다. 공통적으로 집단학살의 공격을 받았던 나치 독일 치하의 유대인, 동남아시아의 중국인, 서아프리카의 레바논인들이 예로 제시되고 있다. 또한 스리랑카의 타밀족 그리고 아프리카에서 전통적으로 지배계층을 구성했던 종족들도 언급된다.[4]

그러나, 이런 일들에 대해서 '민주주의'를 탓하는 것은 사칭한 사람이 저지른 범죄에 대해서 무고한 당사자를 비난하는 것과 같다. 진정한 민주주의의 속성을 가진 사회들—고대 아테네, 로드아일랜드 식민지정부, 현대 스위스—은 (다른 잘못은 있을지 몰라도 적어도) 국내 소수집단의 몰살에 나서지는 않았다. 오히려 반대로 그들의 정치질서는 특별히 국내 분쟁을 회피하기 위한 목적에 맞춰 만들어져 있다.[5] 진정한 민주주의사회들은 분열을 초래하는 것이

---

3) 나중에야 소수민족 집단과 관련하여 새로운 윤리가 도입되는 것처럼 보이는데, 그것은 한편으로는 이주노동자들이 많아졌기 때문이고, 그리고 다른 한편으로는 엄청난 재산을 보유한 이민자들로 인해서였다.

4) Amy Chua, *The World on Fire* (2003).

5) 울프 린더의 책 《스위스 민주주의》(1994)의 부제는 '다문화 사회 내의 갈등에 대한 유효한 해법들'이다.

아니라 통합하는 특징을 보인다.

아테네는 몇 개의 부족이 하나로 통합되어 건설된 나라였는데, 민주주의를 건립한 클레이스테네스는 부족 간의 알력을 피하기 위해서 아테네 시민들을 다시 나누고 재분류했다.

초기 미국 식민지 로드아일랜드를 건설한 사람들은 바로 자신들이 유럽으로부터 피해 왔고 이웃 식민지들에서 여전히 격렬하게 벌어지고 있던 종교폭력을 방지하기 위해서 그들의 헌법을 민주적으로 설계했다(1644년, 1647년, 1663년). 그들은 토착 아메리카인들로부터 땅을 (빼앗는 대신) 구매했으며, 이웃한 매사추세츠와 코네티컷에서 정착민과 토착민 간에 전쟁이 일어나면서 독(毒)이 풀리기 전까지는 아메리카 선주민과 좋은 관계를 유지했다.

스위스는 네 가지 언어를 모어(母語)로 사용하는 세 개의 인종집단으로 구성되어 있는데, 수많은 종파들을 수용하고 다양한 정치적 전통들을 통합하는 정책을 채택하고 있다. 그리하여 수세기 동안 대체로 국내적으로 평화를 유지하고 번영을 누리며 살아왔다.[6]

'수출된' 형태의 신거대의제에서 두드러지는 두 번째 특징은, 신흥 엘리트들에 의해 나라가 전용되는 길이 열린다는 점이다. 이미 100년 전에 메이틀랜드가 했던 예언—유권자들이 법에 대한 지식을 쌓지 않으면 그들에게 불리하게 법이 사용될 것이라던—은 이후 전 세계에 출몰하는 유령이 되었다. 선거대의제의 해외 모델에

---

6) 1847년에 스위스는 잠시 내전을 겪었다. 사상자가 매우 적었기 때문에(사망자는 100명이 안된다) 비스마르크는 '토끼사냥'이라는 경멸적인 표현을 썼다(James McPherson, *A Very Civil War: The Swiss Sonderbund War of 1847*(1993)).

서도 국내(영국) 모델에서와 마찬가지로 시민들은 엘리트들에게 도둑맞기 쉬운 만만한 상대라는 것이 증명되었다.[7]

서방세계에서 은행에 의해 돈이 창조되는 과정에 대해서는 4장에서 설명했다. '신생'국가들이 서구 은행·금융시스템에 편입되면서, 서방 투자자들은 값싸게 창조된 돈으로 신생국들의 자산을 매입할 수 있었다. 2차대전 이후 그런 기회는 두 차례에 걸쳐 생겨났는데, 첫 번째는 서구 제국들(영국, 프랑스, 포르투갈, 네덜란드)의 몰락이었고, 두 번째는 소련제국의 붕괴였다.

식민지들이 독립하자 옛 식민권력들은 이윤을 내는 (식민지) 시장과 원자재에 계속해서 접근할 길을 찾고자 혈안이 되었다. 한편 식민지에서 새로 선거를 통해 구성된 정부들은 그런 허가를 내어주고 자기들에게 수익성 좋은 계약을 하고 싶은 유혹을 받았다. 그리고 이런 이해관계들은 곧 단순한 공식으로 발전한다―원자재에 대한 접근을 허용해주는 대가로 신생 정부들은 돈과 무기를 공급받는다(이때쯤이면 이 나라들은 이미 대부분 다시 선거를 폐기한 뒤였다). 부패가 더 진행되면 '국민의 이름'으로 받은 돈이 곧바로 정부 각료 개인들의 은행계좌로 입금되었다(그런 계좌는 언제나 서방 은행에 있는 계좌였다).

그리하여 많은 나라에서 식민주의에서 탈식민주의로의 이행은

---

7) 에드윈 뮤어의 말기 작품인 〈보통사람의 발라드〉(1960)의 일부를 인용한다. "배신자들에게 저주를 퍼붓노라/우리의 좋은 이웃 보통사람들을 파멸시킨 자들이여/그들은 그들만의 평화를 위해서 평화를 해쳤고/무지한 어릿광대들을 달콤한 말로 기만하며 재산을 털어갔다."

여우를 피하려다 호랑이를 만나는 격이 되었다. 한 차례 투표를 한 뒤 민중은 기관총에 의해 저지당하게 되었고, 외부 권력들로부터 후원을 받은 그들의 깡패 집권세력은 자국 국민들을 공포에 떨게 하고 살해도 자행했다. 이런 일들이 여러 곳에서 연달아 진행되었고 지금까지도 많은 나라에서 이런 일들이 벌어지고 있다. 물론 이것은 서방 권력들의 묵인하에 이루어지는 일이다. 서방세계는 지난 수십 년 동안 자제하지 못하고 그런 일에 동참해왔다.

서구 은행들은 상대가 과거에 공산국가였던 '신생'국가들인 경우에는 정부가 아닌 정당의 거물급 인사들과 거래를 했다. 그렇게 하여 명목상 '인민'이 소유하는 자산들이 이들 은행에 헐값에 팔려나갔고, 그 수익은 은행, 투자자들 그리고 과거의 당 기관원들이 나눠 가졌다. 예전에 정당의 중진 인사들이었던 이들은 갑자기 부유해지면서 새로운 엘리트들로 부상했다.

은행들의 활약만으로도 세상은 충분히 나빠졌는데, 부채(창조된 신용) 제공과 상환을 관리하기 위한 목적으로 국제기구들—세계은행, 국세통화기금(IMF) 외에도 다양한 공적수출신용기관들이 건립되었다.[8] 국내의 기구들은 이들과 경쟁할 수 없었다. 연줄도, 경험도, 제도도, 돈을 빌리기 위해 필요한 담보물도 갖고 있지 않았기 때문이다.

미국은 2차대전 말기부터 서방세계에서 패권을 갖게 되었고, 그

---

8) 다음을 보라. Bruce Rich, "Exporting Destruction" in Steven Hiatt, ed., *A Game As Old As Empire* (2007).

리고 이 힘을 노골적으로 혹은 은밀하게 사용하여 다른 나라의 국내 정치에 개입했다.

미국을 '자유와 민주주의를 수호하는 투사'라고 믿는 사람도 있을 것이다. 그러나 그러한 신념을 잠깐 제쳐두고 편견 없이 볼 때 오늘날의 세계를 이해할 수 있는 가능성은 크게 열린다. 미국이 세계의 끔찍한 독재정부들을 얼마나 많이 지원해왔는지 살펴보고, 또한 다른 나라의 선거가 (미국의 입장에서) '틀린' 결과를 도출했을 때 미국이 행동을 취하여 선거결과가 (공개적으로나 비밀리에) 뒤집히는 일이 비일비재하다는 사실을 염두에 둔다면, 세계정세에 미국이 개입하려고 하는 시도들에 대해서 다각적으로 이해하는 것이 올바른 방식인 것 같다.

실망한 보수주의자의 설명이든[9], 사실에 기반한 서술이든[10], 열정적이고 래디컬한 해석이든[11], 어떤 문헌을 읽어도 미국 정치가 내세우는 '숭고한 태도'[12]와 그들의 진짜 동기(결과는 말할 것도 없다) 사이에는 커다란 간극이 있다는 인상을 독자는 갖게 된다. 외부 관찰자들이 도무지 이해할 수 없는 것은 그러한 간극과 그것을 용인하는 미국 대중(문화)이다. 미국은 국가정책에서 지성적인 인도주의의 목소리는 배제하고 시장의 목소리만 갈수록 많이 반영해

---

9) George Kennan, *American Diplomacy* (expanded edition, 2012).

10) Stephen Kinzer, *Overthrow* (2007).

11) William Blum, *Rogue State* (2002), *Killing Hope* (1998), *America's Deadliest Export: Democracy* (2013).

12) George Kennan, *American Diplomacy* (2012 edition), p. 180.

왔고, 그에 따라 미국이라는 나라는 물론이고 세계에도 비극적인 결과가 초래되었다.[13]

미국은 제2차 세계대전이 일어나기 훨씬 전부터 이미 자신들의 제국적·상업적 이해관계를 위해서 다른 나라 정부를 전복하곤 했다. 예를 들어 1898년에는 대부분의 기업 로비스트들이 반대했음에도 '사업적 이익'을 구실로 스페인과 전쟁에 돌입했다.[14]

결국 미국은 모든 제국이 봉착하는 문제에 마주하게 된다. 즉 다른 나라들의 독립적인 제조·교역 능력을 북돋워서 동맹국들의 힘과 자립을 강화시키는 쪽으로 대외정책의 방향을 잡아야 할 것인가, 아니면 다른 나라들을 지배, 약화시키고 착취하면서 항상 제국의 일방적인 이익만을 추구해야 할 것인가.

후자의 원칙이 1898년에 승리를 거둔 뒤, 이것은 미국 정권의 상층부에서 한 번도 심각하게 도전을 받은 적이 없는 것 같다. 미국 제국은 마치 '제국'이 아닌 것처럼 행세하려고 든다. 요컨대 영토를 직접 탈취하여 관리하지는 않으면서 (그리고 항상 성공하는 것은 아니지만) 정세를 자신들에게 유리하게 공개적으로 혹은 비밀리에 조작하려고 한다.[15]

---

13) 미국의 대중은 일반적으로 그들의 정부가 다른 나라들에서 살인, 고문, 체제 불안정과 민간의 폭력을 조장하고 있는 데 대하여 놀라울 만큼 관대하다. '도덕적 다수파'는 침묵할 뿐이고 여기에 대해 격분하는 것은 급진주의자들뿐이다.

14) Julius W. Pratt, "American Business and the Spanish-American War" in *American Imperialism in 1898* (1955).

15) 역사적으로 미국이라는 나라는 제국과 군주에 반대하며 건국되었기 때문에 지금도 스스로를 제국으로 인정하는 것에 대해 저항감을 갖는다는 것이 일반적인 해

이제 다른 나라들의 국내 정치와 관련하여 미국이 관심을 갖는 문제는 사실상 이것 하나뿐이다. 이러저러한 나라들에서 어떤 형태의 정부가 들어서는 것이 '미국의 이해관계'라고 불리는 것, 즉 금권정치가들이 수익성을 내기에 가장 좋은가?

미국의 외교정책은 개별 국가의 경제개발 수준에 따라서 두 가지 방식으로 전개되었다. 상대 국가가 충분히 번영하고 있다면(그 나라의 시장에서 나오는 기회가 그 나라의 천연자원이 갖는 매력보다 크다고 판단되면) 그런 나라에서는 선거가 치러지도록 부추겨진다. 왜냐하면 대의정부가 미국의 시장에 대한 접근을 가장 잘 제공하기 때문이고, 또한 혹시 '틀린' 정당이 당선되더라도 (미국이 개입하여) 체제를 불안정하게 하거나 통치자를 권좌에서 물러나게 하거나 살해하여 문제를 처리할 수 있기 때문이다.[16] 한편, 원자재에 대한 접근이 가장 중요하다고 판단되는 경우에는 독재자를 세우는 것이 가장 좋은 방법이다("그는 악당일지 모르지만 우리 편 악당이다"라는 것이 에이브러햄 링컨 이후의 여러 미국 대통령들이 보여주었던 입장이었다).[17]

그 결과로 등장한 미국의 '독재정권 고객'들은 인류역사상 가장

석이다.

16) 미국 기관들이 저마다 서로 다른 이해관계를 도모하면서 미국 외교정책에 혼선이 발생하는 경우도 비일비재하다. 그 결과 어떤 경우에는 내전이 일어난 나라의 양쪽 진영에 모두 무기를 지원함으로써 참혹한 인명피해를 유발하기도 했다. 파나마의 마누엘 노리에가의 경우가 잘 기록되어 있는 예이다.

17) 2012년 12월 '아랍의 봄'은 몇몇 이슬람 국가들이 후자에서 전자의 부류로 재분류되었다는 사실을 나타내는 것으로 보인다.

끔찍한 만행을 저질렀고, 이렇게 '은밀한 제국'은 노골적인 제국보다 훨씬 더 나쁠 수 있다는 증거를 인류사에 확고히 남겼다.

'미국'이라는 말을 미국 국민을 가리키는 뜻으로 사용한다면, 이러한 외교정책을 통해서 미국이 얻은 것은 없다. 수혜자는 실업계 권력자들이었다. 이들은 공장을 해외로 이전하여 이익을 확대하는 한편으로 미국 시민들로 하여금 빚을 지게 만들어서 수익을 챙겨왔다.[18]

세계가 미국에 대해 보여준 엄청난 호의를 미국은 꾸준히 조금씩 탕진해왔다. 동시에 "옳든 그르든 조국을 지지한다"는 의무가 전통적인 진정한 미덕들을 내치고 그 자리에 대신 들어서면서, 미국 시민들의 독립성과 도덕적 자유도 훼손되어왔다.[19]

만약 역대로 여러 나라에서 부패를 초래했던 재화가 무엇인지를 조사해본다면, 아마도 석유가 가장 많이 꼽힐 것이다. 이란의 민선 모사데크 정권도 서방의 개입으로 물러나야 했는데, 그것은 1953년에 모사데크가 국내 석유산업을 국영화하려는 움직임을 보였기 때문이었다. 이후 결국 그는 CIA와 MI5에 의해서 축출되었다.[20]

---

18) 다음을 참고하라. Steve Coll, *Private Empire: ExxonMobil and American Power* (2013).

19) 이미 1919년에 에디스 워튼은 이렇게 썼다. "우리(미국인들)는 도대체 언제까지 다른 문명국 사람들처럼 교양을 쌓고 계몽되고 인도적이 되고, 지적으로 단련하는 것보다 '미국인'이 되는 것이 우선이라고 생각할 것인가? 우리의 결점들을 애국심으로 포장하는 것은 너무나 안이한 행태이다!"(1919년 7월 19일자 편지, *The Letters of Edith Wharton* (1988), p. 424)

20) Stephen Kinzer, *All The Shah's Men* (2008).

한편, 당시에 거의 '입헌군주'가 되어 있던 이란의 왕(샤)은 서방세계로부터 무기, 자금, 고문장비를 제공받아 완비하고 전체주의적 권력을 가진 통치자로 다시 취임했다. 그리고 그런 통치를 받으면서 한 나라가 25년 동안 후퇴한 것을 두고서 "정치 발전에서의 차질"이라는 완곡한 표현이 사용되었다.[21] 그 후 이란에서는 대중혁명이 일어나 왕을 권좌에서 쫓아내고 신정(神政) 정부를 세웠는데, 이 정부는 문자 그대로 '혁명적으로' 살해와 전쟁에 나섰다. 이후에 뒤따랐던 '석유전쟁'들은 간단히 말하면 이 추한 가극(歌劇)의 후속 편들이라고 할 수 있다.

'수출된' 선거대의제가 보여주는 세 번째의 특징은, 경제적 독립성과 시민사회가 지역 및 전국 차원에서 모두 파괴된다는 것이다. 경제학자 피터 베어는 하필이면 서구식 대의정부 모델이 국가적 관리가 전면적으로 확장된 형태로 진화하던 바로 그때에 많은 신생 아프리카 국가들에서 선거대의제가 도입되었던 것은 대단히 불행한 일이라고 말했다. 새롭게 구성된 이 정부들에는 국가에 의한 행정, 경제의 독점이 포상으로서 건네졌던 것이다.

> 폭정이나 도둑정치는 아프리카 문화에 본래 있던 것이 아니다. 그러나 한때 영국 식민지령이었던 아프리카에 (오늘날) 그것들은 성행하고 있다. … 물론 아프리카의 많은 전통사회에도 변

---

21)마델린 K. 올브라이트 국무장관이 이란계미국인위원회에서 한 말이다(2000년 3월 17일). 아마도 사과—아니면 적어도 과거의 상처에 대한 인정—로서 한 말이라고 추정된다.

덕스럽게 행동했던 지도자들이 있었지만, 그러나 그들은 비교적 부드럽게 그리고 국민들의 동의하에 통치를 했다. 폭정이 출현하기 쉽고 부패가 성할 수밖에 없는 새로운 정치풍토가 만들어지는 데 크게 기여한 것은 식민지 말기의 영국 식민통치정책이었다.[22]

국가행정은 시민사회를 파괴한다. 정부 전문가들이 들어와서, 오늘날 '자원봉사자'라고 불리게 된 사람들의 활동을 대신한다(역설적이게도, 현재 영국에서는 시민사회로 돌아가자는 의견이 제기되고 있다. 정부가 빚을 너무 많이 져서 신용등급이 강등되었고, 그래서 늘 파산하지는 않을까 하는 공포 속에서 살아가야 하기 때문이다).

전통사회에서 '자원봉사자'들은 이따금씩 좋은 일을 하는 사람이 아니다. 하나의 공동체의 구성원으로서 권리를 행사하고 의무를 다하는 보통사람들이었다. 이 권리와 의무들은 전통과 법 조항을 통해 보호를 받아왔다. 한편, '민중의 대표'들은 그 모든 것을 바꿀 수 있는 힘을 스스로에게 부여했다. 관료들은 '민주주의'를 가장하여 거의 임의적인 권력을 부여받고, 민중은 그들에게 복종한다. 토크빌은 (유럽과 미국에 대해서) 이렇게 표현했다. "때로 왕좌를 전복하고 왕을 짓밟았던 바로 그 사람들이 이제 갈수록 더 아무런 저항

---

22) "Black Africa : the Living Legacy of Dying Colonialism" in *Reality and Rhetoric* (1984), pp. 90~105 ; "Broadcasting the Liberal Death Wish" in *Equality, The Third World and Economic Delusion* (1981).

없이 행정사무원의 사소한 변덕 앞에 굴복한다."[23]

전통적인 지역적·민족적 권력구조도 남아 있는 나라들에서는 이러한 중앙집권화는 사람들이 사무원에게 아첨하게 되는 것 이상으로 훨씬 나쁜 결과를 초래할 수 있는데, 실제로 착취, 횡령 그리고 인종청소의 만행으로 이어졌다.

그러나, 다당제 선거대의제가 한 나라에 가져오는 변화 중에서 가장 구석구석 스며드는 것은 정치 그 자체의 성격에 초래되는 변화이다. 선거로 구성된 의회는 공정한 법을 제정하기 위한 장(場)이 아니라, 이해집단들이 서로 돈과 호의를 더 많이 차지하기 위해 다투는 경기장이 된다. 그런 식으로 시간이 좀 지나면, 사람들은 국가에서 무엇을 받을지를 놓고 협상하고 경쟁하고 모의하는 것을 정치라고 생각하게 되는 것이다.[24] 국가가 이런 식으로 얼마간의 돈을 내놓기 전에, 모든 사람에게서 그것보다 훨씬 많은 돈을 어떤 식으로든 가져갔다는 사실은 완전히 망각되어 있다.

독재로부터 벗어나 선거대의제를 통해 목소리를 찾게 된 민중이 느끼는 환희에 대해서 언론은 언제나 크게 보도한다. 혹시 나중에 이들 가운데 실망감이 생겨나더라도 그것은 뉴스가 되지 못한다. 〈이코노미스트〉(2009년 11월 4일자)의 한 기사에 따르면, 대부분의 공산주의국가들이 몰락하고 20년이 지난 뒤에 시민들의 생각을 조

---

23) *Democracy in America*, Volume 2, Book 4, Chapter 5.

24) 역시 바스티아의 말이다. "국가는 거대한 허구의 실체로서, 여기서 모든 사람은 남들의 희생을 통해 살아갈 방법을 모색한다"('L'Etat', 1848).

사해보았더니 오직 절반만이 서구식 '자유와 민주주의'로 전환한 것에 대해 만족하고 있었다. 그 이유는 단순했다. "그러한 전환으로 인해 혜택을 본 것은 보통사람들보다 기업과 정치 엘리트들이라고 대부분이 믿고 있다."

그 후 이러한 믿음—'누가 봐도 명백한 것을 알아채는 것'이라고 하는 편이 적확한 묘사일 것이다—은 이른바 '민주주의 세계' 전체로 확산되었다. 그리고 '새로운 민주주의들'은 선거대의제가 얼마나 비민주적인 것으로 이미 판명이 났는지 더 빨리 알아채고 있는 것 같다.

월가점령운동 같은 활동들이 이러한 현상에 대한 진지한 토론의 장으로서 속속 생겨나고 있다. 미디어기업들은 이런 운동들에 대해서 대체로 적대적이며 경멸하는 태도까지 취했다. 그리하여 이런 매체들에는 심각한 주제에 대한 심각한 논쟁은 거의 등장하지 않는다(다만 시민불복종운동이 법적인 경계를 넘어서면 불만이 보도된다). 〈뉴욕타임스〉에 한 스페인 학생의 말이 인용되었다. "우리는 투표가 아무런 가치가 없다고 말하는 첫 세대입니다."[25]

선거가 쓸모없게 여겨지게 된 것은 '대의민주주의'가 초래한 유감스러운 현상이다. 물론 선거는 그 자체로는 무가치하지 않다. 유력한 이해관계를 가진 세력들에 의해 포획되어버렸기 때문에 쓸모없어 보이는 것이다. 원래 통제를 받아야 할 세력들이 거꾸로 권한

---

25) 월가점령운동에 대한 〈뉴욕타임스〉 기사(2011년 9월 27일).

을 장악하고 있는 현재의 상황을 대중은 이렇게 표현한다. "당신이 누구에게 투표를 하든 그 표를 갖는 것은 '정부'이다."[26]

---

26) 이것은 지금쯤이면 상식이 되었어야 했다. 이미 1878년에 다음과 같은 발언이 나왔던 것이다. "선거구 규모가 선거구민들이 자신이 잘 모르는 사람에게 투표해야 할 만큼 커지면, 투표는 자유롭지 않게 된다. 다시 말해, 선거가 유권자들의 통제를 벗어나, 배후조종자들과 정당조직들에 의해 관리가 되는 것이다"(Lord Acton, *The History of Freedom and Other Essays*, ed. John Neville Figgis and Reginald Vere Laurence(1907)).

제6장

현대의 과두제—기업과 정부

정치 저술가들은 권력자들이 처신만 제대로 한다면 사실상 거의 어떤 형태의 정부라도 괜찮다는 말을 왕왕 해왔다.[1] 그렇지만 권력욕으로 동기가 부여된 사람들은 일반적으로 선량하다는 평가를 받지는 않는다. 그들 중에서 최량의 인간이더라도 부도덕하고 사람을 조종하는 데 능하며, 더 나쁜 경우에는 지독하게 사악하다. 개인적 야심은 교활함과 이중성에 통달하게 만든다. 야심가일수록 '나는 공익을 위한다'고 말하고 스스로 가장 먼저 그 말을 믿는다.

국가 건설은, 법이나 제도들을 세우는 일이 통상 그렇듯이, 인간들의 권력과 야심을 억눌러서 그런 것들이 공익을 거스르는 쪽이 아니라 공익을 위해서 행동하게 만드는 예술이다. 프랑스 철학자 몽테스키외는 그것을 이렇게 직설적으로 표현했다. "우리가 나쁜 행동을 하고 싶을 때 그렇게 하는 것이 우리 이해관계에 맞지 않다는 것을 알게 되는 것이 바람직한 상황이다."[2] 다시 말해서, 우리 대부분은 타인들만이 아니라 자기 자신의 사악함도 제지당하는 사회에서 살아가는 것을 만족스럽게 생각한다.

---

1) 영어권에서는 시인 알렉산더 포프의 발언이 대표적이다. "정부형태로 경합하는 일은 바보들이나 하라고 해라/무엇이든 가장 잘 운영되는 것이 최선이다."

2) *De l'Esprit des Lois*, XXI, 16[20]. 앨버트 허시바움은 이 문장을 기초로 책(*The Passions and the Interests*)을 한 권 썼다.

어떤 인간사회에든 다른 사람들보다 더 많은 권력과 영향력을 갖고 있는 개인들이 존재한다. 따라서 엘리트주의나 과두제의 요소가 반드시 생겨난다. 이번 장(章)에서 탐구할 주제는 다음과 같다. 선거대의제는 우리에게 어떤 종류의 과두제를 가져다주었는가? 우리의 (정치)기관들과 엘리트들은 민중의 이익을 위해 봉사하고 있는가? 인간의 사악함은 법, 정부, 기관들에 의해 억제되고 있는가 아니면 오히려 조장되는가? 다윈은 지능과 함께 도덕성이야말로 인류 생존을 위한 가장 중요한 자산이라고 생각했다는 사실은 상기할 만한 가치가 있다.[3]

오늘날 서구에서 과두제 집권층은 확실히 단순히 몇 명의 개인으로 구성된 집단은 아니다. 이를테면 사람들을 살해하고 임의로 법을 만들면서 1년 동안(기원전 404 - 기원전 403) 아테네를 지배했던 '30인 참주' 같은 그룹이 아니다. 물론 현대에도 그런 과두정부들이 여전히 다수 존재한다. 더욱이 그중 다수는 서방의 이해관계에 따라 지원을 받고 있다. 그러나 서구세계 자체의 권력은 좀더 넓게 분산되어 있다. 즉 이른바 '시스템'(또는 단순히 '그들')이라고 불리는 것의 내부에 있다. '시스템'은 서로 연결된 법인체들의 네트워크로서, 각국 정부, 관료체제, 기업들(미디어 포함), 국제조약기구(무역, 군사, 경찰활동, 사법, 외교), 문화 및 정책 재단, 군대 및 노동기구 등을 포함한다. 이런 권력들은 선출된 정부보다 수명이 길

---

3) *The Descent of Man*, 3, 4, 5장. 법이 그렇듯이 도덕성도 환경이 달라지는 데 따라서 계속해서 변화하고 있다. 그러나 법과는 다르게 도덕성은 한 묶음의 계율로 축소될 수는 없다.

다(길어야 한다). 이들은 좋은 방향으로도 나쁜 쪽으로도 선출된 공무원들의 운신의 폭을 제한한다. 바로 이들이 우리의 세계를 움직이는 권력들이다. 사실상 정치적 대표자들이 하는 일은 바로 이들 세력과 유권자들 사이를 중재하는 것이다.

유권자들이 이러한 권력들을 '집단으로서' 직접 감시하고 통제하는 것은 가능하지 않다. 아무도 그럴 시간도, 주의력도 갖고 있지 않기 때문이다. 그렇지만 보통사람들이 실제로 무슨 일이 벌어지고 있는지 알고 있고, 이러한 권력집단들의 활동에 한계를 정하고 그것을 규정하는 일에 주동적으로 영향을 미치는 게 가능하지 않다면 의미 있는 민주주의는 성립할 수 없다. 그리고 바로 이런 감시활동 중 어떤 것들은 선출된 대표자들보다 정치적 '배심원들'이 더 잘할 수 있다는 것을 이 책의 마지막 장에서 보이려고 한다.

기업권력들의 거대한 확장 및 확산은 세계에 심대한 변화를 가져왔다. 우리가 소비하는 것의 원천이 인간노동력에서 기계로 전환된 결과는 어마어마했다. 엄청난 부(富)가 생겨났지만 동시에 수많은 사람들은 실업자로 내몰렸고, 새로운 재능들(경영, 제품 디자인, 판매기술, 금융투자, 테크놀로지 등)의 지위가 격상되었고, 낭비적이고 파괴적인 일들이 갈수록 더 많이 생산되고, 권력과 유명세를 추구하는 인간들도 더 많이 생겨났고, 인간은 자연으로부터 분리되어 안타이오스[4]처럼 무력하게 변했고, 전쟁의 파괴력이 증대

---

4) 그리스 신화에 나오는 거인. 발바닥이 땅에 닿아 있지 않으면 힘을 잃는다. 헤라클레스는 그를 공중에 들어 올려서 패배시켰다.

되었고, 자연환경에 갈수록 더욱 큰 부담을 지우는 등의 결과를 가져왔다.

오늘날의 풍요를 만들어낸 기계들은, 자연세계에 대한 새로운 이해를 통해서 가능하게 되었던 것이다. 1849년 마치니(이탈리아 국수주의자, '근대성'에 대한 열렬한 지지자)는 이러한 발전에 굉장히 흥분했다. "집단으로서의 인간은 지상에서 전능하다!" 그는 이렇게 썼다. "개인의 시대는 끝났다. 개혁가들은 연대의 시대를 열어야 한다!"[5] 마치니 같은 근대 신봉자들의 꿈은, 인류가 공동운명체라는 목적으로 단결하여 지상의 열매를 함께 누리는 방향으로 나아간다는 것이었다. 모든 인간이 자유, 평등, 박애를 누리는 공동체를 향해서 말이다.

그러한 꿈은 집단으로서의 기업이 등장하면서 다소 무너졌다. 그런데 집단으로서의 기업에는 지도자가 필요하다. 지도자들에게는 권력이 필요하고, 또 그들이 요구하기도 전에 무엇을 원하는지 알아채고 복종할 추종자들도 필요하다. 게다가 집단으로서의 기업들은 타자들을 배제하고 경쟁하게 만드는 그들만의 공동의 목적과 정체성으로 결속되어 있다. (공동의 목적으로 사람들이 모인) 집단으로서의 기업 문화는, (공동의 필요에 의해서 예의를 지키며 함께 살아가는 사람들로 구성된) 공동체 문화와 크게 다르지 않을 것이다. 집단으로서의 기업(예를 들어, 군대)은 거기에 소속된 개인에게 힘

---

5) *Watchword for the Roman Republic* (1849), Lewis Namier, "Nationality and Liberty"(reprinted in *Avenues of History* (1952)), pp. 28ff에서 재인용.

을 가졌다는 기분을 느끼게 하지만 자유는 잃게 만든다. 시민사회는 권력을 제한하고 자유를 가능하게 하기 위한 목적으로 설계된 특정한 행동규범 내에서 살아가는 것을 말한다.[6]

한편 '집단으로서의 인간'을 조직하려는 목적으로 20세기에 일어난 두 개의 거대한 정치적 실험(공산주의와 파시즘/나치즘)을 사람들은 인류가 누리게 된 새로운 번영을 공평하게 분배했던 사건으로 기억하지 않는다. 오히려 "돈을 덜 들이고 수백만 명을 살해한"[7] 사건들로 기억한다. 그들은 모두 정치적·사법적·문화적·상업적 권력을 하나의 공유된 이데올로기로 통합해 국가로 결합시킬 수 있다고 생각했지만 (그러나 결과는) 국가 그 자체가 하나의 집합체로서의 기업이 되어버렸고, 국가가 마치 사이코패스처럼 오늘은 이 사람들을 적으로 간주하고 내일은 저들을 적으로 삼아서(그것은 상상의 적인 경우가 많았다) 미워하면서 치명적인 폭력을 행사했다. 이들에 의해 자행된 엄청난 규모의 체계적인 국가적 살육은 인류 역사 속에서 찾아볼 수 없는 것이었다. 그리고 전례 없는 권력을 가진 지도자들은 나라 구석구석에까지 행정력을 행사했다. 이러한 역사도 기업의 정체성에 잠복해 있는, 인간을 동원하여 거대한 악행과 범죄를 저지르게 하는 권력의 속성을 증명하는 많은 사

---

6) 마이클 오크숏은 이 주제에 대해 폭넓게 집필했다. 그의 에세이 〈법의 통치〉(*On History and Other Essays* (1983))는 그 요약본이라고 할 수 있다.

7) 시인 오십 만델스탬의 표현이다. 일반적으로 파시즘과 공산주의는 모두 선거대의제 정부였다는 사실은 간과되고 있다. 물론 다당제가 아닌 일당 국가였다는 점에서 우리에게 익숙한 대의제와는 다르다.

례들 중의 하나이다.

산업생산과 부를 관리하는 세 번째 방법, 즉 '시장자본주의'는 (이론상) 법인권력을 '정부'와 '자유기업'으로 구분한다.[8] 그러나, 이 두 권력은 그다지 분리되어 있지 않다. 그 둘은 자금원을 공유하면서 때로는 협력하고 때로는 맞선다. 그들은 가장 큰 몫을 누가 차지하느냐를 두고 옥신각신할 수는 있지만, 다른 이들의 노동과 자산에 대해 지배력을 행사하기 위해서 권력에 의존하는 데 있어서는 공동전선을 펼친다.

모든 법인이 돈이나 권력을 좇는 것은 아니다. 법인은 기본적으로 단순히 공동의 목적을 위해 모인 몇 명의 사람들을 뜻한다. 그들의 목적은 모여서 축구를 하는 것일 수도 있고, 동네 묘지를 관리하거나 단지 즐거운 시간을 보내기 위한 것일 수도 있다. 그러나 이러한 목적은 법인의 활동을 제한한다. 가령 동네 묘지를 관리하는 경우라면 매장해야 할 시신이 늘어날 때 사업을 확장하고 싶을 것이다.

한편, 돈과 권력의 추구에는 제한적인 요소가 원래부터 존재하지 않는다. 돈과 권력에 대한 욕구는 만족할 줄을 모른다.[9] 따라서

---

8) '자본주의'라는 낱말은 맑스가 사용하기 훨씬 전부터도 단순한 뜻을 갖고 있었다. '자본'은 더 많은 돈을 벌기 위한 기대를 갖고 축적된 돈이다. '자본주의'는 사유 자본의 사용을 불법화하려는 쪽에 반대해서 그것의 사용을 옹호하는 독트린이다. 개인들이 저마다 개별적인 독립된 법적 신분을 가진 채, 자신의 돈을 더 큰 기업에 끌어댈 때 자본주의는 '법인 기업'이 된다.

9) "이제 권력은 그것을 누가 휘두르든 그 자체로서 악하다. 그것은 한결같거나 믿음직하지 않으며, 욕망에 불과하므로 만족할 줄을 모른다. 그 자체가 불행(불만

권력이나 돈을 획득하기 위한 목적으로 설립된 법인은 자제력을 발휘할 가능성이 낮다.[10]

프레더릭 윌리엄 메이틀랜드(1850-1906, '시대를 초월한 최고의 법사학자(法史學者)'로 일컬어지기도 했다)는 법인단체의 특성에 관해 흥미로운 저작들을 남겼다.[11] 그는 같은 목적을 위해 집단적으로 모이는 것은 인간의 본성인데, 단체가 만들어지면 일종의 '잉여인간'이 출현하게 된다는 사실을 지적했다.[12]

동네 축구클럽을 예로 들어보자. 원래의 회원들이 모두 떠나더라도 클럽은 지속될 수 있다. 또 클럽은 토지나 건물을 소유할 수도 있다. 클럽은 일을 진행하는 방식(헌법)을 개발할 것이다. 마을 주민들은 왔다가 떠나고 죽기도 하지만 축구클럽은 계속 살아남는다. 그런데 가령 이웃 농부와 소유지 경계를 두고 다툼이 생겨서 소송을 제기하거나 고발당하는 일이 생긴다면, 다시 말해서 갈등

족)하므로 남들도 불행하게 만들기 마련이다"(Burckhardt, *Weltgeschichtliche Betrachtungen*).

10) 각국 정부는 흔히 자신들이 '작은 정부'임을 내세운다. 그러나 나중에 가서 보면 그들의 권력을 '축소'하지 않았다는 것이 명백해진다. 그러나 가끔씩, 예를 들어서 '국영' 기업체를 운영하는 일처럼 골칫거리를 떠안게 된 경우에는 정말로 권력이 분산되기도 한다.

11) "Trust and Corporation", "The Corporation Sole", "The Crown as Corporation", "The Survival of Ancient Communities", "The Unincorporated Body", "Moral Personality and Legal Personality", "The Body Politic", Gierke, *Political Theories of the Middle Ages*(서문).

12) "만약 n명의 사람들이 조직체로 뭉친다고 할 때, 법이 그 단체를 분쇄하려는 것이 아니라면 n+1명의 인격을 인정해야 한다"(Maitland, "Moral Personality and Legal Personality"(1903)).

이 법적인 문제일 때에는, 축구클럽은 법인격을 부여받거나 아니면 클럽을 구성하는 개인들로 환원되어야 한다. 메이틀랜드의 표현을 쓰면 "분쇄되어야" 한다.

흥미롭게도 메이틀랜드는 법인 주체들이 일시적으로 법을 피해갈 수 있는 능력을 칭찬했다. 그렇게 함으로써 이런저런 방식을 시험해보고, 그게 나쁜지 좋은지 시간이 흐른 뒤 알아볼 수 있는 '사회적 실험' 공간을 제공한다는 것이다.

메이틀랜드는 바로 그런 사례로 영국에서 기혼 여성들이 남편으로부터 독립해 재산을 소유하게 되는 과정을 들었다.[13] 우선 '신탁'이라는 장치가 부유층 여성들이 자신들을 위해 보존되어 있는 재산에서 이익을 보는 것을 가능하게 만들었다. 그 뒤 영국 의회가 "부유한 사람과 가난한 사람에게 각각 다른 법이 적용"되는 것이 불공평하다는 것을 인정하였고, 이로써 모든 기혼 여성이 재산을 소유하는 것이 합법화되었다.

비즈니스 법인(주식회사)도 비슷한 방식으로 출발했다. 기업의 재산은 오랫동안 투자자들을 위한 '신탁 재산'으로 묶여 있었다. 수 세기가 지나고 나서야 법이 바뀌어 사실상 누구든지 사업을 하기 위한 목적으로 별도의 법인 신분을 만들 수 있게 되었다.[14]

그 전까지는 법인은 개별적으로 국가의 허가를 받아야 했다.[15] 법

---

13) "Trust and Corporation"(1911), 리버티재단 홈페이지에서 볼 수 있다.

14) Cooke, *Corporation, Trust and Company*(1950).

15) 16세기 초부터 군주들은 '합자'회사들을 인가하여, 그들이 멀리 떨어진 나라들 ―인도, 러시아, 남북 아메리카, 극동, 서인도 제도 ― 에서 교역도 하고 식민화할 수

인은 별도의 독립된 구조를 갖고 있기 때문에 법적으로도 공적으로도 일부분에 한정해 책임을 지므로, 심지어 자선을 목적으로 하는 법인일지라도 국가의 건전성에 위협이 될 수 있다고 여겨졌던 것이다. 홉스(1588-1679)가 국가 내에 존재하는 법인단체는 "자연인의 내장에 있는 기생충과 같다"(《리바이어던》)고 말했을 때[16] 그는 바로 그런 생각을 표출했던 것이다.

홉스 이후 '법인단체의 자유'를 두고 무려 두 세기가 넘도록 맹렬한 다툼이 벌어졌는데, 그것은 요컨대 투자자 한 무리가 스스로를 '상업적 회사'라고 선언한 뒤 별도의 법적 신분을 갖고서 거래하는 것을 허용할 것인가 하는 문제였다. 영국, 독일, 프랑스, 네덜란드, 미국에서 이런 분쟁이 일어났는데 1890년대를 통과하면서 결국 법인 쪽이 승리를 거두었다. 나머지 나라들은 그들을 따라갔다.

메이틀랜드는 법률이 법인사업체의 존재를 완전하게 인정하고 나서 몇 년이 경과한 뒤 이들의 활동을 관찰하고서, "내 의견을 말하자면, 나는 그들이 천벌을 받아야 한다고 생각한다"라고 썼다.[17] 물론 그들은 '천벌을 받지' 않았다. 그들은 이미 너무 강력한 세력을 갖고 있었고, 너무 많은 사람들의 기득권이 그들의 존재 여부에

도 있도록 해주었다. 군주들은 거기에서 나올 이익에서 한몫을 약속받기도 했고, 또 이 회사들이 멀리 떨어진 곳에서 운영될 것이었기 때문에 법인 자격을 허가해주었던 것이다.

16) *Leviathan* II, 29.

17) 헨리 잭슨에게 보낸 편지(1900년 2월 18일). *Letters*(1965), pp. 212~213. 같은 편지에서 그는 논문('기업의 저주받아 마땅함에 대하여')을 쓸 계획이라고 말하고 있다. 그러나 그런 글을 발표하지 못하고 6년 뒤 병사했다.

달려 있었던 것이다.

그다음 약 100년 동안에는 이런 혹평은 잊혔고, 법인(또는 회사)의 승리는 인류의 진보라고 선포되었다. 2003년에 출간된 책《회사―혁명적 발상의 약사(略史)》의 뒤표지에는 이렇게 쓰여 있다. "영국에서 창안된 것 중에서 가장 큰 영향력을 미친 것이 바로 '회사'이다." "이 단순하지만 탁월한 아이디어는 세계 역사상 가장 위대한 촉매의 하나가 되어 전 세계 구석구석에서 돈, 재화, 인간, 문화를 끌어오고 뽑어내는 엔진으로서 기능해왔다." [18]

그러나, 법인사업체 활동들의 부정적 측면들이 좀더 분명하게 드러나면서, 왜 메이틀랜드(그리고 그와 동시대의 많은 사람들)가 법인은 처단을 받아야 한다고 생각했는지 그 이유가 새삼 주목을 받게 되었다. 역사가들은 '법인단체의 자유'를 위한 투쟁이 승리하게 된 사회적 맥락에 대해 살피기 시작했다.[19] 그리고 법인이 효율적으로 진화된 사업형태도 아니고 심지어 사업가들의 요청으로 만들어진 것도 아니라, 단지 특정 집단(투자자)의 필요와 욕망에 응답해 만들어진 결과물이라는 사실을 알게 되었다. 투자자들은 사업운영에 참여하지 않고, 또 자신들의 지분 이상으로는 부채나 피해에 대해 책임을 지지도 않으면서 수익은 가져가기를 바랐던 것이다.

은행의 신용(4장을 보라)은 이 사람들에게 투자할 수 있는 돈의

---

18) 출처는 Micklethwait & Wooldridge, *The Company: A Short History of a Revolutionary Idea* (2003) 뒤표지이다.

19) Paul Johnson, *Making the Market* (2010), James Taylor, *Creating Capitalism* (2006).

양을 엄청나게 늘려주었던 것이다.[20]

'법인'이라는 방식은 투자자들에게 몇 가지 측면에서 매력이 있었다. 우선 법인은 분리된 별도의 법적 신분을 갖고 있으므로, 주주 개인들은 채무에 대해 책임을 지지 않아도 되었다.[21] 또한 모든 개별 소유주(개인)를 관련시키지 않고 법인 명의로 소송 당사자가 될 수 있었다. 그리고 이론적으로는 법인 소유주들이 사망해도 해체되거나 과세를 당할 위험 없이 영원히 살아있을 수 있었다. 더욱이 투자자들에게 일상의 노력을 요구하지 않았다. 만약 법인이 이익을 증대하기 위해서 터무니없이 나쁜 행위를 해도 투자자들은 알지 못한 채로 있을 수 있었다. 주식은 공개시장에서 사고팔 수도 있었다. 주주들은 비즈니스의 핵심 요소들(이사회의 구성 등)을 투표를 통해 제어할 수 있었다. 마지막으로, 주식을 사고파는 것은 경마처럼 흥분되는 일이어서 기업 법인을 소유하는 것이 모험적 도박행위로 바뀌었다.

이상이 매력적인 요소들이었으며, 그리하여 '법인단체의 자유'를 반대하는 사람들의 면면을 보면, 투자자와 회사 발기인을 제외한

---

20) P. G. M. Dickson, *The financial revolution in England : a study in the development of public credit, 1688–1756*(1967). 신용창조는 18~19세기 동안 영국이 전세계적으로 부상할 수 있었던 핵심적 요인이었다.

21) 유한책임과 법인(주식회사) 설립은 처음부터 분리할 수 없는 것이었다. "이 법인들은 그것의 구성원과는 완전히 별개의 법적 실체이므로, 관습법에 따르면 그 구성원들은 법인의 부채에 대해서 책임이 없다는 결론이 나온다. 그리고 물론 군주들은 법인의 빚에 대해 그 구성원인 개인들이 책임을 지도록 만들 힘이 없었다"(John Charlesworth, *The Principles of Company Law*(1932), p. 1).

나머지 거의 모두였다.[22] 상인과 사업가들은 그것이 특혜를 주는 불공정한 경쟁이라고 분개했다. 경제학자 애덤 스미스는 그것이 비효율적이고 낭비가 심하고 부정행위를 낳을 소지가 있다는 측면을 강조했다(《국부론》).[23] 법학자들은 법인은 법에 의해서도, 명예가 실추되어도 영향을 받지 않는다는 점에 초점을 맞추었다. "감옥에 가둘 수 있는 몸도 없고, 구원을 받거나 천벌을 받을 영혼도 없다."[24] 많은 사람들(애덤 스미스를 포함해서)이 법인의 '유한책임'에 반대했다. 법인기업이 큰 빚을 지고 파산했을 때 소유주(주주)들은 채권자들에게 채무를 상환하기 위해 자신의 호주머니를 털지 않아도 된다. 아니 왜 투기꾼들에게 사업상 빚을 갚지 않아도 되는 특혜를 주어야 하는가?[25]

이러한 싸움이 단속적이긴 해도 18세기와 19세기에 걸쳐서 계속해서 맹렬하게 일어났는데, 결국은 자본가들(투자 지망자와 주식회

---

22) B. C. Hunt, *The Development of the Business Corporation in England, 1800–1867*(1936); Micklethwait & Wooldridge, *The Company*(2003).

23) *Wealth of Nations*, Liberty Fund edition, p. 741.

24) 빅토리아시대의 논객들은 이 문장을 자주 인용했는데, 액턴 경이 메리 글래드스톤에게 보낸 편지(1881년 5월 7일)에도 나온다. 원래의 출처는 불분명하다.

25) "재산이 많은 몇몇 사람들이 그들의 넘치는 자금의 일부를 회사 설립에 제공하여―즉, 그들의 이름과 신용을 사회에 빌려주고―재미를 본다. 그런데 회사 자금이 부족해서 (경영상의) 모든 요구에 응답할 수 없게 되면, (주주) 자신들은 손실 위험이 없는 한몫을 챙겨가면서 가난하고 어리숙한 물고기들이 서로 달려들어 싸우도록 미끼를 남겨두고 떠나버리는 행위보다 이 세상에 불의한 일은 없을 것이다"(*The Times*, 1824년 5월 25일자 논설, Hunt(1936, p. 29)에서 재인용). 애덤 스미스도 '유한책임'에 반대했다(*Wealth of Nations*, p. 757).

사 발기인들)이 승리했다. 유한책임은 1850년대에 영국 법에 도입되었고, 영국과 미국에서 주식회사는 1890년대를 경과하면서 법적 실체로서 인정받게 되었다.[26]

이제 현실적인 문제가 투자자들 앞에 놓였다. 회사 수익이 노동자들보다 자신들에게 오도록 보장할 방법은 무엇일까? 경영진과 노동자들이 수익의 일부를 가져가지 않도록 저지할 수 있을까?[27] 그들이 찾은 해결책은 가까이 있었다. 그것은 앞으로 숱하게 벌어질 일들의 예고편이라고 할 수 있었는데, 투자자들은 모든 법인기업 설립 허가서에 공통적으로 들어가 있는 회사 활동을 규제하기 위한 조항을 가져다가 자기들한테 유리하게 이용했다.

법인단체가 법에서 인정받기 위해서는 그 목적을 분명하게 밝히고 그것을 지켜야 한다. 가령 영국 브래드퍼드에 있는 노인들을 돌보기 위한 목적의 법인은 그들의 '법률상의 목적'에서 벗어나 프랑스를 침공할 수 없다. (그래서) 투자자들은 '법률상의 목적'으로 '가능한 한 많은 돈을 버는 것'을 기재했다. 그리고 이 장치를 통해서 투자자들은 완벽하게 법의 뒷받침을 받게 되었다. 노동자와 경영

---

26) 유한책임은 당시 인가되어 있던 '합자(공동출자)'회사들에서는 이미 합법적인 실제 현실이었다(B. C. Hunt, *The Development of the Business Corporation in England, 1800-1867*(1936), pp. 116~144). 따라서 실질적으로 논쟁이 되었던 것은, 이 특권을 모든 사람에게까지 확대할 것인가 하는 것이었다.

27) 법인기업이라는 자랑스러운 영국의 발명품이 공교롭게도 영국 산업이 쇠퇴기에 들어갈 때(1890년대) 나타났다는 사실은 역설적이다. 그러나 내가 알기로 이 둘의 상관관계는 연구된 바가 없다. 영국문화에 있는 특성인 불평 많은 독립적 태도가 '기업 농노제도'와는 썩 어울리지 않는다는 것이 분명해 보일 텐데도 말이다.

자들의 노동으로부터 창출된 수익은 물론이고, 테크놀로지, 커뮤니케이션, 시스템 관리로부터 나온 수익을 가져가는 것도 투자자들이었다.[28] 이제부터 일체의 기업활동이 벌어들인 초과수익은 모두 투자자(주주)의 소유가 되고, '주주가치의 극대화'라는 목적에서 벗어나는 고용인은 범법자가 된다. 미국 대법관 브랜다이스가 새로운 봉건제도, '프랑켄슈타인', '산업민주주의의 부정(否定)'이라고 부른 것(1933년)이 바로 이 시스템이었다.[29]

많은 필자들이 '주주가치의 극대화'라는 의무가 이제는 고위 관리자들과 '금융서비스' 제공자들에 의해서 상당부분 좌절되었다는 점을 지적했다. 그들이 이익의 대부분을 전용하는 데 성공했던 것이다.[30] 이미 예전에 죽은 사람들―발명가, 과학자, 조상 등을 포함한 타인들의 노고로부터, 또는 기계의 능력으로부터 이익을 취하려고 다투는 것은 공정하지 못하다. 게다가 은행과 각 나라의 정부들이 돈을 '창조'할 수 있다는 사실로 인해서 그것은 더더욱 불공정한 일이 되었다.

법인은 거주지(법인격을 부여받을 장소)가 필요하다는 점에서 인간과 비슷하다. 1890년대 이후 각 나라는 경쟁적으로 법인들을 자

---

28) 아마도 바로 이것이 사람들이 '자본주의'에 반대하는 이유 중 하나일 것이다. 즉 자본주의적 기업구조가 법적 특혜를 받는다는 사실이다.

29) Justice Brandeis (in dissent), Liggett Co. v Lee, 1933(*The Future of Democratic Capitalism*(1950), p. 52에서 재인용).

30) Berle & Means(1932) ; Galbraith(1967) ; F. Mount(2012). 기업의 구조 및 행위에 대한 옹호는 다음을 보라. Ian B. Lee, "Is There a Cure for Corporate 'Psychopathy'?" in *American Business Law Journal*, 42(2005), pp. 65~90.

국으로 모셔 와서 거기서 나오는 수익을 얻으려고 했다. 세금과 규제기준을 낮추고 자국 사법부가 기업의 이해관계에 우호적이 되도록 영향을 미쳤다. 미국 델라웨어주는 현재 세계에서 가장 많은 법인체를 수용하고 있으며(일반적으로 사무실 하나의 주소에 수천 개의 법인이 등록되어 있다) 기업의 '자유'를 위한 최적의 환경을 제공하고 있다. 이렇게 각국 정부는 기업들이 나쁜 행위를 할 수 있는 공간을 앞다퉈 제공하면서 '바닥으로의 경쟁'을 하고 있다.

법인사업체들에 주어지는 다양한 특혜와 관련하여, 특혜라고 해도 요청만 하면 누구에게나 주어지는 것이라면 '민주적'인 것이 되어 부정적 속성을 벗을 수 있다는 의견이 있었다.[31] 그러나, 법인기업의 특권은 일을 하는 방식과 관련된 것이다. 법인기업 형태가 보다 효율적이거나 별다른 장점을 갖고 있어서가 아니라 단순히 다른 형태에는 없는 특권을 갖고 있다는 점 때문에 유리했던 것이고, 그런 이유로 마침내 지배적인 기업형태가 되었던 것이다.[32]

법인기업이 보편화되면서 인간과 자연세계는 직업, 문화, 정치,

---

31) 가령 C. 헌트 주교는 다음과 같이 기업에게 주어진 특혜를 찬양하면서 앞에서 언급한 책을 끝맺고 있다. "뿌리 깊은 편견과 널리 퍼져 있는 오해에 대항하여 한 세기 이상을 싸워온 끝에, 마침내 법인 설립의 자유가 기정사실로 확립되었다. 합자회사와 유한책임은 둘 다 모두 원래 의회가 특별히 재량이나 호의를 발휘하거나, 좀더 나중에는 엄격한 관료적 양해 아래에서만 가능했을 뿐 금지되었던 특혜이다. 그러나 이제 공민권으로서 인정을 받게 되었다"(Bishop C. Hunt, *The Development of the Business Corporation in England, 1800–1867*(1936)).

32) 협동조합, 동업자, 개인사업자 같은 예외들이 있었다. 그러나 이제는 이들도 대부분 법인 신분과 유한책임을 채택했다.

자연, 도덕, 지성, 환경 등 전 국면에 걸쳐서 심원하게 변화했다. '법률상의 목적'은 도덕적 측면—인류가 미래를 고려하면서 자신의 재주와 지능을 사용할 수 있게 하는—을 박탈했다. 기업은 하나의 체제가 되어 임원, 경영진, 노동자 모두를 수익을 만들어내야한다는 의무에 구속시킨다.[33] 기업은 도덕적 고려를 하는 것이 법적으로 금지된다. 단, 그렇게 하는 것이 '주주가치'를 증가시킨다는 것을 입증할 수 있는 경우는 예외이다.[34]

'법률상의 목적'을 고쳐서 이런 점을 보완하려던 최근의 노력들은 대체로 효과가 없었다. 환경·사회복지 단체들은 정부에 압력을 넣어, 기업들이 '주주가치 극대화' 외에도 다른 의무를 지게 만들려고 했다. 예를 들어서, 2006년에 개정된 영국의 회사법 172항은 경영진은 (다른 일들과 함께) "회사의 기업활동이 공동체와 환경에 미치는 영향을 고려"해야 한다고 규정한다. 그러나 그것은 "회사 구성원(소유주를 말한다) 전체에게 이익을 가져오는 회사의 성공"에 기여한다는 테두리 안에서의 이야기이다. 따라서 결국 이런 의무들이 상충할 때 법원은 판결을 꺼리는 것이다. 빌 데이비스는 이 상황을 다음과 같이 요약하였다.

---

33) 이 점은 법인기업을 옹호하는 이들도 강조했던 것이다(Elaine Sternberg, *Just Business*(1994), p. 35). 부도덕이 일상화된 극단적인 예로는 다음을 보라. John Perkins, *Confessions of an Economic Hitman*(2004).

34) 전형적인 예는 1919년 포드자동차회사의 두 번째 대주주였던 도지 형제가, 주주 배당금을 깎아서 생산설비와 고용을 증대하려는 경영방침에 반대하여 회장 헨리 조지를 상대로 제기한 소(訴)이다.

두 가지 요소로 인해 172항은 소송에서 무기로 사용하기 어렵
다. 첫째, 172항은 매우 주관적이라는 사실이다. 경영진이 성실
하게 행동했다는 전제 아래에서는, 법원은 상업적 결정에 관한
문제에 개입하려고 하지 않을 것이다. 그런데 불성실함은 증명
하기가 대단히 어렵다.

두 번째, 소송 당사자가 실질적으로 (그 의무가 부과된) 회사
자체와 파생소송을 제기한 주주들로 한정된다는 것이다. 역사적
으로 파생소송은 성공한 사례가 거의 없다. 심지어 개정된 법에
명시된 파생소송 아래에서도 청구를 제기하려면 절차상의 장애
물이 많다. 172항에서 지칭된 다양한 주주들은 법에 호소할 제
소권이 없다.[35]

한편 그 애매모호함으로 인해 경영진에게는 일정한 '자유'가 허
용되고, 그래서 기업 내의 문화는 더욱 변동성이 커지고 있다. 개
별 임원이나 주주들의 요구, 혹은 무엇을 생산하는 회사인가에 따
라서, 그리고 기업의 선행에 대해서 소비자들이 어떻게 반응하는
가에 따라서, 어떤 기업은 좀더 양심적으로 행동하고 다른 기업들
은 그렇지 않다.

물론 기업을 벌금형에 처하는 것은 가능하다. 그렇지만 그들을
현실적으로 처벌할 방법은 없다(기업 전체를 감옥에 집어넣을 수는

---

35) Bill Davies, "More Than the Bottom Line" in *New Law Journal*, 158, Issue
7331, 2008.

없으니까). 기업의 뇌물수수, 약탈, 부패, 절도, 억압, 오염, 상해, 독점, 그 밖에도 착취적인 행위를 억제하기 위해서 추가적으로 많은 법과 규제가 도입되었다. 그러나 이러한 방대한 법률(영국의 2006년 회사법은 700쪽에 이른다)도 두 가지 요인으로 인해 제대로 효과를 발휘하지 못한다. 첫째, 기업들이 규제기관들에 영향력을 행사해서, 법과 규제가 그들에게 유리하게 만들어지도록 한다.[36] 둘째, 규제가 강화되는 것은 규모가 큰 대기업에 유리하게 작용한다. 왜냐하면 이들은 특별 부서를 만들어서 새로운 규제들에 대응하는 것이 가능하지만, 소규모의 독립적 경쟁자들은 거대기업들을 염두에 두고 만들어진 규제들―그러나 가장 작은 기업에도 똑같이 적용된다―에 대처할 여력이 없기 때문이다.[37]

법인기업은 사멸하지 않는다는 특성을 갖는다. 이로 인해 어떤 이유에서든 일단 창립자가 사라졌을 때 이 체계를 지배하게 되는 것은, 회사라는 게임에서 기회를 포착하고, 자신에게 요구되는 것이 무엇인지 직관적으로 알아차리고, 경쟁자들을 무력화하고, 도

---

36) Stigler, "The Theory of Economic Regulation" in *Bell Journal of Economics and Management,* 2(1971). 이른바 '깊은 포획(deep capture)'이라는 것은 기업들이 입김을 행사하여 학계, 미디어, 대중문화에 영향력을 미치는 것을 이르는 말이다.

37) 반다나 시바는 인도에서 회사 법과 규정들이 작은 회사들을 몰락시켜온 사실들을 연대순으로 기록했다(*Protect or Plunder,* 2001). 토머스 맥크로는 (기업에 관한) 규제들이 단순한 목적들을 달성하는 데에도 실패해온 사례들을(더욱이 오히려 목적했던 것과는 정반대의 결과를 가져오기도 하면서) 연대순으로 정리했다(*Prophets of Regulation,* 1986).

덕은 한쪽으로 제쳐두고 필요하면 법을 피하고 가능할 때에는 법을 변형시킬 수도 있는 능력 덕분에 선택된 개인들이다. 그리고 '자본주의적' 사회들에서 어떤 유형의 인간이 영향력을 갖게 되는가를 결정하는 법인체의 이러한 특성은 현대세계를 결정하는 중요한 요소가 되었다. 인간의 삶과 행위의 전 영역에서 기업구조가 공민적 구조를 대체해왔고, 전 세계가 부(富)를 생산하는 기업으로 개조되고 있다.

노동자들의 입장에 대해서 말하자면, 작업장에서는 도덕심은 제쳐두는 편이 낫다. 일은 일일 뿐이다. 책임은 다른 곳에 있다.

대부분의 인간은 보통 개인적으로는 도덕에 속박된다. 좋은 삶을 살려고 하고 일에서 자부심을 갖고 동료에게 잘하려고 한다. 그러나, 지도자를 둔 집단에 소속되면 도덕적 고려를 하지 않는 행동지침(단체에 대한 충성 같은)을 따른다. 물론 비즈니스의 세계에는 언제나 악당들이 있었지만 법인기업이 주류가 되면서 '도덕성의 유기'는 전 세계의 의무가 되었다고 해야 할 것이다.

오늘날 가장 큰 법인사업체들은 경제적 측면에서 웬만한 국가보다 규모가 크다. 이들은 자신들의 '외부효과'—폐기된 노동자, 사회문제, 오염 등을 정부가 처리해줄 것이라고 기대한다. 이러한 역할분담으로 기업들은 수익이 증가하고 정부들은 권력을 확장하면서 양측이 모두 이익을 얻는다. 그러나 사회는 손실을 입게 된다. 우리가 익히 알고 있는 부채의 확대, 노동의 경쟁력 감소, 자유의 상실에 더해서 아마도 가장 큰 피해는 우리가 인류의 삶과 문명에 대해서 처참할 정도로 자부심을 잃었다는 점일 것이다. 기업과 정부의 협력적 지배는 '부드러운 전체주의'[38], '새로운 봉건제'[39], '리버럴 파시즘'[40], '친절한 파시즘'[41], '신자유주의'[42], '자발적 노예제'[43] 등의 다양한 이름으로 불렸다.

기업 법인에 대한 좋은 비유가 신화에 있는데, 바로 프라하의 골렘이다. 골렘은 랍비가 집안일도 시키고 반유대주의자들로부터 자신을 보호하고자 점토로 만든 괴물이었다. 이 괴물은 종이 한 장에 쓰인 마법의 주문(呪文)—법인회사 설립 자격증이라고 해도 좋을 것이다—으로 생명을 얻는다. 그러나 골렘이 생명과 자유의지를 갖고 나서 물건을 부수고 온갖 살인과 혼란을 일으키면서 통제가 불가능하게 되자, 랍비는 '법인 자격증'을 제거하고 그 괴물은 다시 점토로 변한다.

프라하의 랍비처럼 우리가 기업의 권한을 다시 뺏어오는 일은 가능하지 않다고들 한다. 그러나 정말로 그게 사실이라면 나는 우리 문명이 심각한 위기에 처해 있다고 하겠다. 기업이 이룬 모든 성취 중에서 가장 위험한 것은, 우리가 '자유'라는 말을 '자신이 옳다고 믿는 것을 행할 자유'가 아니라 '세상이 끝장날 때까지 어떤

---

38) 그 기원은 아마도 다음으로 짐작된다. Roland Huntford, *The New Totalitarians*(1972).

39) Supreme Court Justice Brandeis (in dissent), Liggett Co. v Lee, 1933(*The Future of Democratic Capitalism* (1950), p. 52에서 재인용).

40) 요나 골드버그(Jonah Goldberg)의 책 제목(2007).

41) 버트램 그로스(Bertram Gross)의 책 제목(1980).

42) N. Chomsky, *Profit over People: Neoliberalism and Global Order*(1998).

43) 라산 롤랜드 커크의 음악작업의 제목(1968).

것이든 모조리 소비할 자유'로 이해하게 되어버린 것이다.

모든 법인기업이 비윤리적으로 행동할 수밖에 없는 운명을 갖고 있는 것은 아니다. 앞에서 지적한 대로, 기업체들은 다양한 목적을 위해 설립되어 있지만 대체로 그 목적은 분명하고 존경할 만한 한계를 갖고 규정되어 있으므로, 끝도 없이 돈과 권력의 식욕을 채우려고 하지 않는다. 법인의 목적은 그들의 조직 설립 인가서에 분명하게 표현되어 있다. 그들의 목적과 그 목적을 달성하는 방식이 공익을 해치지 않는다는 이해를 바탕으로 허가를 받는 것이다.

예를 들어보자. 어떤 법인체(노동조합)가 특수한 노동자들의 이익을 보호하기 위해 설립될 수 있다. 이때 이 단체의 힘은 구성원들의 힘을 통합하여 동원할 수 있는 능력에만 있는 것이 아니라, 말하자면 공익을 위한다는 조건부 승인, 즉 그것의 존립을 위해 필요한 공공의 허가에도 토대를 두고 있다. 따라서 이 법인단체가 선을 넘을 경우에는 결국 사회일반의 합의에 의해서 제지를 받게 된다. 어떤 목적으로 설립되었든 모든 법인체에 (이론적으로는) 동일한 조건이 적용된다.

이 조건은 정부에도 적용이 되어야 한다. 그것을 구성하는 사람들로부터 독립적으로, 하나의 법적 독립체로서 기능을 해야 하는 정부는 법인체의 성격을 갖고 있다. 군주 역시 법인이다. 중세에 법이 발전하자 군주제나 왕권은 일시적으로 그 자리를 차지하고 있는 개인이 아니라 법적인 실체가 되었다.[44] 공화정부 아래에서

---

44) Maitland's essay "The Crown as Corporation"(1901).

'국가', '국민' 또는 '합중국'과 같은 법적인 명칭들은 '통치하는 (법인) 실체'를 나타내는 것이다. 다만, 정부는 특별한 법인단체라고 할 수 있다. 대개의 법인은 거기에 소속될지 말지를 선택할 수 있지만 정부는 다르다. 국민이라면 자국 정부에 의무적으로 귀속된다. 우리는 어딘가에서는 살아가야 하고, 따라서 좋든 싫든 그 장소가 속한 정부 치하에서 살아가야 한다.

이런 점 때문에 자유에 관심이 많은 서구 정치사상가들은 항상 국가의 힘을 제한하고 싶어 했다. 자유는 개인이 삶에서 자신의 목적을 선택하는 것을 의미한다. 국가는 자국 시민들에게 공동의 목적을 강제해서는 안된다. 오히려 반대로, 국가는 법의 테두리 안에서 시민들이 저마다 자신의 목적을 좇을 수 있는 자유를 보장해야 한다.[45]

그러나, 선거대의제가 사람들이 정부로부터 기대하는 것을 변화시켰다. 정당들은 표를 두고 경쟁하면서 우리의 삶을 개선하겠다는 과업을 맡는다. 그리고 그에 따라 우리 모두를 단 하나의 목적, 즉 선량하고 번영하는 시민들로 가득한 부유하고 공정한 사회의 건설로 흡수해버렸다.[46] 실제로 정당들이 가져온 것이 이런 것이라면 얼마나 좋을까! 그러나 마이클 오크숏의 표현을 가져오면, "국가를 낙원으로 만든다는 시도는 모두 항상 나라를 지옥으로 만

---

45) 더 자세한 내용은 다음을 참고하라. Michael Oakeshott, *On Human Conduct*(1975), parts 2, 3; "Talking Politics", *Rationalism in Politics*(1991).

46) 여기에 대해서는 많은 논의가 있다. 예를 들어 다음을 보라. John Gray, *Black Mass*(2008), *Straw Dogs*(2003), *False Dawn*(2009).

들었다."[47] 정부는 국민 중의 일부에게서 (재산을) 뺏어가고 일부에게는 주고, 사람들의 삶을 규제하고, 가정과 공동체들을 함께 묶는 의무를 떠맡음으로써, 원자화되고 의존적인 익명의 시민들을 만들어낸다. (한 유명인사에 표현을 빌리면) "명성을 얻는 것만이 이들의 유일한 탈출구이다."

정부는 완벽한 사회를 만들어내기 위한 시도에서 실패를 거듭할수록 다음번에는 더 잘하겠다고 약속하면서[48] 더욱 많은 권력과 더 많은 돈을 가져간다. 정부는 최대의 고용주가 된다. 정당들은 생겨났다가 사라지기도 하지만 국가권력은 계속해서 성장해왔고, 이제 국가 수입의 절반 가까이를 흡수하는 경우도 많다.

한편 공적 지원이 증가한다는 것은, 우리 모두가 (정부에) 직접 고용되기를 바라지는 않더라도 공적인 호의를 기대하게 되었다는 뜻이다. 시민들 가운데에 국가를 원망하면서도 의존하는 정서가 확산된다. 다시 말해서, 존경하지도 않고 거기서 벗어날 방법도 모르는 권력에 대한 마지못한 굴종이 만연해 있다.[49]

---

47) Michael Oakeshott, *On Human Conduct* (1975), p. 319n.

48) 토머스 소얼은 리버럴 이상주의의 많은 사회개량책들에 대해서 그 구상으로부터 결과까지, 즉 약속했던 천국에서 현실화된 지옥들까지를 연대순으로 기록했다 (Thomas Sowell, *Visions of the Anointed* (1995)).

49) 존 스튜어트 밀은 루아에 콜라르를 인용하고 있다(Royer Collard, 1862). "모든 대중의 요구가 행정부의 호의로 충족될 때, 정부는 권력을 확실히 보장받게 된다. … 우리는 아직까지는 국민을 하나의 거대한 구직자 집단으로서 훈련시키는 거대한 스케일의 도덕적, 정치적 장난은 보지 않았다"("Centralisation"(1862), 리버티재단 웹사이트에서 볼 수 있다).

정부는 시민들을 뜯어먹고 살아가므로 불가피하게 기생적(가장 좋은 의미에서)이다. 다만, 원래는 사회의 소관이었던 문제들을 인계받음으로써, 말하자면 좀더 악성 종양 같은 것으로 되어버렸다.

현실에서 이런 상황이 무한히 계속될 수는 없다. 국가가 더이상 빌릴 것이 없는 지경에까지 자국 시민들을 빚지게 만들면, 결국은 파산을 할 수밖에 없기 때문이다.

참으로 존경할 만한 철학자인 존 로크는, 민중은 숱한 학대를 견딘 끝에 마침내 "스스로 일어나 정부가 애초에 세워졌을 때의 목적을 확보해줄 사람들의 손에 통치를 맡기기 위해서 분투할 것"이라고 내다보았다.[50] (그런데) '애초에 정부가 세워진 목적'을 다시 찾아내지 못한다면 민중은 무엇을 위해 '스스로 일어나야 할지' 알 수 없을 것이다. 민주주의와 자유는 이 캄캄한 암흑 속의 촛불이다. 우리가 그것들의 진정한 뜻을 복원할 수 있다면, 그것들을 다시 실현하는 일에도 착수할 수 있을 것이다.

대부분의 서방국가에서 주요 정당들은 좌파(큰 국가)와 우파(큰

---

50) "지배층이 큰 잘못을 저질러도, 부당하거나 불편한 법들이 많아도, 나약한 인간성으로 인한 실수들이 벌어져도, 민중은 불만을 표하거나 폭동을 일으키지 않고 참을 것이다. 그렇지만 한쪽으로 기울어진 일련의 학대와 기만, 책략들이 계속해서 일어나면서 그 의도가 분명해진다면, 그리하여 민중이 자신들이 당하고 있는 것이 무엇인지, 자신들이 어디로 가고 있는지 알 수밖에 없게 된다면, 그들은 분연히 일어나 정부라는 것의 애초의 목적을 달성할 사람들의 손에 통치권을 넘기기 위해 싸울 것이다. 다만, 국가(정부)의 목적을 분명하게 정립하지 못한다면, 그럴듯하고 유서 깊은 정부형태를 채용하더라도 자연상태나 혹은 완전한 무정부 상태보다 나을 것이 없다. 장애가 되는 것들은 여전히 존재할 것이고, 그것들이 개선될 여지는 훨씬 적기 때문이다"(*Second Treatise on Civil Government*(1693), Chapter 19).

기업)의 이데올로기를 이어받고 있는데, 이들은 모두 각자 내부에서 극단주의자(과격파)들을 내쫓고 나서 실제로 작동할 수 있는 합의점을 만들어내기 시작했다. 이렇게 정당들은 번갈아 정권을 잡으면서 어떤 때에는 국가에, 또 어떤 때에는 기업에 더 많은 것을 주고 있다.

광고, 뉴스, 여론 주도자들, 정당 옹호자들, 쓰레기 문화를 통해서 우리는 일상적으로 끊임없이 상업계 및 정치 권력들의 프로파간다에 노출되어 있다. 그러나 어떻게 우리의 문화가 타락했는지는 여기서 다룰 주제가 아니다. 여기서는 권력에의 꿈(정복)은 인류문화(자유)에 적대적이라는 사실을 지적하는 것으로 충분할 것이다.

기업에 의한 미디어의 소유 및 지배에 반대하는 투쟁은 반세기전에 패배했다. 모리스 L. 에른스트는 이미 1950년에 이렇게 탄식했다. "지난 20년 동안 1,000종의 일간신문이 폐간되었다. 그러나 이것보다 중요한 것은, 미국 소도시들에서 발행되던 2,500개 주간지들이 사라졌다는 사실이다."[51] 그는 이렇게 덧붙였다. "민주주의는 '풀뿌리' 과정이다. 작은 마을(hamlet) 이상으로 규모가 확대되면 민주주의는 작동할 수 없다." 이제 미국에서 대중매체는 거의 모두 기업이 소유하고 있고 그 결과 민중은 언로가 막혔다.

이 싸움의 결과를 조지 케넌은 다음과 같이 요약했다.

---

51) Morris Ernst, "The Preservation of Civil Liberties", *The Future of Democratic Capitalism* (1950), p. 19.

나는 스스로 민주정부를 갖고 있다고 자처하는 대부분의 나라에서, 여론이라고 부르는 것은 국민 다수가 갖고 있는 정서가 아니라, 특별히 목소리가 큰 몇 개의 집단—정치인, 논객, 주목받으려고 하는 온갖 종류의 인간들의 이해관계가 표현된 것일 때가 많지 않을까 생각한다. 그 사람들은 관심을 끄는 능력으로 살아가고 침묵할 수밖에 없게 되면 물 밖에 나온 물고기처럼 죽어버린다. 이 사람들은 시의에 맞는 쇼비니즘적 슬로건을 앞세운다. 그 이유는 다른 것은 몰라서이기도 하지만 단기적 이익의 관점에서 그쪽이 안전하고, 복잡하고 불만족스럽고 모순투성이이고 언제나 곡해되거나 남용될 위험이 있는 진실은 아이디어 시장에서 경쟁력이 없을 때가 많기 때문이다. 성급하고 증오에서 비롯된 조언들은 언제나 가장 상스럽고 천박한 상징물에 의해 지지를 받을 수 있다. 반면 온건한 조언들은 그 근거가 복잡하기 마련이고, 감정에 호소하지도 못하고, 설명하기도 어렵다. 그래서 어느 시대, 장소에서나 맹목적 쇼비니즘주의자들은 그렇게 늘 가는 길로 가는 것이다. 손쉬운 곳에 있는 열매들을 따 먹고, 내일 누군가의 희생을 대가로 오늘 작은 승리를 거두고, 방해가 되는 사람은 모조리 추문으로 뒤덮어버리면서, '인류 진보'랍시고 무모한 춤을 춘다. 그렇게 해서 민주적 기관들의 정당성에 거대한 의구심의 그림자를 드리운다.[52]

52) George Kennan, *American Diplomacy*(expanded edition, 2012), p. 66.

좀더 최근에는 인터넷의 발달로 사려 깊으면서 정보도 갖고 있는 시민들의 새로운 세대가 출현할지도 모른다는 기대감이 생겨났었다. 그러나 2012년 지금까지 인터넷의 용도는 주로 포르노, 오락, 쇼핑이다. 물론 아직은 초기이다. 정보에 대한 접근성과 의견수렴이 용이하다는 사실은 온갖 일을 가능하게 만들어준다. 인터넷상에서 자유를 유지하려는 투쟁은 어쩌면 지금 우리가 해야 할 가장 중요한 싸움일지도 모른다.

학문기관에서도 전반적으로 사고와 표현의 자유가 후퇴하고 있다. 대학 경영자들은 독립성을 지키려고 하기보다 상의하달식의 정부 대리인이 되었다. 이들은 정부는 물론이고 기업들에도 재정지원을 요청하고 있다. 오늘날 '시장의 힘'이라는 것은 대학이 기업의 요구에 순종하고 있는 현실을 완곡하게 표현한 것이다.

'정치적 올바름'은 많은 학문분야에 영향을 미친다. 모든 압제적인 이데올로기가 그렇듯이 '정치적 올바름'이라는 것도 약자를 염려하는 척하지만 새로운 특권층의 부상을 지지하고 있다. 그것은 일견 다문화주의를 고취하는 것같이 보이지만 실은 인류의 유전적 다양성을 부정하면서, 오늘날 삶의 특정한 조건들 덕분에 어떤 종류의 인간들이 (일시적으로) 우위를 누리고 있는가 하는 것에 대한 분석을 금지한다. 그 결과, 서구 제국주의에 의한 유린으로부터 긴급히 보호를 받아야 하는 사람들이 존재한다는 사실이 묻혀버린다. 이들은 이렇게 주장한다 — 우리 모두가 동등하다면 우리 모두 서구식 생활방식의 혜택을 '향유할' 자격이 있다.[53]

자연에 대해서 말하자면, 기업과 국가가 자연세계를 어떻게 취급해왔는지에 대해서는 알려고만 한다면 누구나 알 수 있다. 온갖 책과 잡지에 연대순으로 기록되어 있기 때문이다.[54] 그런 기록들을 읽으면 우리 내부에 공범자라는 죄의식과 견디기 어려운 무력감이 복합된 감정이 솟아난다. 어느 정도 이상은 몰라도 된다. '너무 많이' 아는 것도 가능한 일이다. 결국은 살아가야 되지 않는가.

기업들은 '로비'를 위해서 많은 예산을 책정해둔다.[55] 미국 의회가 '합법화된 뇌물수수를 위한 장(場)'[56]이라고 묘사되었을 때 아무도 이의를 제기하려고 나서지 않았다. 그렇지만 다른 어떤 나라도 자국의 대의기관이 미국 의회보다 낫다고도 생각하지 않는다.

"자유주의가 현실에서 그 정반대의 것으로 탈바꿈"[57]해버렸다는 주제는 버크하르트로부터 오크숏, 존 그레이, 토머스 소얼에 이르기까지 많은 사람들이 탐구해왔다. 정부들은 불공정함을 바로잡겠다고 약속하면서 "들어본 적도 없는 터무니없는 과업들"[58]을 맡았다. S. E. 파이너는 정부의 성격에 대해서 프랑스 아나키스트 프루동

---

53) '향유하다'를 긐은따옴표 안에 표기한 이유는 설문조사에 따르면 일반적으로 서구인들은 나머지 인류에 비해 불행한 것으로 보이기 때문이다. 다음을 보라. Richard Wilkinson and Kate Pickett, *The Spirit Level* (2010).

54) 《에콜로지스트》 같은 잡지를 예로 들 수 있다.

55) 로비의 내용에는 (기업활동을) 제한하는 법안을 저지하거나 정부의 계약, 지원금 등의 특혜를 따내려는 시도들도 있지만, 법률상 개인들에게 보장되는 것을 법인격에도 보장해주어야 한다는 주장 등도 포함된다.

56) 〈뉴욕타임스〉, 2011년 10월 31일자.

57) Oakeshott, *The Vocabulary of a Modern European State* (2008), p. 124.

58) Burckhardt, *Reflections on History* (1979), p. 22.

이 쓴 글을 인용했는데, 비록 그 묘사가 극단적이고 시절(1871년)을 반영하고 있기는 하지만, 그럼에도 선의를 가진 강력한 정부가 '민중을 위해서' 어떻게 작동하는지 이미 우리가 익히 알고 있는 그림을 보여준다.

통치를 받는다는 것은, 그렇게 할 권리도 지혜도 미덕도 보유하고 있지 않은 자들로부터 그들의 시야 속에 항상 있으면서 조사받고, 감시받고, 지시받고, 법에 의해 구속받고, 숫자 매겨지고, 등록되고, 세뇌당하고, 설교를 듣고, 조종당하고, 값이 매겨지고, 질책당하고, 명령받는다는 뜻이다…. 통치를 받는다는 것은, 모든 활동과 모든 거래에 있어서 주목을 받고, 신고되고, 등록되고, 세금이 부과되고, 도장 찍히고, 측정되고, 숫자 매겨지고, 분석되고, 면허증을 발부받고, 권한을 부여받고, 꾸지람을 듣고, 금지당하고, 교화되고, 교정되고, 처벌을 받는다는 뜻이다. 그리고 (정부는) 공익단체라는 가장(假裝) 아래에서, 그리고 공익을 위한다는 명분 아래에서 할당된 분담금을 내고, 훈련받고, 몸값을 지불하고, 착취당하고, 독점되고, 갈취당하고, 쥐어짜이고, 혼란스럽게 되고, 도둑질당하는 것이다. 그 뒤 (민중은) 아주 미약한 저항을 시도해보지만 불평 한마디 내뱉기가 무섭게 억압당하고, 벌금에 처해지고, 경멸당하고, 괴롭힘을 당하고, 추적당하고, 학대당하고, 두드려 맞고, 무장해제당하고, 질식당하고, 감옥에 갇히고, 재판받고, 선고받고, 사형당하고, 추방당하고, 희생양이 되고, 팔리고, 배신당하고 그리고 마지막으로 조롱당하고, 비웃음을 받고, 능욕당하고, 망신당하는 것이다. 바로 이것이 정부다. 이것이 정의이다. 이것이 도덕이다. 그런데도 마치 정부에 좋은 점이 있는 것처럼 행동하는 민주주의자들이 존재하고, 자유, 평등, 박애의 이름으로 치욕을 감내하는 사회주의자들이 있고, 공화국 대통령선거에 입후보를 선언하는 프롤레타리아가 있다니 실로 충격적인 일이다![59]

우리는 '자유와 민주주의'의 이름으로, 이것보다는 잘할 수 있어야 하지 않겠는가!

---

59) S. E. Finer, *The History of Government*(OUP, 1997), p. 1610에서 재인용.

제7장

민주주의와 좋은 정부

오래전 민주주의로 시작된 것은 법이 바뀌는 차원의 변화가 아니었다. 그것은 모든 사람이 한 사람의 폭정으로부터 벗어나 자유를 쟁취하는 근본적인 변화였다.

—허버트 스펜서

리비아의 독재자 무아마르 가다피는 (모든 통치권이 민중의회에서 비롯되는) 이론상 완벽하게 민주적인 정부를 조직했다.[1] 다만 거기에는 하나의 단순한 부속물이 딸려 있었는데, 그것은 여러 층위에서 활동하는 정보원의 존재였다. 상명하달식 통제를 받는 이 사람들은 사람들이 어떤 말들을 하는지 조사하여 밀고하였고, 정권 비판자들은 수감, 고문, 살해되었다. 이런 식으로 최선의 아이디어라도 최악의 현실로 타락하는 일은 너무나 쉽다. 그러므로 우리가 만약 서구식 정치시스템을 좀더 민주적으로 변화시키려고 결심을 했다면, 지금 우리의 정부형태보다 더욱 나쁜 것들도 호시탐탐 기회를 노리고 있다는 사실을 염두에 두어야 할 것이다. 그중 어떤 것들은 훨씬 더 민주적이라고 주장할지도 모른다.

---

1) Muammar Gaddafi, *The Green Book Part One: The Solution of the Problem of Democracy.* 이 책에는 모든 통치가 민중의회에서 비롯되는 정부구조가 묘사되어 있다.

진정한, 그리고 법적 구속력이 있는 민주주의의 요소들을 도입하지 못하는 한, 우리는 현 상태에 머물러 있을 수밖에 없다. 시민들은 엘리트들에게 완전히 의존적인 상태로 부채의 늪에 빠져 있을 것이고, 인류의 미래를 통째로 위험에 빠뜨리고도 그 어떤 변화도 만들어내지 못하는 가차 없는 성장과 소비주의 문화에 우리는 계속해서 완전히 포위되어 있을 것이다.[2]

  민주주의에는 또다른 요소가 있다. 그것은 시민으로서 우리는 직접 참여할 때에만 정치적으로 '살아있을' 수 있다는 것이다. 많은 사람들(전부는 아니다)에게 있어서 정치적으로 살아있다는 것은 숨을 쉴 수 있는 것과 같다. 우리는 우리 자신을 위해서 어떤 사회를 만들어내고 싶은가? 진정으로 민주적인 공동체에서 정치참여는 직업이 아니라 권리이다. 또한 의무이기도 할 것이다. 많은 나라에서 '배심원의 의무'가 의무로서 규정되어 있는 것처럼 말이다.

  이 장에서 다룰 문제는 다음과 같다. 어떤 민주주의의 메커니즘이 좋은 정부를 가져오는 데 도움이 될 수 있을까? 그리고 그것들을 어떻게 실행할 수 있을까?

사전 고려 사항

1. 무엇이 '좋은 정부'인가

  어떤 형태의 정부가 좋은 것인가에 대해서는 의견차가 있을 것

---

2) 4장에서 분명하게 보여주었듯이, 가차 없는 소비주의는 우리 모두가 그것을 바라기 때문에 존재하는 것이 아니라 현재의 불공평한 화폐창조 시스템이 붕괴하는 것을 막기 위해서 필요한 것이다.

이다. 그래서 나는 아마도 대부분의 사람들이 정부에 바라는 것이라고 생각되는 속성들을 열거하면서 시작하려고 한다. 아마도 대부분의 사람들은 다음에 동의할 것이다.

—공정하고 정당하고 공평무사한 법을 제정하고, 그것들은 제대로 집행된다.

—다른 나라들과 가능한 한 좋은 관계를 유지하고, 정당하게 대한다.

—자국 시민들에 대해서 불가피한 경우 외에는 폭력을 휘두르지 않고, 피치 못할 경우에도 정당한 법적 절차가 허용하는 범위 내에서 공권력을 행사한다.

—권력을 가진 자들이 약자들을 착취하지 못하게 막는다.

—국가의 생태적·인간적 자산을 보호할 뿐만 아니라, 자국 시민들이 타국의 생태적·인간적 자산을 파괴하는 것도 억제한다.

—국가의 권력기관 이외에는 어떤 강압적 기관도 일절 허용하지 않는다.

—침략이나 경제적 약탈, 기타 외세의 남용으로부터 국가를 안전하게 지킨다.

—전쟁에 나서기보다는 전쟁을 회피한다.

—청렴하고 투명한 좋은 통치를 통해서 시민들의 충성심을 북돋운다.

—미래세대의 이해관계를 보호한다.

—변화에 대해서 열려 있되 신중한 입장을 취한다.

2. 갈수록 다층적이 되어가는 현대 정부의 성격

지난 약 100년 동안 국제기관들이 국민국가에 대해 위세를 부리는 일이 급증하면서, 정치권력의 속성이나 정부와 시민 간의 관계도 성격이 변화해왔다. 그리고 이러한 양상은 멈출 기미도 없다. 더욱이 핵무기며 국경을 넘어서는 환경오염, 화석연료에 대한 의존이 갈수록 커져가고 금융 역시 세계화된 시대에, 대부분의 사람들은 국제법이나 국제기관이 약화되는 쪽이 아니라 더욱 강화될 필요가 있다고 생각할 것이다.

서구에서 지난 수백 년 동안 표준적인 정치적 실체는 국민국가였다. 국가는 독점적으로 무력을 행사할 수 있는 유일한 기구였다.[3] 그러나 갈수록 밀접하게 연결되고 복잡해져가는 세계 속에서 추세가 점차 다층적인 정부로 향해 가고 있는 것으로 보인다. 간단히 말해서, 옛 '연방주의' 구상이 발전하고 있다. 예를 들어보자. 만약 당신이 '리틀턴'이라고 하는 구역에서 살고 있다고 한다면, 특정 사안(쓰레기 배출 등)에 대해서는 당신은 '리틀턴'을 위해서 구성된 권한기구에 의해서 통치를 받게 된다. 그러나 다른 문제들(슈퍼마켓 개점 허가 등)에 관해서는 소속 지구의 보다 큰 단위의 기관의 관할을 받고, 그 밖의 다른 종류의 문제들에 대해서는 연방정부의 합의를 통해 성립된 국가 형법의 규제를 받으며, 한편 그 범위도 넘어서는 문제들(예를 들어서, 국가적 집단학살에 당신도 참여했다면)에

---

3) 홉스가 '리바이어던'으로 이론화하고, 보댕이 '분리할 수 없고 절대적인 통치권'으로 규정한 국가를 막스 베버가 '독점적으로 무력을 행사하는 기구'로 정의하게 된 것은 자연스러운 논리적 귀결이다.

대해서는 국제재판소 법정에 서야 할지도 모른다.

한편, 만약 당신이 무역업자라면 완전히 별도의 유동적인 국제 상법 시스템의 규제를 받을 것이다. 현재 국제상법은 거래 당사자들 간의 계약과 본국법, 기타 다양한 무역 협정 및 조약에 의거하고 있다.

그러나, 상업 이외의 문제들에 관해서 국제법은 다음과 같은 질문들과 씨름하고 있다. 국제법은 지방정부나 국가기관으로부터 개인의 권리를 보호하는 역할도 해야 할까, 아니면 국가 간의 행위에 대해서만 통제하면 되는가? 국제법이 열강들의 입김에 영향을 받거나, 반대로 소국(小國)들이 국제법을 이용해서 대국(大國)을 귀찮게 하는 일을 얼마나 예방할 수 있을까? 국제상법과 국제법의 관계는 어떻게 되는가? 또 현재 국제법은 국가 간의 조약에 바탕하여 사법권을 갖는데, 어느 정부나(특히 강력한 힘을 가진) 필요하다면 조약을 부인하거나 무시할 가능성도 있는 것이다.

이렇듯 복잡한 단계와 분과로 된 통치기구들이 모두 저마다 각자의 권역, 세력, 책임의 한계를 두고 서로 협상하고 또 협상하느라 분주한 상황이다. 그런데 여기에는 하나의 대전제가 있다. 그것은 그들이 모두 선거대의제를 통해서 민중의 지지를 확보했다는 가정이다. 따라서 세계 전역에 걸쳐서 대의기구에 대한 민중의 동의가 철회되고 있는 현실 속에서(투표율이 떨어지고, 권력자에 대한 신뢰와 존경도 옅어지고, 부패와 불공정에 대한 인식은 갈수록 높아지고, 무관심, 불만, 무력감이 시민들 사이에 만연해 있는) 다음과 같은 질문이 부상할 수밖에 없는 것이다. 이렇게 여러 층위의 권력기구들이 있는데, 어떻게 그 가운데에 진정한 민주주의의 제도적 틀을 마련할 수 있을까? 민중의 이해관계가 권력자들의 이해와 경합할 수 있을까? 아니 완전히 무시당하지 않고 참고 대상이라도 될 수 있을까?

우리는 국가권력을 행정·입법·사법의 삼권으로 분리하는 것이 중요하다고 들어왔다. 그러나 보다 근본적인 권력분립, 즉 부자와 빈자의 이해관계 사이에 어떻게 균형을 가져올 것인가?[4] 바로 이 것을 무시한 결과, 단 하나의 계층이 손쉽게 우위를 점하게 되었고, 부자는 더욱 부유해지고 빈자는 더욱 빈곤해지고, 중간계층은 (보통 부지불식간에) 자기들이 부자들의 이해관계에 봉사하고 있다는 사실을 깨닫고 있는 중이다. 부자들은 재력을 통해서 어떻게든 권력을 갖기 마련이고, 중간층은 부자들과의 관계 속에서, 그리고 사회에 대한 지배력 덕분에 언제나 힘을 갖고 있다. 따라서 결국 민주주의는 사실상 (아리스토텔레스 시대에 그랬던 것처럼) 빈자들을 권력구조 속에 포함시키는 것을 뜻하게 된다.[5] 그러므로 국가권력이 행정·입법·사법으로 분리될 때, 이 각각의 권력기관 내에 민

---

4) "로크는 정부의 권력은 계급에 따라서가 아니라 성격에 따라서 나뉘어야 한다고 생각했다(이 생각을 몽테스키외는 발전시켜서 완성했다). 외국 땅에서 영국이 장기간 치세할 수 있었던 것은 로크의 이 생각으로부터 출발했다고 볼 수 있다"(Acton, "The History of Freedom in Christianity").

5) 민주주의를 '모두에 의한 통치'가 아닌 다른 어떤 것으로 정의하려는 시도는 끊임없이 있었다. 즉 좀더 분명한 뜻을 갖지 않도록, 예를 들어서 '보장된 공민권'이나 '기회의 평등', '공정한 분배' 등과 같은 식으로 규정하는 것이다. 그 결과 이 중에서 적당한 것을 채택하기만 하면 누구든 '민주적'이라고 주장할 수 있게 되었다. 한편, 빈자들은 여전히 힘이 없다. 아리스토텔레스에 관해서는《정치학》3권 8장을 보라.

주적인 요소들이 포함되어야 한다. 그리고 물론 통화공급을 조절하고 감독하는 일에도 민주적 요소가 포함되어야 한다.

민주주의를 수립하는 것과 보존하는 것은 별개의 일이다. 어떤 순간에 민주주의가 아무리 많아도 공정한 방법이든 부정한 방법이든 갖은 수단을 써서 민주주의를 억압하고 더 많은 권력을 차지하려고 드는 개인이나 기관은 언제나 있기 마련이다. 다시 말해서, 자유가 그렇듯이 민주주의도 끊임없이 방어하고 보호해야 하는 것이다.[6]

3. 선거대의제, 민주주의, 좋은 정부

선거대의제가 민주적이라는 주장은 다음의 세 가지 전제에 기초하고 있다. ①보통사람들은 자신을 대신해줄 정치적 대리인을 선택한다. 그리고 ②우리는 모두 대표자들에게 자신의 의견을 전달할 수 있다. ③누구나 정치인이 될 수 있다. 그러나 ①과 ②는 현실에서 정당이 갖고 있는 권력으로 인해서 무의미해진다. 정당은 후보자들을 선정하여 선거에 내보내며, 대표자들은 자기가 소속된 정당에 충성할 수밖에 없다. 이런 현실에서 보통사람들이 대표자들에 대해 접근성을 갖고 있다는 사실은 민중의 통치도, 권력도, 권한으로도 연결되지 않으며, 따라서 민주주의와 아무 상관이 없다. 한편 마지막의 누구나 정치인이 될 수 있다는 전제는, 모든 사

---

6) "자유는 폭력의 치세와 끝없는 불의에 저항하기 위해서 일어선 약자들의 노력에 의해서 보존되어왔다"(Acton, *Lectures in Modern History*, p. 289).

람이 직업정치인이 되고 싶어 하지는 않는다는 사실이나, 혹은 만약 그렇다면 사회가 제대로 기능을 할 것인가 하는 측면을 완전히 무시하고 있다. 진정한 민주주의는 보수를 받는 직업정치인 집단의 손에 권력이 집중되지 않고 보통사람들 사이에 그 힘이 분산되어 있을 때에만 성립될 수 있다. 봉급을 받는 직업으로서의 정치인이 등장하는 순간 자치의 가능성은 희박해진다.

정당의 힘에 제약을 가할 수 있는 가장 간단한 방법은 의회에서 비밀투표를 하는 것이다. 몽테스키외[7]가 바로 이것을 권했는데, 그것은 대표자들이 자신의 양심에 반해서 투표하도록 강요될 수는 없다는 원칙을 표현한 것이었다.[8]

한편 보다 훌륭한 대표자들을 선발하기 위한 방법으로서, 간접선거가 제안되기도 했다. 제일 먼저 지역 수준에서 시민집회가 열리는데 이때에는 규모가 충분히 작아서 유권자들은 후보자가 어떤 사람인지 잘 알 수 있다.[9] 바로 여기서 선출된 대표자들이 그다음 단계에서 자신이 속한 공동체를 대표하는 방식인데,[10] 이러한 과

---

7) *De L'Esprit Des Lois*, Book 2, Chapter 2.

8) 이것은 '위임통치권'이라는 개념과 상충한다. 대표자들이 '민중'에 대한 약속을 지키는 것이 확인되어야 한다는 것 말이다. 그러나, 위임통치권이라는 구상은 이론상으로도(상황은 항상 변하기 때문에), 현실에서도(권력은 부패하기 마련이므로) 비현실적이다.

9) 아서 D. 로빈슨은 토머스 제퍼슨이 진정한 선거민주주의의 기초로서 구(區)의 회를 제안했던 것에 주목하고 있다(Arthur D. Robbins, *Paradise Lost, Paradise Regained*(2012), p. 419). 한나 아렌트는 《혁명론》(1963)에서 제퍼슨의 이 제안에 대해 상세히 논의하고 있다.

10) 여기서 자연스럽게 떠오르는 질문은 다음과 같다. 대표자들이 보상을 받는 것

정은 단계가 아무리 늘어나도 반복해서 적용될 수 있다.[11] 다만 가장 낮은 단계의 선거에서 사람들이 서로에 대해 잘 알고 있는 경우에만 유효하다. 따라서 가장 낮은 수준의 의회는 마을 정도의 규모여야 한다.[12] 그러나 오늘날 시행되는 간접선거는 대부분 엘리트들 가운데서 엘리트를 뽑는 경우로, 정당과 선출된 대표자들이 자기들 무리 속에서 더 높은 자리를 맡을 사람을 선출하는 데 사용되고 있다.[13]

수준 높은 민주주의가 존재하는 스위스에서는 정당들이 강력한 중앙조직을 갖고 있지 않다는 사실은 시사하는 바가 크다. 입법에 관해서도 대중 사이에서 격렬하게 논쟁이 벌어지고, 바로 이들이 최종 결정권을 가지고 있다(이 장(章)의 후반부를 보라). 이에 비해 선출된 대표자들로 구성된 의회 내에서 벌어지는 논의들은 중요성도 덜하고, 그만큼 활기도 없다.[14]

과 보수를 받는 직업인이 되는 것은 어느 지점에서 구별되는가? 그들은 대표자인가 대리인인가, 즉 숙고를 통해 자신의 의견을 바꿀 수 있는가 아니면 그렇게 하는 것은 이웃에 대한 배신행위인가? (정치에) 참여하거나 대표하는 것은 어느 정도로 의무적인가? 바쁜 사람들이 참가할 수 있도록 하기 위해서 회의들을 어떤 식으로 조직해야 하는가? 얼마나 많은 시간이 필요한가? 대표자로서의 의무들은 바쁜 사람도 이행할 수 있도록 조직되어 있는가?

11) "만약 중간단계의 기관이 전체 선거구민 10에 대해 1을 구성한다면, 유권자들의 뜻이 전달될 수 있고 사람들은 진실로 대표될 수 있을 것이다"(Acton, *Democracy in Europe*).

12) '소시오크라시(Sociocracy)'는 바로 이런 식의 간접선거이다. 이 과정을 요약한 글(Kees Boeke, "Sociocracy")은 인터넷에서 쉽게 볼 수 있다.

13) 위키피디아 영문판의 간접선거에 대한 설명(2012년 9월 19일).

14) Jonathan Steinberg, *Why Switzerland?*(1996), pp. 112~113.

지역 수준의 의회는 공동체 의식을 만들어낸다. 그러나 대표자들이 위에서 모든 것을 관리할 때에는 보통 시민의 정치참여라는 것이 투표라는 고독한 행위로 축소되어버린다. 공동체는 저절로 생겨나지 않는다. 필요에 의해서 생겨난다. 자치는 활발한 참여와 공동체를 낳는다. 루소가 "인간은 타인에게 자신을 대표하도록 허용하는 순간 자유를 잃게 된다, 그는 더이상 존재하지 않는다"라고 썼을 때[15] 염두에 두었던 것은 바로 이것일 것이다.

4. 자치, 민주주의, 좋은 정부

'자치'와 '민주주의'는 동일한 것으로 여겨지기도 한다. 민중이 스스로를 통치한다면 민주주의가 아닌가? 그러나, 지역 수준에서 자치가 이루어지더라도 정치공동체 전체의 권력·권한이 더 높은 수준(군주나 황제)에 있다면, 그것은 제한된 형태의 민주주의라고 해야 할 것이다.

예를 들어보자. 고대에 몇몇 그리스 도시국가들은 페르시아제국의 치하에 있었다. 이 도시국가들은 스스로 통치하는 것은 허용되었지만 페르시아 왕에게 세금을 내야 했다. 그리고 문제라도 일으키게 되면 제국의 군대에 의해 가혹하게 처벌을 받았다. 그리스 시민들은 그들의 열정과 천재성을 자치에는 마음껏 발휘할 수 있었지만 전쟁에서는 행사할 수 없었다.[16]

---

15) *The Social Contract*, tr. G.D.H. Cole, Book 3, chapter 15.
16) S. E. Finer(정확한 출처는 찾을 수 없다).

또다른 흥미로운 예는 '왕명에 의한 자치'이다.[17] 중세 말기 영국에서는 군주들이 지방자치를 장려했는데 그것은 군주 자신들이 정말로 하고 싶은 것(보통, 전쟁을 일으키는 것이었다)[18]을 계속해서 하기 위해서였다. 그 결과로 매우 다양한, 지역 단위의 행정부가 수세기 동안 활발하게 활동했다. 그중 일부는 민주적이었고, 일부는 과두정치의 성격을 가졌고, 또 일부는 전제적이었지만, 모두 서로 얽히고설킨 권리, 의무들로 구성된 하나의 커다란 시스템의 테두리 내에서 존재했다.[19]

이러한 지방자치 단위들도 결국 19세기에 일어났던 개혁들로 인해 모두 휩쓸려 사라진다. 그리고 그 자리에 상의하달식 행정부가 들어섰다.[20] 영국 국내의 자유주의자들은 이러한 개혁에 갈채를 보냈지만, 영국을 헌법상 자유의 수호자로 여겼던 나라 밖의 자유주

17) A. B. 와이트가 쓴 책(1933)의 제목이다. 그 밖에도 영국의 지방자치에 관한 저작을 남긴 사람들 : Sidney and Beatrice Webb(9권), Rudolf Gneist, Josef Redllich, Bryan Keith-Lucas, Peter Laslett, Patrick Collinson, Paul Vinogradoff.

18) Helen Cam, *Liberties and Communities in Medieval England*. 아이러니컬하게도 이들 중에서도 가장 폭정을 펼친 정부들이 '자유주의'라고 불렸는데, 여기서 귀족들은 군주가 승인한 조건만 따른다면 자의적으로 통치할 수 있는 허가를 받았다. 한편 다른 곳에서는 민주주의와 과두정치, 즉 열린 정부와 닫힌 정부가 번갈아가며 나타났다. 참고할 만한 흥미로운 사례로, 영국 교구총회와 뉴잉글랜드의 민주적 타운미팅 사이의 연속성에 대해서는 다음을 보라. "The Parish and the Town-Meeting" in White and Notestein, *Source Problems in English History*(1915), pp. 214 ff.

19) Mark Goldie, "The Unacknowledged Republic : Officeholding in Early Modern England" in *The Politics of the Excluded*, ed. Tim Harris(2001).

20) 3장을 보라.

의자들은 크게 비난했다.[21] 예컨대 독일 법학자 루돌프 그나이스트는 영국 민중이 그들 자신의 삶을 운영하는 권리·의무를 제거하는 일은 국가의 근간을 파괴하는 일이 될 것이라며 매우 유감스러워했다. 그는 영국이라는 나라가 기업과 닮은 꼴이 될 것이라고 예언했다. 민중의 권리와 의무, 자유는 실종되고, 국가의 이해관계에 봉사한다는 단 하나의 보편적 의무만 남게 될 것이라고 했다.[22]

5. 자유와 민주주의

일반적으로 '자유'와 '민주주의'는 함께 논의된다. 그런데 '자유'라는 말에 여러가지 뜻이 있다는 사실은 잘 알려져 있고, 그중 많은 뜻은 서구세계에서 (어느 정도까지는) 이미 인정을 받고 확립되어 있다. 언론의 자유, 종교의 자유, 단체·결사의 자유, 이주의 자유 같은 것들이 그런 예이다. 그렇다면 우리는 민주주의가 어떤 종류의 자유를 더해줄 것으로 기대할 수 있을까?

아마도 민주주의의 관점에서 '자유'가 갖는 가장 중요한 의미는 '특권의 부재'일 것이다. 한 사람에게 특권이 허용된다면 그것은 다른 사람의 자유를 대가로 한 것이다. 대의정부 아래의 사회에 존재

---

21) 흥미롭게도 영국 역사가 시드니와 비어트리스 웹 부처(夫妻)는 그러한 개혁들을 칭찬하는 짧은 책을 쓰려고 시작했다가, 결국 그로 인해 우리가 무엇을 잃었는가를 꼼꼼하게 기록한 9권의 책을 쓰고 조사하는 데 수년을 바쳤다.

22) Gneist, *The History of the English Constitution* (London, 1891), p. 733. Bryan Keith-Lucas, *The Unreformed Local Government System* (1980), p. 91에서 재인용.

하는 고유한 특권들에는 다음과 같은 것들이 있다. 은행들에는 돈을 만들어낼 수 있는 특권이 있고, 자본가들에게는 그 돈을 쓸 수 있는 특권이 있으며, 정부들은 자국 시민의 이름으로 채무를 만들어낼 수 있는 특권이 있고, 무책임한 관료집단(이들은 자신에게 적용되는 규칙을 자신들이 만든다)이 갖는 특권이 있고, 자연인보다 상위에 있는 법인격이 누리는 특권이 있다. 만약 우리가 이러한 특권들을 제거할 수 있다면 오늘날 책에서밖에 볼 수 없는 그런 자유가 생겨날 것이다.

6. 민중은 좋은 정치에 어떻게 기여할 수 있는가

민중에 의한 정치(민주정치)에 반대하는 의견이 많다. 물론 그중 어떤 것은 합리적이지만 순전히 편협함이나 이기심에서 비롯된 것들도 있다. 예전에는 민주정치를 반대하는 논리는 일반적으로 장황하게 기술되기 마련이었다.[23] 그러나 이제 시대가 '민중에 대한 옹호'가 공식적인 의무사항이 되었으므로 (민주정치에) 반대하는 주장들은 비공식적으로 발화될 공산이 크다. 그러므로 민주정치 제도들이 갖고 있는 잠재성을 분석하기에 앞서서, 우선 이런 주장들부터 검토해보는 것은 의미가 있다.

가장 거칠면서도 명백한 반대의 논리는 이것이다. 즉 '보통사람

---

23) 다음의 두 책이 좋은 예이다. H. L. Mencken, *Notes on Democracy* and John Austin, *A Plea For The Constitution*. 지난 200년 동안 제기되어온 '민주주의'에 대한 비판들 중에서 다수는 사실상 대의정치(우리가 '민주주의'라고 부르도록 유인되어온)에 대한 비판이었다.

들'은 일반적으로 정치 및 권력관계 속에서 위로 치고 올라오는 인물들과 비교해서 똑똑하지도 유능하지도 못하다는 것이다. 그러나 이 주장은 정치에서 성공하려면 위선, 무자비함, 진실을 멸시하고 끝없이 같은 소리를 되풀이하는 능력이 지성이나 유능함보다 중요한 것같이 보인다는 관찰로 반박될 수 있을 것 같다. 야망에 가득 차 있지 않은 사람이라면, 화합하는 세계를 원할 가능성이 높다. 그리고 정치가 더불어 살아가는 것에 관한 것이라고 한다면, 다른 정당을 앞지르려는 욕망보다 공정함과 정의를 고려하는 태도가 가치가 있을 것이다.

또다른 반대 논리에는 많은 사람들이 정치에 무관심하다는 것이 있다. 이들은 투표조차 하지 않는다. 이런 사람들은 보통 자신의 관심(이해관계)을 아무도 대변하지 않는다고 느끼는 개인들이다. 그들에게는 기표소에 가는 것은 시간낭비일 뿐이다. 반면, 스위스처럼 보다 민주적인 시스템에서는 정치에 대한 대중의 관심이 훨씬 높다.

한편, 대중이 의사결정을 할 때 제대로 알지 못한 채 충동적인 결론을 도출할 가능성이 높다는 주장도 있다. 좋은 결정은 주의 깊은 숙고를 요한다는 데에는 거의 누구나 동의할 것이다. 이런 점을 고려해서 민주정치 제도들을 고안하는 것은 전적으로 가능하다. 대표적인 예가 재판의 배심제도인데, 무작위로 선발된 '보통의' 시민들이 증거를 검토하고, 사건의 개요에 대해 경험이 풍부한 판사의 설명을 주의 깊게 듣고 나서 투표를 통해 피의자의 유무죄를 결정한다. 그 결론은 신뢰할 수 있고 양심적인 정의(正義)라고 할 것이다. 배심원들이 아니라 내셔널프레스 회원들이 피의자의 죄에 대해 투표해 판결을 내린다고 하면 그 과정은 기괴할 것이다.[24]

네 번째 반대 논거는, 정치도 예술이므로 거기에 정통하고 훈련이 되어 있는 전문가들이 담당해야 한다는 것이다. 타당한 말이다. 그래서 어느 정부나 일상의 행정과 조언, 연속성 등을 상설 직원(공무원)들에게 의지하고 있는 것이다.[25] 예를 들어서, 운송시스템이나 무기 조달 같은 일을 무작위로 선택된 보통사람들이 관리하는 것을 옹호할 사람은 많지 않을 것이다. 그러나 그것이 잘되고 있는지 감독하는 일이나 중요한 의사결정을 내리는 일은 배심원들(보통사람들)이 직업정치인들보다 잘할 수 있다.

민중이 정치에 참여하는 것을 반대하는 논리 중에서 가장 흥미로운 것 중의 하나는, 사람들은 합리적인 근거에 의해 성립되는 권한보다 전통적인 권위를 선호한다는 주장이다. 예를 들어보자. 17세기에 잉글랜드 사람들이 의회정부보다 군주제를 선호했던 것은 얼마나 비이성적이었던가! 게다가 오늘날에도 여전히 군주를 원하는 것을 보라. 정치인들과 이성주의자들은 민중이 퇴영적이라며 경멸할 수도 있다. 그러나, 어쩌면 민중은 '진보와 이성'이라는 그럴듯한 주장의 이면에 있는 기만성과 이기심을 꿰뚫어 보고 있는

---

24) 물론 하나의 광대극에 불과한 것이나 부패하기 쉬운, 혹은 정치적 입김에 쉽사리 넘어가는 배심제도를 고안하는 것도(그렇게 변경하는 것도) 가능하다.

25) 고대 아테네에서도 정치적 안정성은 공무원들(그중 일부는 노예였다)에 의해 유지되었다(Hansen, *Athenian Democracy in the Age of Demosthenes*(1998), pp. 244, 342).

것일지도 모른다. 더욱이 우리의 권리와 자유를 보호하는 것에 관해서라면, 대의제보다는 전통의 방식이 훨씬 더 믿음직스러울 수 있다.[26]

7. 헌법, 정치제도, 민주주의

헌법은 하나의 정치공동체가 어떤 식으로 스스로 통치하거나 타인에 의해 통치를 받을 것인지를 규정하고 있는 법과 관습의 총합이라고 할 수 있다. 헌법은 일반적으로 충동적인 갑작스러운 변화는 수용하지 않지만, 심사숙고를 통한 변경은 잘 받아들인다. 한국가에 있어서 헌법(문서화되었든 아니든)은 이루 말할 수 없을 만큼 중요하다. 헌법은 국민의 삶이 영위되고 야망이 충족(또는 좌절)되고 정의가 구현(혹은 부정)되는 큰 틀을 제공하기 때문이다. 헌법은 우리 삶의 조건들을 우리가 알아채지 못하는 방식으로 조율하고 있다.

헌법은 시스템 또는 시스템들에 대해서 구체적으로 상술하여 법과 실제에서 강제력을 행사함으로써 보통사람들이 통치하는 것을 가능하게 만들어야 한다. 그렇지 않으면 '민주적'이라고 말할 수 없다. 그리고 동시에 주권이라는 요소를 포함해야 한다. 예를 들면, 지배권력이 허락해주는 것이 아니라 국민발안에 의한 국민투표를 통해서 법적 구속력을 갖는 거부권 같은 것이다.

---

26) 전통적 정부들의 통치하에서는 몇 세기를 지나오면서도 살아남았던 보통사람들의 권리들이 하원에 의해 어떻게 폐기돼버렸는지 보라(3장).

정치제도는 기본적으로 그런 하나의 시스템이 현실로 구현된 것이라고 말할 수 있다. 예를 들어서, 선거대의제도는 그것을 작동시키는 사람들, 건물 등의 자원과 절차들, 그리고 거기서 나온 결과가 구속력이 있다는 것을 말해주는 헌법의 권위에 의해서 구현된 하나의 체계이다.

민중의회, 추첨으로 선발된 의회, 직무 교대, 감시, 추첨으로 선출된 공무원, 국민투표, 국민발안, 국민소환 등 (어느 정도) '민주적'이라고 말할 수 있는 제도들은 많이 있다. 그러나 그런 절차들의 결과물이 구속력을 갖지 못한다면 그것은 허울뿐이거나 자문역에 그치는 것으로, 진정한 민주주의라고 말할 수 없다.

민주정부의 기관들

1. 시민의회

공동체 구성원들이 그들 모두와 관련된 문제를 논의하기 위해서 모이는 시민의회는 확실히 정치포럼들 중에서 가장 오래된 것이다. 그 기원은 역사 이전으로 추정될 뿐 정확히 알 수 없는데, 상식적으로 생각했을 때 공동체에 문제가 생긴다면 그것을 해결하기 위해 구성원들이 다 같이 모였을 것이라는 것은 알 수 있다.

피에르 클라스트르에 의하면, 단순한 (부족)공동체들에서의 의회정치는 계급제도를 물리치고 평등성을 유지하기 위해서 고안된 것이었다.[27] 권력은 공동의 것이었고, 그것은 부족의 정신·행위의 전통과 관습으로 구성된 '사회' 내에 부여된 것이었다. "추장은 사회에 봉사하기 위해서 존재한다. 추장에 대해 권력을 행사하는 것은 바로 권력의 원래 주인인 사회이다."[28] 부족사회의 정치 원리는 "중앙에 개별적인 별도의 권력이 부상하는 것을 허용하지 않음"[29]으로써 국가의 고유한 특징인 권력관계를 회피하는 것이었다.

그런 공동체 가운데에도 남성에 의해 통치되는 부족들과, 주로 여성이 재산을 소유한 부족들(모계·모권제 사회) 사이에는 커다란 차이가 있었다.[30] 전자는 전쟁을 통해 부족사회의 안정성을 유지하고, 후자는 회유나 합의 등 평화적인 방법에 의지한다. 이 사실을 언급하는 것이 왜 중요한지는 굳이 설명하지 않아도 될 것이다. 전쟁과, 권력을 손에 넣기 위한 모든 경쟁이야말로 인류의 지속성을 위협하는 것이니까 말이다. 모권제 사회에 대한 연구는 그동안 학계에서 대체로 무시되고 경멸을 당해왔는데, 아마도 그 이유는 이런 사회들은 서구문명에서 수천 년 동안 당연하게 여겨온 기본전제들에 대해 의문을 제기하고 있기 때문일 것이다. 그러나, 공적 생활의 전 영역에서 여성의 참여가 증가하면서, 학계의 이해와

---

27) 피에르 클라스트르는 1977년 43세로 사망했다. 영어로 된 주요 저작은 *Society Against the State*(1977)와 유작인 *The Archaeology of Violence*(2010)가 있다.

28) *Society Against the State,* p. 175.

29) *Society Against the State,* p. 180.

30) '모계'는 재산이 여성의 혈통에 따라 상속된다는 뜻이다. 가모장제(여족장제)는 전통적으로 '어머니(모성)에 의한 통치'를 뜻한다. 다음의 두 책은 가모장제를 여성에 의한 지배가 아니라(즉 가부장제에 대칭되는 것이 아니라), 평등과 합의에 기초한 사회들로 규정한다. Heide Goettner-Abendroth, *Matriarchal Societies*(2012); Peggy Reeves Sanday, *Women at the Center: Life in a Modern Matriarchy* (2003). 다음의 책은 합의에 이르는 수단으로서의 의회에 관한 좀더 일반적인 연구이다. Jane Mansbridge, *Beyond Adversary Democracy*(1981).

는 무관하게 현실은 진보하고 있다(물론 남성의 세계에서 경쟁하는 여성들이 누리는 일종의 성공과, 모계사회들을 지속시켜온 일종의 권력 사이에는 차이가 있다).

남성이 지배해온 서구문명의 주류 역사는 부족들 간의 연합, 정복, 이주 또는 단순히 규모가 커진 경우 등의 몇 가지 경로를 통해서 현대의 복잡한 사회들(계층적이고 내부적으로 분화된)로 발전해왔다. 그런데 이렇게 복잡한 국가들에서도 작동할 수 있는 민주주의 제도들을 개발해내어, 민중이 한 개인이나 배타적 소수의 지배에 저항하는 것을 가능하게 만들어준 것은 일부 그리스 도시국가들의 공적이다.

민회는 그중 가장 기본적이고 단순한 기관이었다. 거기서 채택된 결정은 오늘날 우리가 '주권'이라고 부를 만한 일종의 권위를 갖고 있었다. 모든 시민이 민회에 참여할 수 있는 자격이 있었고, 공개토론을 거쳐서 거수로 결정이 이루어졌다.[31]

고대 그리스에서 여성과 노예는 시민권을 갖지 못했기 때문에 시민의회에서 배제되었다. 그럼에도 가난한 사람들이 참여했기 때문에 시민의회는 민주적인 것으로 여겨졌다. 빈자들은 언제나 다수였고 따라서 민주주의에서 빈자들은 정치적으로 우세한 계급으로 인식되었다. 이 가난한 사람들이 사회 구성원 공통의 이익을 위

---

31) Hansen, *Athenian Democracy in the Age of Demosthenes*(1998). 민주적 제도들과 그것들의 발전상에 대한 훌륭한 개관서이다. 그러나 아테네의 통치형태는 시간에 따라 변화했고 따라서 이 책에서 일반화한 내용은 '아테네 민주주의'의 전체 기간에 적용할 수 없다.

해서 결정을 내리면 그것은 '좋은' 민주주의였고, 자신들의 이해만 도모해 결정을 내릴 때 그것은 '나쁜' 민주주의였다.

시민의회는 오늘날에도 명맥이 이어지고 있다. 가장 잘 알려진 예가 스위스에 있는 코뮌과 칸톤, 그리고 미국 뉴잉글랜드(메인, 뉴 햄프셔, 버몬트, 매사추세츠, 로드아일랜드, 코네티컷)의 군(郡) 수준에서 운용되고 있는 것들이다. 스위스는 특히 흥미로운 사례인데, 정치활동의 전(全) 단계에서 민주주의시스템을 보존하고 있는 유일한 현대국가이기 때문이다. 1,000년이 넘는 세월 동안 계속해서 진화하고 있는 스위스 헌법은 "유별난 (민주적) 구성물을 한두 개 가지고 있는 수준이 아니라, 그런 것들이 찬란한 무리를 이루고 있다."[32] 따라서 민주주의와 관련하여 새로운 아이디어를 얻고자 한다면, 우리는 스위스의 정치방식을 살펴보아야 할 것이다.[33] 그리스인들이 도시국가에서 민주주의가 작동할 수 있도록 다양한 제도들을 발명했던 것과 같이, 스위스 사람들은 민족국가에서 민주주의가 작동하는 것을 가능하게 만드는 여러 제도들을 발전시켜왔다 (이 중 일부를 이 장의 뒷부분에서 논의한다).[34]

---

32) Clive Church, *The Politics and Government of Switzerland*(2004), p. 181.

33) 그 외에도 스위스의 정치에 관한 흥미로운 책들에는 다음과 같은 것들이 있다. James Bryce, *Modern Democracies*(1921); Wolf Linder, *Swiss Democracy*(1994); Benjamin Barber, *The Death of Communal Liberty*(1974); Jonathan Steinberg, *Why Switzerland?*(1996); Kris Kobach, *The Referendum: Direct Democracy in Switzerland*(1993).

34) 민족국가 민주주의가 어떻게 스위스에서는 발전하고 유럽의 나머지 지역에서는 실패하고 말았는지에 대해서는 다음 책이 설명하고 있다. Maude V. Clarke, *The*

현재 스위스에서 주민총회는 낮은 수준의 정부(코뮌)와 좀더 높은 수준의 작은 칸톤(모두 인구 4만 명 이하) 두 곳에서 채용되고 있다.[35] 시민의회는 스위스 헌법의 초석으로서 그만큼 매우 중요하게 취급되고 있다. 3,000개의 코뮌은 "헌법상의 권리를 통해서 존재하고, 그것은 제거될 수 있는 권리가 아니다. …다시 말해서, 스위스에서는 지방정부가 '위로부터' 개편되는 일은 불가능하다."[36]

스위스에서는 코뮌이 독립성을 갖고 국민투표라는 장치가 있기 때문에 이론만이 아니라 현실에서 민중이 '주권'(최종 결정권)을 갖는 것이 보장되고 있다. '민중의 동의'는 수동적인 것이 아니다. 그것은 보통사람들이 발의한 안건을 수용(또는 거부)하는 능동적인 과정이고, 다수가 내린 결정을 정부는 수용해야 한다.[37] 토머스 플레이너는 그것을 이렇게 표현했다. "스위스연방의 지방분권은 중앙정부가 칸톤에 권한을 나누어 주는 것이 아니다. 거꾸로 칸톤과 민중의 동의에 의해서 국가가 권력을 얻는 것이다."[38]

미국 뉴잉글랜드 지역의 타운미팅(주민총회)도 시민의회가 오늘날까지 살아남은 형태라고 할 수 있는데, 이것에 관해서 설명하고 있는 프랭크 M. 브라이언의 《진짜 민주주의》(2004)를 인용하면 다

Medieval City State(1926).

35) 아펜첼-이너로덴주(州)와 글라루스주(州)이다.

36) Wolf Linder, *Swiss Democracy*(1994), p. 49.

37) 그로써 농촌에 사는 사람들도 도시민과 동등한 영향력을 갖게 된다.

38) "The Concept of the Constitution of Switzerland"(Kleine Instututsreihe Nr. 7, 1983), p. 10.

음과 같다.

미국에서 타운미팅은 대의정부보다 역사가 길다. 이 제도는
뉴잉글랜드의 역사와 문화, 삶 속에 내재돼 있으며, 과거에는 공
공영역을 지배했다. …타운미팅에는 모든 시민이 참여할 수 있
고, 법으로 규정되어 있으며, 1,000개 이상의 타운에서 정기적으
로 열리고 있다.[39]

브라이언은 수많은 학생과 교수들이 고대 아테네 민주주의를 연
구하고 있지만, 미국 땅에 실제로 있는 오늘날에도 작동하고 있는
민주주의의 실체가 정치학계로부터 거의 완전히 무시당하고 있는
기이한 현상을 지적한다.

타운미팅은 지역의 문제에 대해서 최고 결정권을 갖는다. 그 권
한은 타운에 따라 매우 차이가 큰데, 예산이나 과세 같은 안건을
포함할 수도 있고, 지역의 공무원 선출, 고속도로 건설, 자격증 발
부, 그 밖의 타운의 활동들을 총괄한다. 때로는 타운미팅이 지역을
넘어서는 보다 큰 문제에 대해서 역할을 하기도 한다. 예를 들어서
일개 타운미팅이 미합중국 대통령 탄핵안을 가결시켰을 때에는 미
국 전체가 주목하고 (협력했다).[40]

---

39) Frank M. Bryan, *Real Democracy: The New England Town Meeting and
How It Works*(Chicago UP, 2004), p. 3.
40) 1974년에 버몬트주 셋퍼드에서 있었던 일이다. 당시 미국 대통령은 닉슨이었는
데 그는 탄핵을 피하기 위해서 8월 9일 사임했다.

'모든' 시민이 한 장소에 얼굴을 마주하며 모이는 것은 인구규모가 수십만 명이 넘어가면 당연히 어렵다(이렇게 보다 큰 인구가 단일 안건에 대해서 투표하는 것을 가능하게 만드는 메커니즘 — 국민투표, 국민발안, 국민소환에 대해서는 뒤에서 언급할 것이다). 그러나, 서로 얼굴을 맞대고 의논한다는 바로 그 특성으로 인해 시민의회는 독특하게 귀중한 가치를 갖는다. 시민의회가 없으면 민주주의의 다른 요소들은 모두 조금씩 빛을 잃을 수밖에 없다. 시민의회의 결정이 중요하고 구속력이 있을 때 사람들은 여기에 참가할 동기를 강력하게 갖게 된다. 더욱이 시민의회가 다른 민주적 장치들(더 높은 수준의 의회들에 적용되는 직무 윤번제 및 선거제 등)과 조화롭게 사용될 때에는 강력한 자치의 도구가 될 수 있다.

주(州) 차원의 문제나 국가적인 중요성을 가진 문제(예를 들어, 헌법개정)에 관해서는, 주나 국가 단위에서 여러 개의 시민의회를 한꺼번에 열어서 그 결과들을 취합하는 방법도 가능할 것이다. 서로 얼굴을 맞대고 토의와 숙의의 과정을 거친다면, 예컨대 단순히 국민투표에 부치는 경우보다 훨씬 숙고를 거친 민주적 결정에 이를 것이다.

그러나 언제나 그렇듯이, 그 결정이 구속력을 갖지 않으면 그런 회합은 의미가 없다. 구속력이 없다면 시민의회는 권력층이 자신들의 목적(겉치레로, 혹은 어떤 일까지 민중의 반발을 사지 않고 빠져나갈 수 있는지 타진해보기 위해서, 아니면 시민들의 분노를 잠시 진정시키기 위해서)을 위해서 시행하는 쓸데없을 뿐만 아니라 세상을 속이는 이벤트에 불과하게 된다.

2. 제비뽑기로 선발된 의회들

배심원은 제비뽑기로 선발된 하나의 집단이다.[41] 오늘날 우리는 흔히 형사재판의 맥락에서 배심원을 떠올리지만, 과거에는 추첨으로 선발된 시민들의 그룹이 사법권력은 물론이고 정치권력도 행사했다. 바로 이러한 관행을 다시 도입하려는 움직임이 현재 진행되고 있다.[42]

정치 및 행정에서 배심원제도를 시행한 것으로 가장 잘 알려진 곳은 역시 고대 아테네이다.[43] 평의회는 제비뽑기로 선발된 시민 500명으로 구성되었는데, 이들은 시민의회에서 다룰 안건을 결정했을 뿐만 아니라 일단 결론이 나오면 그것이 실제로 실행되도록 할 책임도 지고 있었다.

평의회는 평일에 매일 모여 의논했고 한 사람의 인생에서 꼬박 1년을 잡아먹었기 때문에, 자원자를 대상으로 하여 해당 지역의 주민들이 찬성하는 시민 중에서 선발하여 구성했다.[44] 일반시민으로

---

41) '배심원(jury)'이라는 말은 취임선서 과정(jurée)에서 나왔다. 선서는 특정 부직을 위해 선택된 사람이 성직하고 명예롭게 행동하게 약속을 시키는 것이다.

42) 제비뽑기로 구성된 의회를 주장하는 사람들은 저마다 다른 용어를 사용하고 있다. 예를 들어서, 의회는 '미니-퍼블릭(mini-publics)', '미니-포퓰리(mini-populi)'라고 하고, 제비뽑기에 의한 선발과정을 '추첨(sortition)'이라고 하며, 제비뽑기로 선출된 의회에 의한 통치를 가리키는 말에는 '디마키(demarchy)', '로또크라시(lottocracy)'가 사용된다.

43) Mogens Herman Hansen, *Athenian Democracy in the Age of Demosthenes* (2nd edition, 1999).

44) Hansen, p. 248. 한센은 때로는 개인들이 정치참여 활동에 봉사하도록 윤리적 압력을 받았을 것으로 추측한다.

구성된 그룹이라는 성격을 보존하면서 권력과 파벌이 생겨나는 것을 막기 위해서 누구든 한 번만(또는 최대 2회까지) 참가할 수 있었다. 한센은 40세 이상 아테네 시민의 3분의 2가 평의회에서 활동했을 것으로 추산한다.[45]

아테네인들은 법과 법령을 구별했다. 법이 좀더 영구적인 것이라면(예를 들어, 살인이나 상속에 관한), 법령은 일단 시행이 되고 나면 소멸하는 것이었다(예를 들어, 전쟁에 돌입할 것인지 혹은 전쟁 노획물을 어떻게 분배할 것인지를 결정하는). 민회가 법령을 제정했다. 법을 개정하는 과정은 좀더 복잡했다(또 그것은 시간이 지나면서 상당하게 변화했다). 일반적으로 법 개정은 개별 시민(도시국가의 최종적 정치 주체)을 포함해서 거의 누구든 발안할 수 있었다. 의안은 보정된 뒤에, 동의(혹은 거부)를 받기 위해 의회 사이를 오가며 전달되다가 마지막에 결론이 나면 문자 그대로 "돌에 새겨져서" 공시되었다.[46]

평의회는 추첨에 의해 선발된 여러 시민 그룹 중에서도 가장 중요한 기구였다.

민중법정에는 전문가들은 전혀 참여하지 않았다(다만 연설문을 작성하는 일은 전문가가 고용되어 대필할 수 있었다). 각 측은 자신의 주장을 제시하고, 배심원은 듣고 결정을 했다. 오늘날 우리는 열두 명으로 구성된 배심원에 익숙하지만, 고대 아테네에서는 보통

45) Hansen, p. 249.
46) Hansen, pp. 161~177.

배심원이 수백 명의 시민으로 구성되었다. 중요한 안건일 때에는 1,000명이 넘기도 했다. 요컨대, 거의 모든 시민이 일생 동안 어떤 식으로든 몇 차례는 나라에 봉사하도록 요청받았던 것이다.

민중법정은 그 자체가 오늘날 우리가 '정치'라고 부를 만한 기능들을 했다. 그들은 "민회, 평의회, 행정장관들과 정치지도자들을 통제할 수 있는 무한한 권력을 갖고 있었다."[47] 민중법정은 행정책임도 지고 있었기 때문에, 공공지출을 감독하고 시민들의 불만도 처리했다. 이 위원회 성격의 배심원은 활동기간이 훨씬 짧았으므로 사람들은 이 정치참여 활동을 자신들의 일상에 좀더 수월하게 끼워 넣을 수 있었다.

무작위로 선출된 시민들로 구성된 기구가 공공책무를 맡는 방식은 적용할 수 있는 대상이 대단히 광범위하다. 오늘날에도 대부분의 시민들―수년 혹은 수십 년 동안 지배당하면서 정치에 냉담해진 사람들까지 포함해서―은 공무를 맡도록 요청받았을 때 목적의식과 공동체적 책임을 가지고 행동한다.[48]

추첨으로 구성된 의회들은 ①'모든' 시민 중에서 그 구성원들이 선발되고, 또 ②모든 시민으로 구성된 민회를 그들의 상위 권력기구로 인정하는 한 민주적인 것으로 여겨졌다. 의회가 어떤 특권 그룹―부유층이나 한정된 수의 가구에서 그 구성원을 선발하면 그것은 과두정치라고 여겨졌다. 말할 것도 없이, 제비뽑기로 구성된

---

47) Hansen, p. 179.

48) Yves Sintomer, *Petite histoire de l'expérimentation démocratique*(2011).

의회라도 만약 그것이 독재자의 말을 잘 듣는 부하 노릇밖에 하지 않을 때에는 '민주적'인 것과는 정반대의 것으로 취급되었다.

유럽에서는 추첨으로 구성된 의회가 민주주의, 과두정치, 전제정치의 역사에 모두 계속해서 등장한다. 일반적으로 좀더 최근의 의회들이 대체로 '비'민주적 성격을 보여준다. 즉 배심원 선발에서 가난한 사람들이 배제되는 경향을 나타내면서 특정 정당이나 집안의 인물들로 한정되고 있다.[49] 중세와 르네상스 시대에 수많은 타운과 도시들에서 추첨에 의한 의회제도가 운영된 기록이 있는데, 그 관행이 19세기까지 유지되었던 경우도 더러 있다.[50]

정치에 배심원제도를 도입하자는 흥미로운 제안은 현대 사법재판소에서 배심원제도가 이용되고 있는 방식을 반영한 것이다. 키스 서덜랜드가 쓴 《민중의 의회》(2008)는 추첨으로 구성된 입법부 시스템에 대해 개략적으로 설명하고 있는 책인데, 전문적 대변자들에 의해서 안건의 장단점들이 제시되고 난 뒤에 의회는 정책이나 법 개정 문제에 대해서 투표를 통해 결정하는 방식이다.[51]

---

49) 성경의 내용을 실천에 옮겼다. "제비뽑기는 다툼을 그치게 하여 강한 자 사이에 해결하게 하느니라"(잠언 18장 18절).

50) Maude V. Clarke, *The Medieval City State* (1926). 개별 도시들의 역사는 이러한 정치 메커니즘들이 발전해온 맥락을 알 수 있게 해준다. 다음을 참고하라. John Jones, *History of Lucca* (2010) ; Langton Douglas, *A History of Siena* (1902).

51) Keith Sutherland, *A People's Parliament* (2008) ; Anthony Barnett and Peter Carty, *The Athenian Option* (2008).

3. 추첨에 의해 선발된 공무원들

아테네에서 대부분의 국가 공무원(행정장관)은 추첨으로 선발했다. 다만 군대 지휘관처럼 특별한 능력이 필요한 분야에 한해서는 선거방식이 선호되었다. 민주주의의 측면에서 추첨이라는 방식을 채택한 것이 왜 중요한지는 설명할 필요가 없을 것이다. 제비뽑기 방식은 사실상 모든 시민으로 하여금 어떤 종류의 공직이든 맡도록 만들기 때문에 누구나 "번갈아 통치하고 통치받는다"[52]는 민주주의의 이상을 실현하는 방법이다.

그러나 결점 역시 명백하다. 무능하고 심술궂고 부패했거나 혹은 완전히 미친 사람이 공직을 맡고 있다는 것을 깨닫는 것처럼 나쁜 일은 많지 않을 것이다. 아테네인들은 이 문제에 다음과 같이 대처했다. 우선 공무원의 임용을 확정하기 전에 면밀히 조사하는 과정을 거쳤고, 거기에 더하여 (가능한 한) 공무원들이 열 명씩 그룹으로 활동하도록 했던 것이다. 오늘의 우리에게는 예컨대 화장실 확장 공사를 하기 위해서 공무원 열 명과 논의를 해야 한다는 사실이 굉장히 낯설게 느껴지겠지만, 추정컨대 고대 그리스에서는 그런 일이 일상적인 것이었다. 이렇게 공무원들이 집단적으로 기능하게 함으로써, 개별 인물이 너무 많은 권력이나 영향력을 획득하게 되는 일을 미연에 방지할 수 있었다. 또한 뇌물 수수도 너무 돈이 많이 들고 복잡한 일이 되었고, 적발되어 신고를 당할 가능성

---

52) Aristotle, *Politics*, Book 6, Chapter 2(1317b2-3).

도 높아졌기 때문에 부패도 예방될 수 있었다.[53]

한편, 추첨에 의한 공무원 선출은 전혀 민주적이지 않은 목적으로도 사용될 수 있다. 관할 주민들로부터 세금을 징수하는 것과 같은 돈벌이가 되는 공직이 과두정 권력층 사이에서 배분되었던 것이 좋은 사례이다. 중세시대에 몇몇 도시국가들(볼로냐, 피사)에서 바로 그런 일이 벌어졌다.[54]

4. 윤번제

윤번제란 다양한 공직을 시민들이 번갈아 교대로 맡는다는 뜻이다. 이것은 마을 수준에서 이루어질 수도 있고(보도 관리, 맥주 양조 관리, 치안과 같은 의무가 주민 사이에 교대로 할당된다), 국가 수준일 수도 있다. 고대 그리스나 현대의 스위스에서 국가원수의 직무가 바로 그렇게 배정된다.[55] 스위스는 공식 언어가 네 개이다. 이렇게 대부분의 시민이 복수의 언어를 사용하므로, 국가수반의 공직을 돌아가며 맡는 제도는 상이한 언어공동체들 사이에 존중심과 친근

---

53) Hansen, *Athenian Democracy in the Age of Demosthenes*, p. 237. 한센은 행정부가 연속성과 유능함을 보유할 수 있었던 것은 행정장관 아래의 비서들 덕분이었을 것이라고 덧붙이고 있다.

54) Tom Scott, *The City-State in Europe* (2012), p. 42.

55) 고대 아테네에서 "아테네 성인 남성 시민 4명 중 1명은 '나는 아테네의 1일 대통령이었다'라고 말할 수 있었다"(Hansen, p. 314). 현대 스위스에서는 좀더 제한되어 있다. 국가수반의 직책은 스위스 연방의회 멤버들 사이에서 선임 순으로 교대로 맡는다(위키피디아 영문판 '스위스연방의 대통령'에 대한 설명(2012년 9월 21일), 공식적으로는 선출되지만 그러나 항상 앞에서 간단히 설명된 전통을 따르고 있다).

함을 일정한 수준으로 유지하는 데 도움이 된다.

고대 그리스에서 직무를 돌아가며 맡았던 것은, 모든 사람이 실질적인 정치적 책임을 지게 하기 위해서였다. 공직에 재직하는 것도 포함해서 (정치)참여의 권리를 누리는 만큼 시민일 수 있기 때문이다.[56] 윤번제는 일반적으로 추첨에 의한 선출 제도와 함께 사용되었다. 예를 들어서, 추첨으로 구성된 평의회는 열 개의 그룹으로 나뉘었는데, 각각의 그룹은 돌아가면서 집행위원회로서 35~36일 기간 동안 복무했다.

5. 국민투표, 국민발안, 국민소환

국민투표는 시민 전체가 특정 안건에 대하여 투표하여 결정하는 것을 가능하게 하는 시스템이다. 전자적 통신수단, 특히 인터넷의 출현 이후에 이것은 훨씬 용이하고 더욱 실행 가능한 일이 되었다. 그렇다면 국민투표는 어느 정도까지, 그리고 어떤 형태일 때 바람직할까?

스위스에서는 수세기 동안 국민투표가 지역 수준에서 실행되어 왔는데, 1848년에 마침내 전국적 차원에서 제정되었다.[57] 그 결과는 구속력이 있으며 시민단체들은 상당히 쉽게 국민투표를 발의할 수 있다(현재 100일 내에 5만 명의 서명을 받으면 된다). 그리고 정부가 내린 결정이 거의 모두 국민투표에 의해서 번복될 수 있기 때문

---

56) Aristotle, *Politics*, Book 3, Chapter 1(1275b).

57) Kris Kobach, *The Referendum : Direct Democracy in Switzerland*(1993).

에, 정치엘리트들은 국민투표를 도발할 만한 일을 미리 피하고 하지 않는다.[58] 원대한 계획을 갖고 있는 야심 가득한 정치인들에게는 거추장스러운 제도일 테지만 국민투표는 민주주의를 보호하는 장치이다.

국민투표도 물론 어느 정치제도와 마찬가지로 잘 고안될 수도, 잘못 설계될 수도 있다. 요컨대 민주적 도구로서의 속성이 비민주적 권력들에 의해 손상될 수 있다는 말이다. 바로 그런 사례가 미국에서 있었다. 미국 연방대법원은 기업들이 마치 인격을 가진 시민들인 것처럼 주(州) 차원에서 국민투표를 발의할 기업의 권리를 옹호했다. 그 결과는 말할 것도 없이 민주주의에서 더더욱 멀어지면서 민간기업의 권력을 더 키워준 것이 되었다.[59] 미국에는 연방 수준에서 국민투표를 실시하는 것에 대한 규정이 없다(시민들의 청원에 의해 촉발되는 국민투표를 미국에서는 '국민발안'이라고 부른다).

대부분의 관찰자들은 민중의 요구에 의해서 혹은 헌법 제청을 위해서 자동적으로 시행되는 스위스 국민투표 제도들이 (비록 그중 일부의 결정은 엄격한 도덕적 기준에 못 미치더라도) 대체로 잘 운영되고 있다는 데 동의한다.[60] 스위스의 경우 흥미로운 점은, 일단 국

---

58) 다음의 책 서문을 보라. Thomas Fleiner, Alexander Misic, Nicole Toepperwien, *Swiss Constitutional Law* (Dike, 2005).

59) 〈이코노미스트〉(2011년 4월 20일 발행)는 스위스와 캘리포니아에서 국민투표 제도가 어떻게 사용되는지 비교하는 특집을 실었다.

60) 도덕주의자인 척하는 반민주주의자들은 자유주의에 반하는 것으로 보이는 (국민투표) 결정이 나오면 반색하며 달려든다. 그러나, 실은 일반적으로 (국민투표) 결과는 자유주의적이면서 동시에 보수적이다.

민투표 시행이 결정되면 입법기관이 수정안을 준비할 수 있는 기회를 갖는다는 것이다. 수정안은 대체로 초안보다 정교하고 실현도 용이한데, 유권자들은 두 형태의 새 입법안 중에서 선택을 하게 된다.

말할 것도 없겠지만, 국민투표라는 장치가 정부에 의해서만 제안될 수 있거나, 발안 내용을 정부가 관할한다면, 혹은 그 결과가 구속력이 없다면 민주적이라고 말할 수 없다. 영국정부는 최근에 좀더 투명한 제도라고 할 만한 것을 현재의 가짜 민주주의에 도입했다. 그것은 'e-청원'(청원은 권력자에게 탄원하는 것이다)이라는 것인데, 시민들이 특정 정책에 대해 토론할 수 있게 해달라고 정부에 탄원할 수 있는 제도이다. "최소 10만 명 이상의 서명을 받으면 해당 안건에 대해서 하원에서 토론하는 것을 고려하게 된다."[61] 일부 '현실적' 민주주의자들은 이것도 '시작'이라며 환영하고 있다.

국민소환으로 알려진 장치는 "공무원의 임기가 끝나기 전에 유권자들이 직접 투표를 통해서 그 선출된 공무원의 직위를 해제할 수 있는 절차이다"(위키피디아). 국민소환이라는 규정은 선출된 공무원들의 행위를 실질적으로 규제할 수 있는 민주적 발상으로 보인다. 이것은 아래에서 살펴보는 감시라는 민주정치의 수단과도 관련이 있다.

---

61) http://epetitions.direct.gov.uk/04/10/2012

6. 감시[62]

감시는 공직의 책임을 확실히 하기 위한 간단한 메커니즘이다. 그 내용은 한 사람의 됨됨이와 행동을 그가 공직에 취임하기 전과 후에 조사하는 것이다. 우선 하나의 배심원단이 구성되어 해당 대상자가 자격을 갖추었는지 공직에 임명하기 전에 검토한다. 이 사람은 시민권이 있는가? 연령이 자격요건에 맞는가? 범죄자가 아닌가? 정신이상자가 아닌가? 그리고 취임 후 일정한 기간이 흐른 뒤에는 다시 별도의 배심원단이 이 사람이 공무원으로서 명예롭게 행동했는지—뇌물을 받지는 않았는지, 공익을 저버리지 않았는지 등에 대해 조사를 수행한다. 시민이라면 누구나 공무원에 대해 불만을 제기할 수 있는데, 감시과정에서 그것에 대해서도 조사가 이루어진다. 악의적이거나 근거가 없는 불평을 한 시민은 처벌을 받는다.

어떤 종류의 것이든 감시를 방기한다면 그것은 분명히 엘리트주의 및 특권에 대한 투항이라고 할 것이다. 우리가 이 제도를 다시 가동시켜서 사용한다면, 오늘날 많은 곳에서 벌어지고 있는 일이지만, 국가를 자신들의 돈줄로 운영하고 있는 부패한 엘리트들에게 치명타를 입힐 수 있을 것이다. 동시에 그것은 돈, 금융 분야에 구조적인 특권이 존치하고 있다는 사실을 조명할 것이다. 사실상 이 특권은 지난 200년 동안 대중의 시야로부터 효과적으로 감추어

---

62) 나는 '감시'라는 용어를 중세 도시국가들에서 행해졌던 관행(squittino), 고대 그리스의 자격심사(Dokimasia) 및 책임검증(Euthyne) 제도를 모두 포괄하여 사용하고 있다.

져왔던 것이다. 4장에서 살펴본 것과 같은 금융구조는 민주적 감시제도가 있다면 결코 허용될 수 없는 것이다.

민주적 사회에서 공직은 최소한의 보상을 받으면서 자발적으로 맡는 일이다. 그리고 공무를 맡은 사람들에 대한 감시는 일반적인 관행으로서 상존한다. 직업정치인들이 높은 봉급을 받으면서 돈 이외에도 공직에 딸린 각종 혜택을 탈취하고 있는 대의정부 아래에서는, 이들의 권력남용을 조사해서 밝혀낼 수 있는 것은 (그런 의욕을 갖고 있을 때의) 언론매체밖에 없다. 이렇게 정작 보수를 지급받는 직업공무원들은 세간의 평가에 영향을 받지 않는데, 보수 없이 자발적으로 일하는 민주주의사회의 공무원들은 대중의 면밀한 감시 아래에 있는 것이 이상하게 생각될 수도 있지만, 역사를 살펴보면 쉽게 납득할 수 있는 일이다. 초기 영국 대의정부의 역사를 훌륭하게 개관하고 있는 루이스 나미어 경은 그 까닭을 이렇게 표현했다. "어린아이들이 다른 사람들과 나눠 먹기 위해서 생일케이크를 바라는 것이 아니듯이, 인류를 위해서 의원이 되려고 하는 사람은 없었다."[63] 그러나 "이것은 완전히 정상이며 결코 비난받을 일이 아니다." 요컨대 대표자들도 인간이라는 말이다. 평범한 인간에게 무엇을 기대하겠는가?

요약

지난 두 세기 동안 선거대의제가 표준이 되어온 결과, 오늘날 전

---

63) "The Structure of Politics At The Accession Of George Ⅲ"(1957), p. 2.

세계는 과장할 수 없을 만큼 위험한 상황에 처해 있다. 금융위기는 빙산의 일각에 불과하다. 권력은 (민중이 아니라) 각국 정부의 손에 있고, 통치자들은 스스로 이성적이며 진보적이라고 주장하지만 전쟁, 오염, 낭비, 환경파괴를 가져왔고, (국민에게) 설명책임이 없고 무책임한 소수 특권층에게 국가의 자산을 넘겨주는 일에 협력해왔다. 자유와 민주주의의 이상(理想)은 내동댕이쳐졌다. 수많은 사람들의 삶이 비밀리에 설계, 집행되는 시스템에 속박되어 있다. 농장, 주택, 사업체, 일자리, 소유물, 생계, 인간의 삶이 거대한 기생충 같은 금권정치의 손아귀로 넘어간 상태에서, 민주주의를 도입하는 것 말고 다른 어떤 돌파구가 있을 수 있을까? 민주주의의 도입은 일시적인 것일 수도 있고(폭동, 반란을 통해 통치자가 각성하게 만드는 일) 혹은 헌법을 통해 지속되는 것일 수도 있다. 이것은 실은 전혀 새로운 이야기가 아니다. 문명이 생겨난 이래 계속되어온 일이다.

우리가 진정한 입헌민주주의가 실현되는 것을 보게 될 수 있을 것이라는 생각은 얼마나 현실적일까? 많은 이들이 이것은 상상도 못할 일에 가깝다고 생각한다. 민중은 정치에 참여하는 일을 남들에게 맡기는 데 만족하고 있고, 엘리트들은 당연하게도 근본적 변화에 반대한다. 그러나, 우리의 현대세계에 민주적 관행들을 도입하기 위한 여러 노력이 진행되고 있다. 그리고 만약 민중이 민주주의(정치적 책임과 자유)를 바란다면 상황은 매우 빠르게 변화할 수 있다.[64]

남아메리카에서는 포르투알레그레의 참여예산제 실험이 유명하

236

다. 참여예산제란 세금을 어디에 써야 할지를 결정하기 위해 시민들을 소집하는 것이다. 공무원, 전문가들은 결정을 내리는 일을 하는 것이 아니라 시민들을 돕기 위해서 가까이에 대기하고 있다. 포르투알레그레는 인구 150만 명의 도시이다. 이 실험이 진행되는 동안 "사람들이 자기가 낸 세금이 어디에 쓰이는지를 보게 되면서 탈세가 줄어들었다"[65]는 점은 어쩌면 가장 흥미로운 결과였다. 이렇게 민주주의는 민주주의를 더욱 고무하게 된다. 그 후 전 세계 200개가 넘는 도시에서 각자 고유한 형태로 '포르투알레그레 민주주의'를 출범시켰다.[66]

2005년, 중국은 지방정부 수준에서 배심원에 의해 의사결정이 이루어지는 제도를 도입하기 위하여 시민의회 연구자·운동가인 제임스 피시킨을 초청했다.[67] "함께 숙고하고, 좀더 많은 정보에 접근하여 해당 사안에 정통하게 된 뒤, 모든 일반시민을 대신해서 자신의 의견을 표출할 수 있는 소우주(mini-public)를 구성하기 위한 목적으로 무작위의 표본집단을" 소집한다는 것이었다.[68] 서구의 논평가들은 민주주의를 서방세계의 전유물이라고 믿어온 탓인지, 중국 공산당이 민주주의를 활성화하려는 것에 대해 발끈하는 모습

---

64) Graham Smith, *Democratic Innovations* (2009).

65) Patrick Kingsley in *The Guardian* (2012. 9. 10).

66) 이 주제에 관한 책은 다수 있다. Iain Bruce, *The Porto Alegre Alternative* (2004) ; Gianpaolo Baiocchi(2005) ; Marion Gret and Yves Sintomer (2005).

67) James S. Fishkin, *When the People Speak* (2011).

68) http://www.re-public.gr/en/?p=58 (2012년 12월 28일 접속)

을 보였다. 중국 당국은 "이해의 상충을 경감하고, 부패를 제거하고, 시민과 이익단체들이 지자체가 시행하려고 하는 건설사업에 대해 그들의 우려를 표출할 수 있는 통로를 제공하기 위해서, 주민들이 숙의하고 협의할 수 있는 기구가 지방정부에 필요하다"[69]고 설명했다.

캐나다 브리티시컬럼비아주(州)에서는 배심원처럼 추첨에 의해 선발된 시민의회를 통해 선거제도 개혁안을 작성했다. 다만 그들이 제출했던 다소 온건한 내용의 권고안은 이후 국민투표에서 부결되었다. 아직은 시기상조였던 것이다. 미국과 유럽에서는 국민투표, 국민발안, 국민소환 실험들이 계속되고 있다.[70]

유럽 내에 실존하는 민주적 공동체들도 본보기가 될 수 있을 것이다. 그중에서 확고하게 자리를 잡은 것으로 덴마크 크리스티아니아 공동체를 꼽을 수 있는데, 코펜하겐시 안내 책자에는 크리스티아니아에 대해 이렇게 설명하고 있다. "(크리스티아니아) 정부는 고대 아테네 폴리스보다도 민주적이고, 모든 주요한 결정이 크리스티아니아 주민 모두가 초대된 공청회에서 이루어진다. 회기 중에는 상점이나 카페는 문을 닫고 합의에 이를 때까지 논의는 계속된다. 투표를 통해 결정하지 않기 때문에 결론이 신속히 도출되지는 않는다. 크리스티아니아는 각자 개별적으로 매달 회의를 여는

---

69) http://cdd.stanford.edu/polls/china/ (2012년 12월 28일 접속)

70) *The Inititative and Referendum Almanac*; *Direct Democracy in Europe*. 이 두 책은 모두 미국 남캘리포니아대학(USC)의 I&R연구소의 지원을 받았는데, 이 연구소는 국민투표 및 국민발안 연구에 전념하고 있다.

15개 행정지구와 자치지구로 나뉘고, 필요할 때에는 각 지구의 대표들로 연락단체가 구성된다."[71]

세계 전역에서 일어나고 있는 협동운동은 정치적으로 적용될 수 있는 잠재력을 가진 의사결정 절차로서 진화해왔다. 어떤 의미에서 협동운동은 비즈니스 영역을 민주화하는 것이라고도 말할 수 있는데, 그렇게 하기 위해서는 특히 '아래로부터의' 제안을 정치에 도입하는 등, 몇 가지의 민주적 절차를 제도적으로 확립해야 할 것이다.[72] 다시 말하지만, 이것 역시 위에서 아래로 강요된 무의미한 (임시방편의) 일이 될 수도 있고, 구속력 있는 진정한 민주적 정치구조의 일부가 될 가능성도 있다.

잘 작동하고 있는 민주주의사회들이 실존한다는 사실은 진정한 민주주의가 현대에도 실행 가능하다는 것을 증명하고 있다. 대의정부는 유럽의 다른 지역에서 진압된 뒤에도 영국에서는 한참 뒤에까지 살아남아서 18~19세기에 마침내 부활했다. 같은 식으로, 지금까지 진정한 민주주의가 생존해 있다는 사실은, 고대 그리스에서 선보인 이후 2,500년이 지났지만 민주주의가 부활할 수 있다는 것을 웅변하고 있다.

---

71) Sean Sheehan, *Copenhagen*(2003). 덴마크정부는 가끔씩 크리스티아니아의 자치를 억압하려고 시도하지만 덴마크인 대다수는 그대로 두는 쪽을 지지하고 있다. 1996년에 시행된 여론조사에 의하면 덴마크인 60퍼센트가 크리스티아니아가 보호되기를 바라고 20퍼센트가 폐쇄되기를 원했다.

72) Richard C. Williams, *The Cooperative Movement: Globalization from Below*(2007).

그러나 민주주의의 전망을 어둡게 하는 상황도 있다. 우선 많은 사람들이 선거대의제에 대한 대안이 있다는 사실 자체를 알지 못한다. 정치는 '전문가'들에게 일임되어야 한다고 믿는 사람들도 있다. 또 많은 사람들이 소비자로서의 낙수효과를 누리는 대가로 정치적 자유와 책임을 양도해버리는 데에 만족하는 것처럼 보인다. 이런 현실은 특권층의 탐욕이 모든 것을 깡그리 먹어치우려고 하는 것이 노골적으로 드러날 때에만 도전을 받을 것이다.[73]

이미 확고한 민주주의 전통을 갖고 있는 공동체들은 그들의 생활양식을 때로는 죽음이나 멸종에 맞서서 지켜왔다. 스위스의 계곡과 산지에 있는 코뮌들은 도시의 과두정치적 경향에 대항하여, 그리고 외세의 침략에 맞서서 그들의 민주적 제도들을 방어해왔다.[74] 그렇다면 새로운 민주주의는 어떻게 생겨날 수 있을까?

현대에 일어났던 혁명들은 민주주의를 가져오지 못했다. 그 혁명들은 지식인과 운동가들에 의해 지휘되었고, 새로운 과두정

---

73) 엘리트들은 그들의 특권을 지나치게 남용하곤 했다. 애덤 스미스는 그것을 이렇게 표현했다. "시대를 불문하고 '우리 자신이 모두 다 차지하고 나머지 다른 사람들에게는 아무것도 안 준다'는 것이 지배층의 비열한 행동원리였던 것으로 보인다"(*Wealth of Nations* (Glasgow Edition, OUP), Book 3, Chapter 4, p. 448).

74) 스위스에 대의정치를 강제로 도입하려고 했던 나폴레옹의 시도는(1789년) 민주주의 코뮌들의 온갖 저항에 부딪혔다. "9월에 자그마한 주인 니트발덴에서 봉기가 일어났다. 수적으로 압도적으로 우세한 프랑스 전력에 맞서서 모든 농장이 요새로 바뀌어 전투가 벌어졌다. 학살이 잇따라 일어났다. 그 칸톤의 주민 400명이 죽임을 당했는데, 3분의 1이 여성과 아이들이었다. 반란은 결국 진압되었지만 프랑스 병사들도 2,000명 이상 목숨을 잃었다"(Kris W. Kobach, *The History of Direct Democracy in Switzerland*). 그보다 2,000년 앞서서 알렉산더대왕에 의해서 얼마나 많은 자치적 통치조직들이 제거되었는지는 아무도 모른다.

치 — 처음에는 혁명가 자신들로 구성된 — 를 설치하고 말았다. 프란츠 카프카는 이렇게 말했다. "혁명은 증발해버리고 끈덕진 새로운 관료주의만 남겨 놓는다. 오늘날 인류를 고문하고 있는 것은 관료적 형식주의이다."[75]

민주적 헌법들은 선거대의제의 정형화된 헌법보다 언제나 더 복잡하고, 또 무엇이 실효가 있는지 경험을 통해 배우고 진화하면서 변화를 기꺼이 수용하는 특성을 보여준다. 과거에는 일부 개인의 노력과 대중의 뜻이 일치하여, 이 둘이 실질적인 성과를 내기 위해서 결합했을 때에 새로운 민주주의가 생겨났다.[76] 한편, 일부 세력가들은 자기 자신이 권력을 차지할 기회가 생겼을 때에도 민주주의가 도입되는 것을 선호했던 것 같다.[77] 자유 속에서 살고자 하는 인간의 욕망은 한 개인의 내면에서든 사회적 차원에서든 항상 권력욕망과 경쟁을 해야 했다.

인터넷의 도래는 정치적 변화의 가능성을 열어주는 것처럼 보였다. 정보 및 의견은 그 어느 때보다 빠르게 전달될 수 있다. 그러나

---

75) Gustav Janouch, *Conversations with Kafka*(1971), 2nd edition, p. 120.

76) 고대 아테네에서 민주주의는 100년 혹은 그 이상의 긴 시간에 걸쳐 확립되었다. 그것은 개별 지도자들이 계속해서 '민중'이 (때로는 폭력과 폭동으로 반대를 표현하기도 했지만) 환영하고 수용하는 변화들을 실행하면서 이루어진 점진적 변화였다. 로드아일랜드의 경우 1647년 및 1663년에 제정된 민주헌장은 로저 윌리엄스와 존 클라크라는 개인들의 노력으로 관철되었는데, 그것들은 종교적 자유, 민주주의, 아메리카 토착민에 대한 존중을 실현하고자 그곳에 정착한 많은 사람들의 바람을 담고 있었다.

77) 아테네의 솔론과 클레이스테네스, 로드아일랜드의 로저 윌리엄스와 존 클라크가 그런 예이다.

정보의 양이 압도적으로 많다는 사실 자체가 사람들이 늘 자신이 보고 싶어 하는 것만을 찾아 나선다는 것을 방증하고 있다. '아랍의 봄'이 인터넷의 도움으로 들불처럼 번져 나갔던 것은 사실이지만, 실은 그보다 훨씬 전인 1848년에 유럽에서 일어났던 혁명도 그때보다 불과 조금 느리게 확산되었던 것이다.

인터넷이 새로운 정치적 사상과 실천들의 온상지가 될지, 아니면 그저 소수파들이 울분을 발산하는 장소가 될 것인지 아직 판단하기는 이르다. 대의정부에서 권력은 주류로부터 나온다. 인터넷은 아이디어가 제출되고 논쟁이 일어나는 장소이기도 하지만, 다른 한편으로는 (세계의 많은 곳에서 일어난 사건들을 통해 이미 밝혀진 바와 같이) 개인의 신원이 확인되어 추적당하고 제거되는 곳이기도 하다.

인터넷은 국가와 상업계의 거대한 기업적 이해관계에 맞서서 (보통사람들의) 표현의 자유가 보호되어야 하는 또하나의 전쟁터가 되었다. 인터넷이 실질적으로 이 세상에 기여한 바가 있다면 그것은 그 고유의 구조로 인하여 권력을 가진 사람들이 자신들이 원하는 대로 민중을 회유하거나, 다른 의견들을 분쇄하거나, 여론을 만들어내는 것이 용이하지 않다는 점일지도 모르겠다. 세월이 지나야 이것도 확실해질 것 같다.

이 장에서 지금까지 간단히 살펴본 민주주의의 제도적 절차들은 우리에게 수많은 가능성을 가져다주고 있다. 아마도 가장 긴급하게 필요한 혁신은, 어떤 형태가 되었든 화폐 창출(4장을 보라)에 대한 감시제도일 것 같다. 좋은 정부를 구성하기 위해 우리가 채택해야 할 제도는 각자가 처한 현실에 따라 달라져야 할 것이다. 어떤 곳에서는 감시제도가, 다른 곳에서는 추첨에 의한 의회가, 또 어떤 곳에서는 협동적 시민의회가 도입되어야 할 것이고, 또 어떤 곳에서는 국민투표, 국민발안 제도가 채용되어야 할 것이다. 지난 2,500년 동안 잠복해 있었던 민주주의 정신은 우리에게 민주주의를 기성품으로서 받아들이지 말고 스스로 고유한 자치의 형태를 발전시키라고 주문하고 있다. 전 세계에서 민주주의 정신이 다시 부상함에 따라서 공동체가 내부적으로도 대외적으로도 평화롭게 살아가는 것을 가능하게 만들어줄 정체(政體)들이 생겨날지도 모르겠다.

어쨌든 조금이라도 더 평화롭게 말이다.

역자후기

  오늘날 이른바 민주주의국가에서 살아가는 우리들 중에서 내 삶을 규정하는 틀에 대한 결정권이 내 손에 있다고 느끼는 사람은 과연 몇이나 될까? 사회적 재화와 부는 갈수록 심각하게 불평등하게 배분되고, 따져보면 압도적 다수가 정치에서 배제되고 있는 현실에서, 대의제 정치시스템을 민주적이라고 주장할 수 있는 여지는 별로 남아있지 않은 것 같다. 그런데 이러한 엄연한 현실에도 불구하고, 법에 의거해 민중이 4~5년에 한번씩 투표권을 갖는다는 사실만으로 마치 민주주의가 실현되고 있다는 듯이 여전히 많은 사람들이 '대의민주주의'라는 환상 속에 빠져 있는 것은 무슨 까닭일까. 더욱이 식민지와 군사독재의 경험을 갖고 있는 한국사회의 경우 자유와 평등이라는 근대적 이상(理想)이 온전히 실현되지 못하고 있는 이유는 서구에서 기원한 대의제가 이 땅에서 아직 충분히 개화하지 못한 탓이라는 주장이 여전히 기세를 떨치고 있다. 따라서 필요한 것은 다당제 정당정치의 발전이고, 더 많은 제도적 민주화라는 이야기이다. 그런데 정말로 그런 것일까.

  인류사회가 선거대의제를 민주주의로 오인해온 세월은 따지고 보면 그렇게 오래되지 않았다. 이 책의 저자 이보 모슬리에 따르면, 그런 인식은 1800년(미국 대통령선거)에 처음 선거전략으로 등장했는데, 이후 한 세기 동안 저마다 자신의 이해관계를 좇기에 바빴던 혁명가들, 신흥 중간계층, 지식인과 학자들에 의해서 꾸준히 조장, 포교되었고, 마침내 1920년경에 이르러 사회 일반에 수용되기에 이른다. 실제로 선거대의제는 출발부터 민중에게 권력을 주기 위한 목적으로 고안된 것이 아니었다. '민중의 이름으로' 시민혁명을 주도했던 중산계급 엘리트들은 정치적·시민적·법적 권리를 확대, 허용함으로써 대중의 불만을 잠재우는 한편 정치엘리트와 금권세력이 지배하는 과두적 세계체제를 구축할 수 있다는 것을 발견했던 것이었다. 그렇게, 원래 민주주의를 경계하고 혐오했던 중산계급이 어떻게 해서 적극적으로 민주주의를 가장, 참칭함으로써 권력게임의 주도권을 독점해왔는지에 대해서, 이 책은 실로 흥미진진하게 서술하고 있다.

인구규모가 크고 복잡다기한 현대사회에서 유일하게 가능한 민주주의 방식은 선거대의제라는 착각과 오해 속에서, 우리는 차악(次惡)의 선택을 자유라고 믿고 노예적 삶을 강요당해왔다. 그러나 민중이 무력감을 느낀다면 민주주의가 아니다. 단지 명목상의 정치적·시민적 권리로는 민주주의사회가 될 수 없다. 참다운 민주주의가 성립하기 위해서 무엇보다 필요한 것은, 민중이 주체적인 삶을 영위하는 것을 가능하게 하는 자립과 자치의 조건(더불어, 사회구성원들 사이의 평등한 관계)일 것이다. 다시 말해서, 경제의 민주화가 이루어지지 않는 한 실질적인 민주주의는 가능하지 않은 것이다. 이 책이 특별한 또하나의 이유가 바로 이런 점이다. 저자는 한 장(章) 전체를 할애하여, 시민혁명에 성공한 뒤에 정치권력을 손에 쥐게 된 집단이 근대적 은행제도를 구축하여(금융업자들에게 터무니없는 특권과 특혜를 보장함으로써) 그들의 과두체제를 뒷받침하고 확립해온 과정을 소상히 밝히고 있는 것이다.

전 세계에서 불평등은 갈수록 극대화하고, 호황과 불황이 반복적으로 발생하고, 공황과 전쟁이 거듭 일어나고 있는 근본적 원인은 근대의 금융통화제도에 있다. 그런 현상들은 이 시스템의 부작용이 아니며, 오히려 심각한 내적 결함에서 파생된 불가피한 결과이다. 그리고 바로 그 결함―화폐가 국가나 공공기관에 의해 발행되는 것이 아니라 사적인 이윤을 추구하는 민간 상업은행들에 의해서 '신용창조'라는 이름으로 부채(빚)에 기반을 두고 만들어지고 있다는 사실로부터 비롯된 폐해들은, 이제 마침내 인간사회와 인류문명의 지속가능성을 위협하는 지경에 이르렀다. 부채는 이자를 붙여서 상환해야 하므로 이 메커니즘 속에서는 별다른 착취행위가 없더라도, 즉 경제생활이 지속되는 것만으로도 가난한 사람들의 부가 부유한 자산가들의 금고로 흘러 들어가게 되는데, 그 필연적인 결과가 1%를 위해서 99%가 희생을 강요당하는 극히 부조리한 오늘의 상황이다. 또한 같은 맥락에서 우리의 경제활동이 거의 전적으로 빚을 갚기 위한 목적에 수렴되자 '경제성장'은 그에 수반되는 인간적·자연적 희생이 측량할 수 없이 크고 치명적일지라도 반드시 필요하고 또 영구히 지속되어야 하는 것이 되었다. 이상이 이책 4장의 내용이다.

민주주의라는 말처럼 원래의 뜻과 우리가 일상의 언어생활에서지칭하는 것(들) 사이의 간극이 큰 사례가 또 있을지 모르겠다. 평등한 사회를 꿈꾸는 인권운동가들도, 민중의 판단력과 능력을 믿지 않는 직업정치인들도, 언론의 자유 같은 자유주의적 원리를 무엇보다 중요하게 여기는 이들도, 심지어 국가의 비호 속에서 1%가 천문학적 자산을 더욱 높이 쌓아가는 것을 옹호하는 신자유주의자들도 모두 '민주주의'를 내세운다. 그러나 민주주의가 의미하는 것은 인권도, 검열의 부재도, 물론 선거도 아니다. 민주주의는 민중이 자신의 삶을 스스로 다스린다는 것이고, 누구나 대등한 자격으로 통치의 권리와 책임을 나누어 가지는 틀을 가리킨다. 오늘날 우리의 삶이 몹시 불만족스러운 상태에 처해 있다면 그것은 시민들이 (어떤 형태로든) 참여하고 허용한 결과라는 사실을 상기해야 한다. 이렇듯 정치적 무관심, 무감각, 냉소주의의 형태로 공모가 일어나고 있는 메커니즘을 우리는 하루빨리 종식해야 한다. 사회적으로도 생태적으로도 더는 기다리고 있을 여유가 없다.

　무위당 장일순 선생은 어느 인터뷰에서 서구식 민주주의로는 새로운 문명을 만드는 것이 불가능하다는 취지의 말씀을 하신 적이 있다. 서구식 민주주의라는 것은 기본적으로 제국주의-식민주의에 의한 착취-수탈의 토대 위에 지어진 구조물이며, 따라서 생명공동체의 조화와 공생을 지향하는 생태문명과는 어울리지 않는다는 것이다(《나락 한 알 속의 우주》(2016년 개정증보판)). 이러한 지적은 물론 그 자체로 음미해야 할 내용이지만, 우리의 눈을 다른 민주주의, 비서구 세계로 향하게 한다는 점에서도 주목할 만하다고 생각한다. 어쩌면 우리는 민주주의라고 하면 서방사회와 고대 아테네만 바라보는 습관을 가지고 있는 것은 아닐까. 이 책에도 소개되어 있지만, 오늘에도 건재하고 활발하게 운영되고 있는 진정한 민주주의의 사례들—스위스의 코뮌과 칸톤, 미국 뉴잉글랜드 지역의 주민총회, 덴마크 크리스티아니아 외에도, 인도 판차야트, 동아시아 전통(농민)사회나 18세기 초 대서양에서 암약했던 해적들, 북미 선주민 사회, 멕시코 치아파스, 이스라엘의 키부츠 등등 인간이 근본적으로 평등하다는 신념을 공동체의 운영원리로서 성공적으로 채택해온 예는 숱하게 존재한다. 민주주의는 누군가에 의해 발명된 것도, 어떤 특별한 지적 전통에서 나온 것도 아니라는 사실을 우리 모두가 깨달을 때, 그리하여 민주주의는 모방하고 따라가야 할 전범이 있는 것이 아니라 스스로 창조적으로 만들어가야 한다는 것을 직시할 때 비로소 인류공동체의 미래가 열릴 수 있을지도 모르겠다.

2022년 7월

김정현

참고문헌

Acton, John Dalberg (Lord). *Lectures on the French Revolution*, Liberty Fund, available online; *Letters to Mary Gladstone* (1913); "Sir Erskine May's Democracy in Europe" in *The History of Freedom and Other Essays* (1922); "The Rise of the Whigs" and "The Puritan Revolution" in *Lectures in Modern History* (1906).

Allais, Maurice. *La Crise mondiale d'aujourd'hui: Pour de profondes reformes des institutions financieres et monetaires* (1999). Also article in *Marianne*, December 11, 2009.

Allen, J. W. *A History of Political Thought in the Sixteenth Century* (1957).

Arendt, Hannah. *On Revolution* (1963).

D'Argenson, Marquis. *Considérations Sur le Gouvernement Ancien et Présent de la France* (1764).

Aristotle. *Politics*, tr. Sinclair, ed. Saunders (2000); *Nicomachean Ethics,* tr. Thomson, Tredennick, ed. Barnes (2004).

Arnold, Thurman W. (ed) *The Future Of Democratic Capitalism* (1950).

Ashley, Sir William. *The Economic Organisation of England* (1914, 1957).

Austin, John. *A Plea for the Constitution* (1859).

Baer, Peter. "Black Africa: the Living Legacy of Dying Colonialism" in *Reality and Rhetoric* (1984), pp. 90-105; "Broadcasting the Liberal Death Wish" in *Equality, The Third World and Economic Delusion* (1981).

Barante, Baron de. *La Vie Politique de Monsieur Royer-Collard* (1861).

Barber, Benjamin. *The Death of Communal Liberty: A History of Freedom in a Swiss Mountain Canton* (1974).

Barkai, Avraham. *Nazi Economics* (1990).

Barnett, Anthony and Carty, Peter. *The Athenian Option* (2008).

Barrow, G.W.S. *Feudal Britain* (1962).

Baster, A. S. J. *The International Banks* (1935, 1977).

Beard, Charles A. *An Economic Interpretation of the Constitution of the United States* (1913); *The Republic* (1943).

Beresford, Maurice. *The Lost Villages of England* (1998).

Berle, A and Means, G. *The Modern Corporation and Private Property* (1932).

Bharata. *Natya Shastra* (date uncertain).

Birks, Peter. *Unjust Enrichment* (2005).

Blum, William. *Rogue State* (2002), *Killing Hope* (2003) and *Freeing the World to Death* (2004).

Bodin, Jean. *The Six Books of a Commonweal*, tr. Richard Knolles (1962).

Boeke, Kees. "Sociocracy" available for download online.

Borio, C. and Disyatat, P. "Global imbalances and the financial crisis: Link or no link?" Bank for International Settlements, Working Paper No 346. Available online.

Bouvier, John. *A Law Dictionary, Adapted to the Constitution and Laws of the United States* (1856).

Bradlee, Helen West. *A Student's Course On Legal History* (1929).

Bruce, Iain (ed & tr). *The Porto Alegre Alternative: Direct Democracy in Action* (2004).

Bryan, Frank M. *Real Democracy: The New England Town Meeting and How It Works* (2004).

Bryce, James. *Modern Democracies* (1921).

Burckhardt, Jacob. *Reflections on History* and *Judgements on History and Historians* (both available online at Liberty Fund); *History of Greek Culture* (1963); *The Greeks and Greek Civilization* (1998).

Cam, Helen. *Liberties and Communities in Medieval England* (1944).

Cambridge Modern History Vol. X: *The French Revolution* (1907).

Cappon, Lester (ed.). *The Adams-Jefferson Letters: The Complete Correspondence Between Thomas Jefferson and Abigail and John Adams* (2008).

Carus-Wilson, Eleonora M. (ed.). *Essays in Economic History*, Vols. I-III (1954-62).

Chapman, John. "The Extent and Nature of Parliamentary Enclosure", *Agricultural History Review*, XXXV, 1 (1987).

Charlesworth, John. *The Principles of Company Law* (1932).

Chinweizu. *Voice from Twentieth-Century Africa* (1988).

Chomsky, Noam. *Profit over People: Neoliberalism and Global Order* (1998).

Chua, Amy. *The World on Fire* (2003).

Clarke, Maud V. *Medieval Representation and Consent* (1936, 1964); *The Medieval City State* (1966).

Clastres, Pierre. *Society Against the State* (1977) and *The Archaeology of Violence* (posthumous, 2010).

Cobb, Richard and Jones, Colin. *The French Revolution: Voices from a Momentous Epoch* (1988).

Cooke, C.A. *Corporation, Trust and Company* (1950).

Craiutu, Aurelian. *Liberalism under Siege: The Political Thought of the French Doctrinaires* (2003).

Crick, F. W. "The Genesis of Bank Deposits", *Economica* 7 (1927); *A Hundred Years of Joint Stock Banking* (1936).

Darlington, C.D. *The Evolution of Man and Society* (1969).

Darwin, Charles. *The Descent of Man* (1871) available online.

Davies, Bill. "More Than the Bottom Line", *New Law Journal*, 158, Issue 7331, 2008.

Debord, Guy. *Comments on the Society of the Spectacle* (1988).

Defoe, Daniel. *History of the Last Four Years of the Queen* (pub. 1758) available online.

De Roover, Raymond. *Business, Banking and Economic Thought in Late Medieval and Early Modern Europe* (1976).

Dicey, A.V. *Law and Opinion in England* (1914).

Dickinson, H.T. *Liberty and Property* (1979).

Dickson, P.G.M. *The Financial Revolution in England* (1967).

Drucker, P. *A Functioning Society* (2003).

Eggert, Kurt. "Held Up In Due Course", *Creighton Law Review*, Vol. 35 (2002).

Ernst, Morris. "The Preservation of Civil Liberties" in *The Future of Democratic Capitalism* ed. Thurman Arnold (1950).

Feavearyear, A. *The Pound Sterling* (1931, 1963).

Fetter, F.W. *Development of British Monetary Orthodoxy* (1965).

Finer, S. E. *The History of Government* (1997).

Fischer, David. *The Revolution of American Conservatism* (1969).

Fisher, Irving. *100% Money* (1935).

Fishkin, James S. *When the People Speak* (2011).

Fleiner, Misic and Toepperwien. *Swiss Constitutional Law* (2005).

Ford, Henry J. *Representative Government* (1924).

Freeman, J. *The Growth of The English Constitution* (1876).

Friedman, M. "A Monetary and Fiscal Framework for Economic Stability" in *The American Economic Review*, Vol. 38, No 3.

Galbraith, J. K. *Money: Whence It Came, Where It Went* (1977); *The New Industrial State* (1967); *The Economics of Innocent Fraud* (2004).

Gardiner, S.R. *The Constitutional Documents of the Puritan Revolution* (1906) available online at Internet Archive.

Gneist, Rudolf. *The English Parliament* (1886), *The History of the English Constitution* (1891).

Goettner-Abendroth, Heide. *Matriarchal Societies* (2012).

Goldie, Mark. "The Unacknowledged Republic: Officeholding in Early Modern England" in *The Politics of the Excluded* ed. Tim Harris (2001).

Gray, Alexander. *The Development of Economic Doctrine* (1933).

Gray, John. *Black Mass* (2008), *Straw Dogs* (2003) and *False Dawn* (2009).

Gueniffey, P. *Le Nombre et La Raison* (1993).

Guizot, François. *The Origins of Representative Government* (1854: translation available online at Liberty Fund); "De la démocratie dans les sociétés modernes" (pamphlet) 1838; *Democracy in France* (1848).

Hammond, John and Barbara. *The Village Labourer 1760-1832: a Study of the Government of England before the Reform Bill* (1911), *The Town Labourer 1760-1831: The New Civilisation* (1917) and *The Skilled Labourer 1760-1832* (1919).

Hampton, C. (ed.). *A Radical Reader* (2006).

Hansen, M.H. *The Athenian Democracy in the Age of Demosthenes* (1998); "The mixed constitution versus the separation of powers: Monarchical and aristocratic aspects of modern democracy", *History of Political Thought*, XXXI, 2010.

Hennessy, Peter. *The Prime Minister* (2001).

Hiatt, Stevem, ed. *A Game As Old As Empire* (2007).

Hobbes, Thomas. *Leviathan* (1651).

Holdsworth. *A History of English Law*. Many editions: the period during which credit creation was legitimised is well covered in the relevant volume.

Homer, Sidney. *A History of Interest Rates* (1977).

Horsefield, Keith. *British Monetary Experiments 1650-1710* (1960).

Huerta de Soto, Jesus. *Money, Bank Credit and Economic Cycles*. Available online.

Humphrey, Thomas M. "The Theory Of Multiple Expansion Of Deposits: What It Is And Whence It Came" in *Economic Review* March/April 1987. Available online at the Federal Bank of Richmond website.

Hunt, B. C. *The Development of the Business Corporation in England, 1800–1867* (1936).

Johnson, Paul. *Making the Market* (2010).

Jones, Michael. *Creative Accounting, Fraud and International Accounting Scandals* (2010).

Kansu, Aykut. *The Revolution of 1908 in Turkey* (1997).

Keith-Lucas, Bryan. *Unreformed Local Government* (1979).

Kennan, George. *American Diplomacy* (1951, 2012).

Kern, Fritz. *Kingship and Law in the Middle Ages* (1968).

Keynes, John Maynard. *The Economic Consequences of the Peace* (1919) available online at Project Gutenberg; *A Treatise on Money* (1930, 2011).

King, Mervyn. "Speech to the Buttonwood Gathering, New York, 25 October 2010" available online on the Bank of England website.

Kinzer, Stephen. *Overthrow* (2006); *All The Shah's Men* (2008).

Kobach, Kris. *The Referendum: Direct Democracy in Switzerland* (1993).

Kohn, Hans. *Nationalism and Liberty: The Swiss Example* (1956).

Lee, Ian B. "Is There a Cure for Corporate 'Psychopathy'?" in *American Business Law Journal* 42, 2005, pp. 65–90.

Leonard, E. M. *Early History of English Poor Relief* (1900); "The Enclosure of Common Fields in the 17th Century" in Carus-Wilson (ed.) *Essays in Economic History* (1962) Vol. II.

Lester, Richard A. *Monetary Experiments* (1939, 1970).

Levene, Mark. *Genocide in the Age of the Nation State* (2005,

2008: series ongoing).

Lewis, G.C. *Remarks on the Use and Abuse of Some Political Terms* (1832).

Linder, Wolf. *Swiss Democracy* (1994).

Little, P. and Smith, D.L. *Parliaments and Politics during the Cromwellian Protectorate* (2007).

Locke, John. *Second Treatise and Civil Government* (1693) available online.

Maine, Henry. *Popular Government* (1885).

Maitland, F.W. *History of English Law Before Edward I* (1898); *The Constitutional History of England* (1898); *State, Trust, and Corporation* (2003); *Letters* (1965); "The Law of Real Property", "Trust and Corporation", "The Corporation Sole", "The Crown as Corporation", "The Survival of Ancient Communities", "The Unincorporated Body", "Moral Personality and Legal Personality", "The Body Politic" all in *Collected Papers* I-III (Liberty Fund, online); Introduction to Gierke's *Political Theories of the Middle Ages* (1987).

Mandelstam, Nadezhda. *Hope Against Hope* (1999); *Hope Abandoned* (2011).

Manent, Pierre. *Tocqueville and the Nature of Democracy* (1996).

Manin, Bernard. *The Principles of Representative Government* (1997).

Mann, Michael. *The Dark Side of Democracy: Explaining Ethnic Cleansing* (2004).

Mansbridge, Jane. *Beyond Adversary Democracy* (1981).

Marongiou, Antonio. *Medieval Parliaments* (1968).

Martin, J. B. *The Grasshopper in Lombard Street* (1892).

Martines, Lauro. *Power and Imagination* (1980).

McCraw, Thomas. *Prophets of Regulation* (1986).

McKisack, May. *The Parliamentary Representation of the English Boroughs During the Middle Ages* (1932).

Mencken, H. L. *Notes on Democracy* (2009).

Michels, Robert. *Political Parties: A Sociological Study of the Oligarchical Tendencies of Modern Democracy* (1911).

Micklethwait and Wooldridge. *The Company: A Short History of a Revolutionary Idea* (2003).

Mill, J.S. *Principles of Political Economy* (1848); "Centralisation" (1862); available on the Liberty Fund website. Review of Tocqueville's *Democracy in America* (*London Review*, October 1835).

Millar, John. *An Historical View of the English Government* (1787).

Miller, Harry E. *Banking Theories in the United States before 1860* (1927, 1972).

Minton, Anna. *Ground Control* (2009).

Mints, Lloyd. *Monetary Policy for a Competitive Society* (1950).

Montesquieu, Baron de. *De l'Esprit des Lois* (1989, tr. Cohler, Miller & Stone).

Mount, Ferdinand. *The New Few: or, a Very British Oligarchy* (2012).

Muir, Edwin. "The Ballad of Everyman" (1960).

Namier, Lewis. Monarchy and the Party System (1952 Romanes Lecture); "Nationality and Liberty", reprinted in *Avenues of History* (1952); *The Structure Of Politics At The Accession Of*

George III (1957).

Nichols, Glenn O. "English Government Borrowing 1660–1688" in *Journal of British Studies*, 10, 2, 1971.

Oakeshott, Michael. "The Political Economy of Freedom" in *Rationalism in Politics and Other Essays* (1991); "The Tower of Babel" and "The Rule of Law" in *On History and Other Essays* (1983, 1999); "Talking Politics" and "The Masses in Representative Democracy" in *Rationalism in Politics* (1991); *On Human Conduct* (1975); *The Vocabulary of a Modern European State* (2008); *What is History? and Other Essays* (2004).

Oborne, Peter. *The Triumph of the Political Class* (2008).

Oresme, Nicole. *De Moneta* (14th C.) available online at Mises. org.

Paget's *Law of Banking* (1922 edition is available online: latest edition, 2010).

Palmer, R. R. *The Age of the Democratic Revolution* (1959); "Notes on the Use of the Word 'Democracy' 1789–1799" in *Political Science Quarterly*, June 1953.

Pasquet, D. *The Origin of the House of Commons* (1925).

Perkins, John. *Confessions of an Economic Hitman* (2004).

Phillips, C. A. *Bank Credit* (1920).

Pierson, G. W. *Tocqueville in America* (1959).

Pirenne, Henry. *Early Democracy in the Low Countries* (1963).

Pollard, A.F. *The Evolution of Parliament* (1920).

Post, Gaines. "Plena Potestas and Consent in Medieval Assemblies" in *Traditio* Vol. 1 (1943).

Pound & Plucknett (eds). *Readings On The History And System Of The Common Law* (1927).

Powicke, Maurice. *Medieval England* (1950).

Pratt, Julius W. "American Business and the Spanish-American War" in *American Imperialism in 1898* (1955).

Radford, R. A. "The Economic Organisation of a P.O.W. Camp" in *Economica* Nov. 1945.

Remak, Joachim. *A Very Civil War: The Swiss Sonderbund War of 1847* (1993).

Ressler, Peter & Mitchell, Monika. *Conversations with Wall Street* (2011).

Ricardo, David. *Works*, Liberty Fund Complete Edition available online.

Rich, Bruce. "Exporting Destruction" in Stevern Hiatt, ed., *A Game As Old As Empire* (2007).

Richards, R.D. *The Early History of Banking in England* (1958).

Rieff, Philip. *Fellow Teachers: of Culture and Its Second Death* (1972).

Robbins, Arthur D. *Paradise Lost, Paradise Regained* (2012).

Robertson, Dennis. *Lectures On Economic Principles* (1957).

Robinson, Joan. *Freedom and Necessity* (1970).

Rogers, James Harvey. "The Absorption of Bank Credit" in *Econometrica* 1, 1933.

Rosanvallon, Pierre. "The History of the Word 'Democracy' in France", *Journal of Democracy*, 1995.

Rousseau. *The Social Contract*, tr. G.D.H. Cole (1995).

Russell, Conrad. *The Crisis of Parliaments 1509–1660* (1971).

Sanday, Peggy Reeves. *Women at the Center: Life in a Modern Matriarchy* (2003).

Schleifer, James T. *The Making of Tocqueville's Democracy in America* (2000).

Schlichter, Detlev. *Paper Money Collapse* (2011).

Schumpeter, Joseph. *History of Economic Analysis* (1954).

Scott, Tom. *The City-State in Europe* (2012).

Scrutton, Thomas Edward. "General Survey Of The History Of The Law Merchant" in *Select Essays in Anglo-American Legal History*, Vol. 3 (1909). Available online at Liberty Fund.

Sealy and Hooley. *Commercial Law: Text, Cases and Materials* (2008).

Sheehan, Sean. *Copenhagen* (2003).

Simons, Henry C. *Economic Policy for a Free Society* (1948).

Sintomer, Yves. *Petite histoire de l'expérimentation démocratique* (2011).

Skidelsky, R. *John Maynard Keynes* (3 Vol.'s: 1983, 1992, 2000).

Smith, Adam. *Wealth of Nations*. Online edition, Liberty Fund.

Smith, Graham. *Democratic Innovations* (2009).

Smith, Preserved. *The Reformation* (1920).

Sowell, Thomas. *Visions of the Anointed* (1995).

Steensland, Brian. *The Failed Welfare Revolution: America's Struggle Over Guaranteed Income Policy* (2008).

Steinberg, Elaine. *Just Business* (1994).

Steinberg, Jonathan. *Why Switzerland?* (1996).

Stigler, George J. "The Theory of Economic Regulation" in *Bell Journal of Economics and Management* 2, 1971.

Stodder, James. *Reciprocal Exchange Networks* (available online, March 2012).

Sutherland, Keith. *A People's Parliament* (2008).

Sweet, Alec Stone. "The new Lex Mercatoria and Transnational Governance" in *Journal of European Public Policy* 13:5 August 2006: 627-646.

Takuboku, Ishikawa. *Poems to Eat,* tr. Carl Sesar (1969).

Tanner, J. R. *English Constitutional Conflicts of the Seventeenth Century* (1928).

Tasswell-Langmead's *Constitutional History* (10th edition, revised Plucknett).

Taylor, James. *Creating Capitalism* (2006).

Thirsk, Joan. *Economic Policy and Projects* (1978); *The Rural Economy of England* (1984); (ed.) *Agrarian History of England and Wales* (2011).

Thomas, Hugh. *The Slave Trade* (1977).

Thorne, W. J. *Banking* (1948).

Tobin, James. "Financial Innovation and Deregulation in Perspective", in *Monetary and Economic Studies* (Bank of Japan) Vol 3, Issue 2, Sept 1985.

Tocqueville, Alexis de. *Democracy in France.* The edition by Nolla (2009) contains texts in French and English and much extra material (Liberty Fund, available online); also "Democracy in Switzerland" published in 1868 edition of *Democracy in America.*

Usher, Abbott Payson. *The Early History of Deposit Banking in Mediterranean Europe* (Harvard UP, 1943).

Walras, Léon. *Études d'Économie Politique Appliquée* (1936).

Weber, Max. *The Protestant Ethic and the Spirit of Capitalism* (1905, 1930).

Werner, R. *New Paradigm in Macroeconomics* (2005).

White and Notestein. *Source Problems in English History* (1915).

Whyte, A. B. *Self-Government at the King's Command* (1933).

Wicksell, Knut. *Interest and Prices* (1898; English translation 1936); "The Influence of the Rate of Interest on Prices" (1907) available online.

Wiener, Norbert. *Cybernetics* (1961); *God and Golem, Inc.* (1964).

Wikipedia. A wonder of the world today.

Williams, Richard C. *The Cooperative Movement: Globalisation from Below* (2007).

Wilson, Charles. *Profit and Power* (1957); *England's Apprenticeship* (1965); *Economic History and the Historian* (1969).

Zeami. *On the Art of the Noh Drama* (15th C. tr. 1984).

Zetterbaum. M. *Tocqueville and the Problem of Democracy* (1967).

색인

저자

이보 모슬리(Ivo Mosley, 1951-)는 영국의 도예가, 작가로서 학술지까지 망라하여 〈텔레그래프〉, 〈가톨릭해럴드〉, 〈리서전스〉 등의 다양한 매체에 사회평론 및 정치·문화 관계 글을 써왔다. 근년에는 정치·금융통화제도 개혁에 힘을 쏟고 있다.

현대의 사이비 '민주정부'들이 어떻게 이 세계를 사회적·생태적으로 망가뜨려왔는가를 살펴보는 한편, '대의제 민주주의'라는 허상을 그 기원으로부터 추적하여 진정한 민주주의의 도래를 위한 초석을 마련하고 있는 책 《민중의 이름으로》는 저자가 앞서 출간한 *Dumbing Down: Culture, Politics and the Mass Media*(2000), *Democracy, Fascism and the New World Order*(2012)와 마찬가지로 〈스펙테이터〉, 〈더위크〉, 〈텔레그래프〉, 〈데일리메일〉 등 많은 매체의 주목과 호평을 받았다. 좀더 최근에 출판된 *Bank Robbery*(2020)는 《민중의 이름으로》의 4장에서 개관하고 있는 현대 금융시스템의 부조리를 더욱 철저히 파헤치고 있다.

역자

김정현(金廷昡)

1975년 서울 출생.

서울대학교 식품영양학과 졸업.

격월간 《녹색평론》 발행 겸 편집인.

민중의 이름으로

가짜 민주주의, 세계를 망쳐놓다

초판 제1쇄 발행 2022년 7월 15일
      제2쇄 발행 2022년 9월 1일
      제3쇄 발행 2023년 10월 2일

저자 이보 모슬리
역자 김정현
편집 김선애
디자인 이민영
발행처 녹색평론사

주소 서울시 종로구 돈화문로 94 동원빌딩 501호
전화 02-738-0663, 0666
팩스 02-737-6168
웹사이트 www.greenreview.co.kr
이메일 editor@greenreview.co.kr
출판등록 1991년 9월 17일 제6-36호

ISBN 978-89-90274-91-5 03300

값 18,000원